U0628370

城市轨道交通车辆构造与检修

高亮 张凯 辛梦云 著

吉林科学技术出版社

图书在版编目（CIP）数据

城市轨道交通车辆构造与检修 / 高亮，张凯，辛梦
云著．-- 长春：吉林科学技术出版社，2024.5
ISBN 978-7-5744-1324-5

Ⅰ．①城… Ⅱ．①高… ②张… ③辛… Ⅲ．①城市铁
路－铁路车辆－车体结构②城市铁路－铁路车辆－车辆检
修 Ⅳ．① U239.5

中国国家版本馆 CIP 数据核字（2024）第 092124 号

城市轨道交通车辆构造与检修

著　高　亮　张　凯　辛梦云
出 版 人　宛　霞
责任编辑　靳雅帅
封面设计　树人教育
制　　版　树人教育
幅面尺寸　185mm×260mm
开　　本　16
字　　数　350 千字
印　　张　16
印　　数　1~1500 册
版　　次　2024年5月第1版
印　　次　2024年12月第1次印刷

出　　版　吉林科学技术出版社
发　　行　吉林科学技术出版社
地　　址　长春市福祉大路5788 号出版大厦A座
邮　　编　130118
发行部电话/传真　0431-81629529 81629530 81629531
　　　　　　　　　81629532 81629533 81629534
储运部电话　0431-86059116
编辑部电话　0431-81629510
印　　刷　三河市嵩川印刷有限公司

书　　号　ISBN 978-7-5744-1324-5
定　　价　95.00元

版权所有　翻印必究　举报电话：0431-81629508

前　言

　　城市轨道交通作为解决城市交通拥堵、改善环境质量的有效手段，已经成为现代城市交通体系的重要组成部分。随着城市人口的增加和城市规模的不断扩大，轨道交通系统的发展呈现出日益迅猛的趋势。然而，轨道交通车辆在长时间高频次的运营中，受到的磨损和损耗较为明显，对其定期检修与维护就显得尤为迫切。

　　城市轨道交通车辆的安全性和可靠性直接关系到广大市民的出行安全和城市交通的正常运行。因此，深入研究城市轨道交通车辆的构造与检修，不仅是提高车辆运行效率、延长车辆使用寿命的需要，更是确保城市轨道交通系统安全可靠运行的关键一环。

　　在城市轨道交通快速发展的背景下，本书将有助于推动城市轨道交通系统的技术水平不断提升，促进相关从业人员的专业素养不断提高，为城市轨道交通的可持续发展提供坚实的技术支持。

　　通过本书的研究，我们旨在为城市轨道交通车辆的构造与检修提供一本全面而实用的参考手册，为城市交通的现代化和可持续发展做出贡献。希望读者在阅读过程中能够获得实用知识，提升专业素养，以更好地应对城市轨道交通系统的运营与维护挑战，推动城市交通事业朝着更加智能、绿色、高效的方向迈进。

目　录

第一章　城市轨道交通车辆概述

第一节　城市轨道交通系统介绍

一、城市轨道交通系统的类型和覆盖范围

城市轨道交通系统是指在城市内建设的一种固定线路、固定车辆、按照一定的时刻表和规定的站点停靠的大众交通工具系统。随着城市化的发展和交通需求的增加，轨道交通系统成为解决城市交通拥堵和环境污染的重要方式之一。在不同城市，轨道交通系统的类型和覆盖范围各有特点，本书将对城市轨道交通系统的类型和覆盖范围进行详细介绍，以全面了解不同城市的轨道交通发展状况。

（一）城市轨道交通系统的类型

1. 地铁系统

地铁系统是一种在城市地下或地面建设的快速交通系统，通常由多个站点和线路组成。地铁系统具有高运输能力、快速、准时的特点，是解决城市交通拥堵的有效途径。地铁系统的线路可以覆盖城市的主要区域，服务范围广泛。例如，伦敦的地铁系统覆盖了城市大部分地区，连接了市中心与郊区。

2. 轻轨系统

轻轨系统是一种介于传统有轨电车和地铁之间的城市轨道交通系统。轻轨通常在地面行驶，但也可以在一些区段采用高架或地下形式。轻轨系统的特点是运行速度较快，但相对地铁来说，建设成本较低。一些城市选择轻轨系统作为城市交通的补充方式，以满足不同区域的交通需求。

3. 有轨电车系统

有轨电车系统是一种沿轨道行驶的城市交通工具，通常在地面运行。有轨电车线路可以贯穿城市的不同区域，为居民提供便捷的交通服务。相较于地铁和轻轨，有轨电车系统的建设成本较低，适用于中小规模城市的交通需求。

4. 单轨列车系统

单轨列车系统采用单轨设计，车辆悬挂在轨道上行驶。这种系统通常在城市的高架桥梁或地面上建设，线路设计较为灵活。单轨列车系统在一些山区城市或环境复杂的地区得到了广泛应用，能够有效解决交通难题。

5. 磁悬浮列车系统

磁悬浮列车系统是一种通过磁悬浮技术使列车脱离轨道行驶的交通系统。这种系统具有高速、低摩擦、低噪音等特点，通常用于连接城市与城市之间的远距离交通。磁悬浮列车系统在一些国际大都市中得到应用，提高了城际交通的效率。

（二）城市轨道交通系统的覆盖范围

1. 市中心区域

城市轨道交通系统的覆盖范围通常包括市中心区域。市中心是城市经济、文化、商业活动的核心区域，也是交通需求最为集中的地方。通过在市中心建设轨道交通系统，可以有效减缓市中心区域的交通拥堵，提高居民和游客的出行效率。

2. 商业区

除了市中心区域，城市轨道交通系统还通常覆盖一些重要的商业区。商业区域是城市的经济活动中心，吸引了大量的商务人士和购物消费者。通过连接商业区和其他城市区域的轨道交通系统，可以方便居民和游客快速到达商业中心，促进商业活动的繁荣。

3. 住宅区

轨道交通系统也会覆盖城市的住宅区，以满足居民的日常出行需求。通过在住宅区域建设轨道交通站点，可以方便居民通勤、上学、购物等活动，提高居民生活质量。这有助于减少个人汽车使用，减轻交通压力，同时降低城市空气污染。

4. 教育区

连接教育区和其他城市区域的轨道交通系统有助于学生、教职员工和家长的出行。学校、大学等教育机构通常位于城市的特定区域，通过轨道交通系统，可以更方便地连接这些教育资源，促进城市的教育发展。

5. 医疗区

城市轨道交通系统还会覆盖一些医疗区域，方便居民前往医院和诊所就医。在紧急情况下，通过轨道交通系统，可以更迅速地将患者送往医疗机构，提高医疗救治率。

6. 文化娱乐区

文化娱乐区域通常也是城市轨道交通系统覆盖的范围，这包括博物馆、剧院、体育场馆等文化和娱乐设施所在的区域。通过轨道交通系统，市民和游客可以方便快捷地前往参观展览、观看演出、参与体育比赛等活动，推动城市文化和娱乐事业的繁荣。

7. 科技园区

一些城市拥有科技园区或创新产业园区，这些区域通常集聚了高科技企业和创新型产业。通过在这些区域建设轨道交通系统，可以促进科技成果的转化和产业协同发展。科技园区的便捷交通有助于吸引更多的创新人才和投资。

8. 新兴发展区

随着城市不断发展，一些新兴发展区也成为城市轨道交通系统的重要覆盖范围。这些区域包括新的居住区、商业区、工业区等，通过轨道交通系统的连接，可以有效推动新兴区域的可持续发展，并提供更多的就业和服务机会。

总体而言，城市轨道交通系统的覆盖范围应该综合考虑城市的空间结构、人口分布、经济活动中心以及未来城市发展的规划。通过科学合理的规划，可以最大限度地满足居民和城市发展的需求，提高城市交通的效率和便捷性。

（三）城市轨道交通系统的发展趋势

1. 智能化和信息化

未来城市轨道交通系统的发展趋势将更加注重智能化和信息化。通过引入先进的智能技术，如人工智能、大数据分析等，可以实现轨道交通系统的智能调度、运营管理和安全监控。同时，信息化技术的应用也可以提供乘客更多的出行信息，优化出行体验。

2. 绿色环保和可持续发展

城市轨道交通系统的未来发展将更加注重环保和可持续发展。采用新能源、推动电动化、减少能源消耗等措施将成为发展的主要方向。同时，通过优化轨道交通系统的设计和运营，减少对城市环境的影响，推动城市交通的绿色转型。

3. 多式联运

未来城市轨道交通系统将更加倾向于与其他交通方式进行融合，实现多式联运。通过与公共汽车、出租车、自行车共享等交通方式的无缝连接，为居民提供更便捷的出行选择，这有助于提高整体城市交通的效率和灵活性。

4. 拓展覆盖范围

随着城市的不断发展和扩大，未来城市轨道交通系统还将继续拓展覆盖范围。特别是在新兴发展区、郊区等地区，通过建设新的轨道交通线路，促进城市的全面发展。

5. 安全和紧急救援

未来城市轨道交通系统将更加注重安全性和紧急救援机制的建设。引入先进的监控技术、自动驾驶技术以及紧急救援系统，提高轨道交通系统的安全性和应急响应能力。

在未来城市轨道交通系统的发展中，需要政府、企业、社会各界的共同努力，形成科学合理的规划和协同发展的机制。通过不断创新和提升，城市轨道交通系统将成为城市交通的重要支柱，为居民提供更加便捷、高效、环保的出行方式。

二、轨道交通网络的规划与布局

随着城市化的不断推进和人口的快速增长，城市交通问题逐渐成为制约城市可持续发展的"瓶颈"之一。为了解决交通拥堵、减少环境污染等问题，城市轨道交通系统的规划与布局显得尤为关键。本书将探讨城市轨道交通网络规划与布局的重要性、相关原则以及未来的发展趋势。

（一）城市轨道交通网络规划的重要性

1. 缓解交通拥堵

城市轨道交通系统的规划与布局是缓解城市交通拥堵的关键措施之一。通过建设高效的地铁、轻轨等轨道交通线路，可大大减少私家车的使用，分流道路交通流量，缓解城市交通拥堵状况，提高道路通行效率。

2. 降低环境污染

城市轨道交通系统的规划不仅可以改善交通流动性，还有助于降低环境污染。与传统交通工具相比，轨道交通系统通常采用电力驱动，减少尾气排放，对城市空气质量产生积极影响，有助于构建清洁、绿色的城市。

3. 促进城市发展

良好规划的城市轨道交通网络能够有效连接城市的各个区域，促进资源的有序流动，推动城市产业和商业的发展。合理的交通规划可以使城市更具竞争力，吸引更多人才和资本流入。

4. 提高出行效率

城市轨道交通系统的规划有助于提高出行效率。定点、定时的线路设计以及高频次的运营可以使市民更加方便、快捷地到达目的地，提高城市居民的出行质量。

（二）城市轨道交通网络规划的原则

1. 综合考虑城市发展规划

城市轨道交通网络规划应当与城市总体规划相协调。考虑城市的发展方向、人口密集区域、商业区域、产业集聚区等，确定轨道交通线路的走向和站点设置，以实现城市各项规划目标的有机衔接。

2. 服务全民，合理满足需求

规划城市轨道交通网络时，要充分考虑不同人群的出行需求，确保线路的覆盖面广，能够服务更多的人群。此外，还需充分考虑老年人、残障人士等特殊人群的出行需求，打造无障碍的轨道交通系统。

3. 优先布局繁忙交通走廊

城市交通网络规划时，应当优先选择连接繁忙交通走廊的线路。这些区域通常是人口密集、商业繁荣、交通拥堵的地方，通过在这些区域布局轨道交通线路，能够最大化地发挥轨道交通系统的缓堵效果。

4. 引入新技术，提升系统智能化

在城市轨道交通网络规划中，应当积极引入新一代的科技，提升轨道交通系统的智能化水平。例如，采用智能调度系统、自动驾驶技术、大数据分析等，提高运输效率，缩短列车运行间隔，提升整体运行水平。

5. 考虑多式联运，衔接交通网络

城市轨道交通系统的规划应当与其他交通方式相衔接，实现多式联运。通过与公共汽车、自行车共享系统、出租车等形成无缝连接，使不同交通方式协同运行，为居民提供更加便捷的出行选择。

6. 充分考虑可持续发展

在规划城市轨道交通网络时，应当充分考虑可持续发展的原则。采用新能源、绿色建筑等技术，减少能源消耗和环境污染，同时在建设过程中注重资源的合理利用，实现城市交通的可持续发展。

（三）城市轨道交通网络规划的布局

1. 主干线和支线的设置

城市轨道交通网络的规划需要考虑设置主干线和支线，形成一个完整的网络。主干线通常连接城市的主要交通走廊，贯穿城市的核心区域，而支线则连接主干线和城市的次要区域，形成一个密集而有序的网络。

2. 站点的设置和分级

在城市轨道交通网络规划中，站点的设置至关重要。站点应当覆盖城市的主要节点，如商业区、居民区、学校、医院等重要场所，以确保居民能够方便快捷地利用轨道交通系统进行出行。此外，站点的分级也是重要考虑因素，不同站点应具备不同的功能，满足不同出行需求。

主要交叉口站点：位于城市主要交叉口或商业中心，服务于交通流量大的区域，为城市的交通枢纽点。

次要交叉口站点：位于城市次要交叉口或次要商业中心，连接主要交叉口站点和其他次要交叉口站点，形成交通衔接。

社区居民站点：位于居民区域，服务于周边居民，方便他们通勤、购物和其他日常活动。

学校和医院站点：位于学校和医院附近，服务于学生、教职工和患者，保障学校和医疗机构的出行需求。

3.线网密度与连接性

城市轨道交通网络的规划需要注重线网的密度和连接性。合理设置线路，确保线网的密集度，使得不同线路之间能够形成有效的衔接和换乘节点。这样一来，市民在使用轨道交通时能够更方便、高效地进行跨线路的换乘，提高整个系统的利用率。

4.区域间协调发展

在城市轨道交通网络规划中，需要考虑不同区域的协调发展。通过连接城市的不同区域，促进资源的有机流动，推动城市的均衡发展。这既包括连接城市中心区域和郊区，也包括连接新兴发展区和老城区，实现全城范围内的协调发展。

5.引入智能化和信息化

城市轨道交通网络规划的布局中，应充分引入智能化和信息化技术。通过实施智能调度系统、车辆自动驾驶、实时信息传输等技术，提高系统的运行效率和服务水平。乘客可以通过手机应用获得实时的车辆位置、到站时间等信息，提升出行体验。

6.考虑未来可扩展性

城市轨道交通网络规划时，要考虑未来的可扩展性。随着城市的不断发展，交通需求会不断增加，因此轨道交通系统应具备良好的可扩展性，能够方便地增加新的线路和站点，以适应未来城市的发展需求。

（四）城市轨道交通网络的未来发展趋势

1.新能源技术的广泛应用

未来城市轨道交通系统的发展趋势之一是新能源技术的广泛应用。采用电动、无人驾驶等先进技术，减少能源消耗和环境污染，推动城市轨道交通系统向更加清洁、绿色的方向发展。

2.智能交通管理系统的建设

随着智能技术的飞速发展，未来城市轨道交通系统将更加注重智能交通管理系统的建设。通过大数据分析、人工智能等技术，实现对轨道交通系统的智能监控、调度和管理，提高系统的安全性和效率。

3.多式联运的深入推进

未来城市轨道交通系统将更加深入地推进多式联运。通过与自行车共享、出租车、公共汽车等多种交通方式的紧密衔接，形成更加便捷、高效的整体交通网络，为市民提供更多元化的出行选择。

4.高效换乘和无缝连接

未来城市轨道交通系统将致力于实现高效换乘和无缝连接。通过优化换乘节点的设计，提高列车运行频次，减少换乘时间，使市民在不同线路之间能够更加便捷、高效地进行换乘，提升整个系统的出行体验。

5. 引入自适应调度技术

随着科技的发展，未来城市轨道交通系统将引入自适应调度技术。通过实时监测乘客流量、交通状况等信息，灵活调整列车运行计划，使系统能够更加智能地应对突发情况，提高运输效率。

6. 空间利用的创新

未来城市轨道交通系统的规划将更加注重空间利用的创新。通过建设地下、高架、跨江隧道等不同形式的线路，最大限度地利用城市空间，提高轨道交通网络的覆盖面和运输能力。

综合而言，城市轨道交通网络的规划与布局对于城市可持续发展至关重要。在制订规划时，应充分考虑城市的特点、发展方向以及居民的出行需求。同时，要结合新技术的应用，不断创新发展模式，以适应城市不断变化的需求。

第二节 轨道交通车辆的历史演变

一、轨道交通车辆的起源与初期发展

轨道交通作为城市交通体系的重要组成部分，其车辆的起源与初期发展经历了漫长的历史。从最早的蒸汽火车到电力化铁路，再到现代的地铁、轻轨等各种形式的轨道交通系统，每一次演变都是科技和工程的结晶。本书将探讨轨道交通车辆的起源、演变历程以及在初期阶段的发展情况。

（一）蒸汽时代的火车

1. 蒸汽机车的发明

轨道交通车辆的历史可以追溯到 19 世纪初的蒸汽时代。最早的轨道交通车辆是由蒸汽机驱动的火车。蒸汽机车的发明被认为是由英国工程师乔治·斯蒂芬森（George Stephenson）和他的儿子罗伯特·斯蒂芬森（Robert Stephenson）共同完成的。1814 年，乔治·斯蒂芬森设计并建造了一辆名为"布拉夫顿"（Blücher）的蒸汽机车，这被认为是世界上第一辆实用的蒸汽机车。

2. 股份公司的兴起

蒸汽机车的出现标志着铁路交通的开端。在此后几十年里，铁路建设蓬勃发展，成为 19 世纪中叶至 20 世纪初期城市和乡村之间主要的交通方式。许多股份公司应运而生，它们在铁路建设中起到了关键作用，吸引了大量投资者。股份公司模式推动了铁路网的扩张，使得铁路系统成为一个全国性的交通网络。

3. 世界铁路的连接

19 世纪后期，铁路技术在世界范围内得到推广和应用。美国、德国、法国、俄罗斯等国家纷纷建设了庞大的铁路系统，实现了城市与城市、国家与国家之间的连接。这一时期，蒸汽机车逐渐演变为更为高效、快速的形式，例如蒸汽涡轮机车。

（二）电气化时代的电车

1. 电车的发明

电气化时代的轨道交通车辆的发展始于 19 世纪末。在这一时期，电力技术的发展为轨道交通带来了新的推动力。最早的电车系统被认为是在 1881 年由西英格兰的利物浦开通的，这标志着电气化轨道交通的开始。与蒸汽机车相比，电车具有更高的效率、更低的噪音和更少的环境污染。

2. 电气化铁路的兴起

20 世纪初，随着电力技术的成熟和应用，电气化铁路开始逐渐兴起。电力牵引取代了蒸汽机车，使列车更加安静、干净且更为高效。首个大规模电气化铁路系统可以追溯到 1895 年在英国的城市牛津的开通。此后，欧洲、北美和亚洲等地的城市纷纷开始采用电气化技术，推动了城市轨道交通的发展。

3. 电车与城市交通

电气化时代的城市轨道交通主要以有轨电车（Tram）为代表。有轨电车成为城市内部交通的主要工具，为居民提供了更为便捷的出行方式。有轨电车不仅能够覆盖城市的主要街区，还能够通过轨道线路的灵活布局，适应城市街道的弯曲和狭窄，为城市内部的短途出行提供了理想选择。

4. 地铁的崛起

20 世纪初，随着城市人口的增长和城市化进程的加速，传统的有轨电车系统在面对大规模运输需求时显得有些力不从心。为了解决这一问题，地铁系统应运而生。早期地铁系统采用了电气化的技术，通过地下或高架线路，大大提高了城市内部的交通能力。伦敦地铁（1863 年）、纽约地铁（1904 年）等成为世界上最早的地铁系统，标志着城市轨道交通进入了新的电气化时代。

（三）城市轨道交通的多元化发展

1. 高铁技术的引入

20 世纪末至 21 世纪初，高铁技术的引入成为城市轨道交通领域的一项革命性变革。高速铁路的运行速度大大超过传统铁路，为城市之间的快速连接提供了新的可能。中国的高速铁路网络发展迅猛,成为世界上最大、最先进的高铁网络之一,其成功经验也为其他国家提供了借鉴。

2. 轻轨交通系统

轻轨交通系统是在城市轨道交通发展中的又一重要形式。轻轨系统相对于传统地铁,表现得更为灵活,可以适应不同城市的规模和需求。轻轨系统采用了电气化技术,同时在线路布局上更为灵活,适用于城市郊区和新兴发展区的交通需求。许多城市引入轻轨系统,成为城市内部交通的重要组成部分。

3. 磁悬浮技术

磁悬浮技术是一种基于磁力原理的新型城市轨道交通技术。磁悬浮列车通过磁力浮升在轨道上,不与轨道直接接触,因此摩擦阻力小、运行平稳。这种技术具有速度高、环保、低能耗等优势,成为未来城市轨道交通的一项有望发展的技术。

4. 智能化与自动驾驶

随着人工智能和自动驾驶技术的不断发展,城市轨道交通系统也在向智能化和自动化方向迈进。自动驾驶列车、智能调度系统、乘客信息服务等技术的应用,使得城市轨道交通更为安全、便捷、高效。

5. 环保与可持续发展

在现代城市轨道交通的发展中,环保和可持续发展已经成为重要的考虑因素。采用新能源技术、废弃物的再利用、绿色建筑等措施,使城市轨道交通更符合可持续发展的理念,减少对环境的不良影响。

轨道交通车辆的起源与初期发展经历了蒸汽时代的火车、电气化时代的电车,以及后来的高铁、轻轨、磁悬浮等多元化发展。每一阶段的演变都离不开科技的进步和社会的需求。未来,随着科技的不断创新,城市轨道交通系统将继续朝着更为智能、环保、高效的方向发展,为城市居民提供更加便捷、舒适的出行体验。

二、技术创新对轨道交通车辆的影响

随着科技的迅速发展,技术创新对轨道交通车辆的影响愈发深远。从最早的蒸汽机车到现代的高铁、轻轨、磁悬浮等先进交通工具,技术创新在提高运输效率、保障安全、改善用户体验等方面发挥着关键作用。本书将探讨技术创新对轨道交通车辆的影响,并分析其在不同历史阶段的贡献与演进。

(一)蒸汽时代的技术创新

1. 蒸汽机车的发明

蒸汽机车的发明是轨道交通领域的一项重大技术创新。由乔治·斯蒂芬森(George

Stephenson）等工程师设计制造的蒸汽机车于 19 世纪初成功运行，标志着蒸汽时代的到来。蒸汽机车通过燃煤加热水，产生蒸汽推动发动机，驱动列车前进。这一创新使得运输速度大幅提升，开启了轨道交通的新纪元。

2. 铁路系统的建设

蒸汽机车的引入催生了铁路系统的大规模建设。技术创新不仅体现在机车设计上，还包括了轨道、车厢、车站等方方面面。工程师通过改进轨道的材料和结构，设计更为安全牢固的列车车厢，建设更加高效的车站，形成了初步完善的铁路系统。这一创新极大地促进了城市与城市、城市与乡村之间的联系。

3. 股份公司的兴起

蒸汽时代的技术创新不仅在机车和轨道上有所体现，还在交通运营模式上产生了深远影响。铁路建设需要大量资金，为了吸引投资者，股份公司制度得以推广。这一创新不仅带动了铁路股份公司的崛起，也为其他领域的投融资模式创新奠定了基础。

（二）电气化时代的技术创新

1. 电力牵引技术

20 世纪初，电气化时代的到来带来了电力牵引技术的创新。最早的电车系统于 19 世纪末在英国和美国开通，电车通过接触线从电网中获取电能，代替了传统的蒸汽机车。这一创新提高了列车的运行效率，减少了对化石燃料的依赖，使得轨道交通更为清洁、环保。

2. 地铁系统的崛起

电气化时代标志着地铁系统的崛起。首个地铁系统在伦敦于 1863 年开通，采用电气化技术，通过地下或高架线路运行。电气化的地铁系统更适用于城市内部交通，避免了地表交通拥堵，提供了更高效、快速的出行选择。这一创新促使世界各大城市相继建设地铁系统，极大地改善了城市交通状况。

3. 高铁技术的引入

电气化时代的另一项重大技术创新是高铁技术的引入。高铁系统通过提高列车运行速度，将城市之间的交通时间缩短到了极短的时间内。最早的商业高铁线路是日本东海道新干线，于 1964 年投入运营。此后，高铁技术在法国、中国等国家得到广泛应用，极大地提高了城际交通效率。

（三）多元化发展中的技术创新

1. 轻轨交通系统

随着城市的不断扩大和人口的增加，轨道交通系统也在不断演变和创新。轻轨交通系统的兴起是其中的一项重要创新。相对传统地铁系统，轻轨系统更为灵活，适应性更强。电气化的轻轨系统在城市郊区和新兴发展区的交通需求中发挥着重要作用，极大地促进了城市交通的多元化发展。

2. 磁悬浮技术

磁悬浮技术是近年来的一项创新，为城市轨道交通带来了新的可能。磁悬浮列车通过磁力浮升在轨道上，不与轨道直接接触，从而减少了摩擦阻力，使得运行更加平稳、高效。这一技术创新的代表是上海磁悬浮列车，它在上海浦东国际机场至市区的线路上实现了商业运营。磁悬浮技术的引入，使得列车的运行速度更快，同时也降低了噪音和振动，为城市交通带来更为舒适和高效的出行体验。

3. 智能化与自动驾驶

智能化与自动驾驶技术的应用是当前轨道交通领域的一项重大创新。通过引入人工智能、传感器技术和自动控制系统，轨道交通车辆变得更加智能，能够实现更为精确的调度和运行。在部分地铁系统中，已经实现了列车的自动驾驶和自动停车，有效提高了运行的安全性和准确性。这一创新为未来的轨道交通系统提供了更多可能性，也为乘客提供了更为便捷和可靠的服务。

4. 高效能源和环保技术

随着对环境保护和可持续发展的关注增加，轨道交通车辆也在不断引入高效能源和环保技术。新能源技术，如电池技术、太阳能技术等，被应用于列车的牵引系统，以减少对传统能源的依赖，降低运行的环境影响。此外，轨道交通系统也在注重废弃物的回收利用、建设绿色车站、减少噪音和空气污染等方面进行创新，以打造更为环保可持续的城市交通系统。

5. 数据分析与智能服务

技术创新还体现在对大数据分析和智能服务的应用上。通过收集乘客出行数据、运行数据等信息，轨道交通系统可以更好地了解运行状况，进行合理的调度和管理。同时，智能服务系统也可以提供实时的列车信息、乘客导航服务、车站设施信息等，使得乘客的出行体验更为便捷和舒适。

（四）未来技术趋势与展望

1. 新一代交通网络

未来技术创新将推动轨道交通系统向更加智能、高效、互联的方向发展。新一代的交通网络将更好地整合城市内外部的交通资源，实现多式联运，为乘客提供更加全面、便捷的出行选择。

2. 空中轨道交通

空中轨道交通是未来的一项潜在技术创新。通过磁悬浮、气垫等技术，列车可以在空中运行，克服地面交通的拥堵问题，提高运输效率。这种形式的交通可能会在未来成为城市中的一种新型出行方式。

3. 超高速磁悬浮

超高速磁悬浮技术的发展也是未来趋势之一。通过提高磁悬浮列车的运行速度，将实现更远距离城市之间的快速连接，缩短旅行时间。超高速磁悬浮有望成为未来城际交通的新兴选择。

4. 环保可持续发展

未来技术创新将进一步关注环保可持续发展。新型材料的应用、能源效率的提高、废弃物的处理等方面的创新将使轨道交通系统更加环保，减少对环境的不良影响。

5. 人工智能与自动化

随着人工智能和自动化技术的不断发展，未来轨道交通车辆将更加智能化。列车的自动驾驶、乘客的智能化导航服务、智能调度系统等将成为未来轨道交通的重要特征，提升了系统的安全性和运行效率。

未来，技术创新将继续引领轨道交通系统的发展。政府、企业和科研机构需要加强合作，不断推动科技成果的应用，以打造更加智能、高效、绿色、舒适的城市轨道交通系统，为城市的可持续发展贡献力量。

6. 智能化运维与维护

未来轨道交通系统的技术创新还包括智能化运维与维护。通过引入先进的传感器技术、物联网、大数据分析等手段，可以实现对轨道交通设备和车辆的实时监测和预测性维护。这有助于提高设备的可靠性、延长寿命，减少因设备故障而引发的运行中断，提高整体运输系统的稳定性。

7. 安全与防护技术

随着科技的进步，未来轨道交通系统将更加注重安全与防护技术的创新。高级驾驶辅助系统、智能监控系统、紧急制动技术等将进一步提高列车的运行安全性。同时，智能化的安检设备和防范系统将有助于应对潜在的安全威胁，保障乘客和运营人员的安全。

8. 可持续能源与环保技术

未来轨道交通系统将更加注重可持续能源与环保技术的应用。引入更先进的电池技术、太阳能技术，甚至考虑使用生物燃料等新型能源，以降低对有限资源的依赖，减少环境污染。轨道交通系统的设计也将更加注重材料的可回收性和环境友好性。

9. 超级高铁和磁力悬浮

未来超级高铁和磁力悬浮技术有望成为城市间高速交通的主要方式。超级高铁的运行速度更快，能够实现更迅捷的城际连接。而磁力悬浮技术通过磁场浮升，进一步减少了摩擦阻力，使得列车能够以更高的速度运行。这些技术的应用将大幅缩短城际交通时间，提升出行效率。

10. 空中轨道交通

空中轨道交通系统是一项具有前瞻性的技术创新。通过高效的空中交通系统，可以解决地面城市交通拥堵的问题。这种未来交通方式可以采用垂直起降的技术，极大地提高了城市内部和城市之间的连接效率。

11. 超级磁悬浮列车

超级磁悬浮列车是一种具有极高速度和高度可调性的轨道交通方式。它通过磁悬浮技术实现离地悬浮，并通过电磁力进行推进，避免了传统轨道交通摩擦的问题。超级磁悬浮列车有望成为未来城市间超远距离高速交通的一种创新选择。

未来轨道交通技术创新的发展方向将是多元化、智能化、绿色环保、高效安全的。随着各种新技术的涌现和不断演化，轨道交通系统将在未来变得更加智能、便捷、快速，为城市居民提供更为高品质的出行体验。同时，技术创新也需要在政策法规、社会接受度等方面得到全方位支持，只有如此才能够顺利应用和推广。

三、当代城市轨道交通车辆的设计与技术特点

随着城市化进程的加速和人口密集度的增加，城市轨道交通成为解决交通拥堵、提高出行效率的重要组成部分。当代城市轨道交通车辆在设计和技术上经历了深刻的变革，以适应不断增长的乘客需求、提高运输效率、提升安全性和环保性。本书将深入探讨当代城市轨道交通车辆的设计与技术特点。

（一）设计特点

1. 乘客舒适性

当代城市轨道交通车辆在设计上极为注重乘客舒适性。座椅设计、车厢空间、车内环境等方面都进行了精心规划。座椅采用人体工学设计，确保乘客在长时间乘坐中能够获得足够的舒适感。车内采用先进的隔音和减震技术，减轻噪音和振动对乘客的影响。空调、通风系统的智能设计也能够保障车内的舒适温度和新鲜空气。

2. 无障碍设计

为了更好地服务不同群体的乘客，现代轨道交通车辆普遍采用无障碍设计。这包括宽敞的通道、易于进出的车厢空间、无障碍设施等，使得老年人、残疾人士和行动不便的乘客能够更为方便地使用轨道交通服务。

3. 多功能车辆

为适应城市多元化的交通需求，当代城市轨道交通车辆通常设计成多功能的结构。例如，可以通过车身的灵活设计实现不同线路和运营模式的转换，以适应城市不同的

交通需求。多功能车辆的设计不仅可以提高运输的灵活性，还能够更好地适应城市不断变化的交通环境。

（二）技术特点

1. 先进的牵引技术

当代城市轨道交通车辆广泛采用先进的牵引技术，其中电气化牵引是主流。电气化牵引系统通过电力驱动车辆运行，相比传统的内燃机械传动系统，具有更高的效率和更低的环境影响。随着电池技术的不断发展，一些城市轨道交通系统也开始采用电池电力存储技术，使得车辆在无电气化区域也能够独立行驶。

2. 智能化控制系统

智能化控制系统是当代城市轨道交通车辆的重要技术特点之一。车辆配备了先进的自动控制系统，实现了列车的智能驾驶、智能调度、智能监测等功能。这种系统不仅提高了运行的安全性，还能够通过数据分析优化列车的运行效率，减少能源消耗，提高整体运输系统的效益。

3. 轻量化材料应用

为降低能耗、提高运行效率，当代城市轨道交通车辆广泛采用轻量化材料，如高强度铝合金和复合材料。这些材料不仅能够减轻车体重量，提高能源利用效率，还能够提高车辆的抗腐蚀性和耐久性。

4. 节能环保技术

随着社会对环境保护的日益关注，当代城市轨道交通车辆在技术上加强了节能环保的设计。采用先进的动力系统和能源管理技术，例如再生制动系统、能量回收装置等，以最大限度地减少能源浪费。同时，一些轨道交通系统还引入了新能源技术，如太阳能和储能系统，以实现更为环保的运行。

5. 高效空调与通风系统

当代城市轨道交通车辆还配备了高效的空调与通风系统。这些系统不仅能够在各种气候条件下保持舒适的温度，还能够有效防止车内空气污染。一些车辆还采用智能化的通风系统，通过实时监测车内空气质量，自动调整通风量，提升乘客的出行体验。

（三）安全性与可靠性

1. 先进的安全系统

当代城市轨道交通车辆在安全方面进行了重要的技术升级。先进的安全系统包括智能驾驶辅助系统、自动紧急制动系统、障碍物检测系统等。这些系统通过感知、识别和响应，大大提高了列车运行的安全性，减少了事故发生的可能性。例如，智能驾驶辅助系统可以通过传感器监测周围环境，及时发现潜在的障碍物或危险情况，并采取紧急措施以确保乘客和车辆的安全。

2. 高精度定位技术

为了提高列车的运行精度和安全性，当代城市轨道交通车辆普遍采用了高精度定位技术。全球卫星定位系统（GNSS）和惯性导航系统（INS）的结合，使得车辆在运行过程中能够实现更为准确的定位和导航。这项技术的应用不仅提高了列车在车站和线路上的精准停靠，还增强了列车在复杂条件下的运行能力。

3. 防火与灭火技术

考虑到城市轨道交通车辆的特殊运行环境，当代车辆在设计上加强了防火与灭火技术的应用。车辆内部配备了高效的防火材料，同时设有灭火系统，一旦发生火灾，系统能够及时响应并采取措施，最大限度地减小火灾对车辆和乘客的影响。

4. 紧急救援系统

为了提高应对突发事件的能力，当代城市轨道交通车辆配置了紧急救援系统。一旦发生紧急情况，乘客可以通过车厢内的紧急报警设备与列车控制中心联系，同时车辆也配备了紧急通信和位置传输系统，以便救援人员及时准确地了解事故现场情况。

5. 无轨电车系统

无轨电车系统是当代城市轨道交通的一项新兴技术，其采用电池供电，无须架设接触网。这一系统在车辆设计上更为灵活，能够适应不同的城市道路环境。同时，无轨电车系统也更为环保，减少了对城市道路和建筑的影响，提高了城市交通的整体效益。

（四）智能化与信息化

1. 乘客信息服务系统

当代城市轨道交通车辆普遍配备了先进的乘客信息服务系统。这些系统通过电子显示屏、语音提示等方式，向乘客提供实时的列车信息、车站信息、运行状况等。乘客可以更加方便地获取所需信息，提高了出行的便利性。

2. 智能票务系统

智能票务系统是当代城市轨道交通的一项重要技术特点。通过实现电子化、无纸化的票务服务，乘客可以通过手机 APP、自动售票机等方式购买车票、查询线路信息，实现更为便捷的购票和乘车体验。这不仅提高了服务效率，还降低了运营成本。

3. 自动驾驶与列车调度

一些先进的城市轨道交通系统引入了自动驾驶技术和智能列车调度系统。自动驾驶技术通过先进的传感器和控制系统，实现列车的自主行驶，提高了运行的安全性和精准性。智能列车调度系统通过实时数据分析，对列车进行智能调度，优化线路利用率，降低列车之间的间隔，提高了运输效率。

4. 无人值守车站

为提高车站运营效率，一些城市轨道交通系统引入了无人值守车站的设计。通过自动售票、自动检票、自助服务设备等技术手段，实现车站的自动化运营，减少了人力成本，提高了服务效率。这种智能化设计使得车站在非高峰时段仍能够提供高效服务。

（五）未来发展趋势

1. 新能源技术的应用

随着新能源技术的不断发展，未来城市轨道交通车辆将更加广泛地应用新能源技术。电动化、混合动力、氢燃料电池等将成为未来城市轨道交通的发展趋势，以减少对传统燃油的依赖，降低环境污染，推动交通系统向更加清洁和可持续的方向发展。

2. 智能化和自动驾驶的进一步发展

未来城市轨道交通车辆将迎来更大程度的智能化和自动驾驶的发展。随着人工智能技术、传感器技术的不断进步，轨道交通系统将更好地实现智能调度、车辆自主行驶、智能维护等功能。这将提高车辆运行的安全性、准确性，并为乘客提供更为高效、便捷的服务。

3. 超高速和超级磁悬浮技术

未来城市轨道交通的发展趋势之一是实现更高速度的运行。超高速列车和超级磁悬浮技术有望成为城际交通的主导方式，通过提高运行速度，缩短城市之间的距离，进一步加强城市之间的连接。

4. 环保和可持续发展

未来城市轨道交通将更加注重环保和可持续发展。新型材料的应用、能源效率的提高、废弃物的处理等方面的技术创新将使轨道交通系统更加环保。同时，未来轨道交通系统还有望与城市的规划和生态环境建设进行紧密的结合，实现可持续的城市交通发展。

5. 多模式融合交通

未来城市轨道交通系统将更加注重多模式融合交通。与公共汽车、自行车、共享出行等多种交通模式的无缝对接将成为发展趋势，通过智能化系统实现不同交通工具的高效衔接，为乘客提供更为便捷的出行体验。

6. 无人驾驶技术的应用

随着无人驾驶技术的逐渐成熟，未来城市轨道交通车辆有望引入更多无人驾驶技术。自动驾驶列车将提高运行的精准性和安全性，减少人为因素对运营的影响。这一趋势有望进一步推动交通系统的智能化和自动化。

7. 轨道交通与城市规划的深度融合

未来城市轨道交通将更深度地融入城市规划中，与城市发展相互促进。轨道交通线路的规划将更为贴近城市的发展需求，与城市的产业结构、人口分布、居住区和商业区的布局更为契合，实现城市轨道交通与城市规划的有机结合。

8. 数据分析与智能服务的进一步提升

未来城市轨道交通将通过更加先进的数据分析技术和智能服务系统，更好地了解乘客出行需求、车辆运行状态等信息。这将有助于实现更加精准的运营调度、提供个性化的服务，为乘客提供更为智能、高效的出行体验。

在未来，城市轨道交通将持续面临着人口增长、城市化发展、环境保护等多方面的挑战。通过不断创新和引入先进技术，城市轨道交通系统将更好地满足人们日益增长的出行需求，为城市可持续发展做出更大的贡献。

第三节　城市轨道交通的重要性与挑战

一、城市轨道交通对城市发展的影响

城市轨道交通作为一种快速、高效的城市交通工具，对城市的发展产生着深远影响。它不仅改变了城市居民的出行方式，提高了交通效率，还对城市规划、土地利用、经济增长、环境保护等方面产生了积极影响。本书将从多个角度探讨城市轨道交通对城市发展的影响，并深入分析其带来的社会、经济和环境效应。

（一）交通效率的提升

1. 减缓交通拥堵

城市轨道交通的建设和运营使得城市交通更加高效，有力减缓了交通拥堵的程度。相比其他交通工具，轨道交通具有大运输能力、高运行速度、独立的交通通道等优势。乘坐轨道交通可以避免道路交通的阻塞，减少交通事故发生，提高出行的可靠性。

2. 缩短出行时间

城市轨道交通的高运行速度和高频率的发车间隔，使得居民在城市内部的出行更加迅速和便捷。相较传统的交通方式，轨道交通大大缩短了出行时间，使得居民能够更灵活地安排工作、学习和生活，这对于提高城市居民的生活质量和工作效率具有积极的推动作用。

（二）城市规划与土地利用

1. 城市发展引导

城市轨道交通的建设往往是城市规划的重要组成部分。通过合理规划和布局轨道交通线路，可以引导城市发展朝着更为合理、有序的方向发展。新建轨道交通线路通常会促使周边区域的开发，形成新的城市发展极点，带动周边地区的经济繁荣。

2. 土地价值提升

城市轨道交通线路的规划和建设，往往会带动沿线土地的价值提升。沿线地区成为商业、住宅和办公区域的热门选择，房地产市场活跃，土地利用率得到提高。这种现象常被称为"轨道交通带动房地产"。

3. 城市空间整合

城市轨道交通不仅能够引导城市发展，有助于城市空间的整合。通过将轨道交通与其他交通方式、城市功能区域相连接，实现城市内部各个区域的有机衔接，促使城市形成更加紧凑、便捷、宜居的空间结构。

（三）经济效益与就业机会

1. 经济拉动

城市轨道交通的建设和运营对城市经济有着显著的拉动作用。一方面，轨道交通的建设需要大量的人力、物力和财力，为城市提供了丰富的建设需求；另一方面，轨道交通的运营为城市创造了可观的运营收入，成为城市经济的重要支柱之一。

2. 就业机会

城市轨道交通的建设和运营为城市创造了大量的就业机会。在轨道交通建设阶段，涉及设计、施工、监理、材料供应等多个领域，直接创造了大量工作岗位。而在运营阶段，需要人员从事列车驾驶、安全检查、票务服务、设备维护等工作，为城市居民提供了多元化就业机会。

3. 产业链带动

城市轨道交通的建设不仅涉及轨道交通本身，还牵涉到了相关产业链的发展。例如，与轨道交通相关的制造业、电子信息技术、智能交通系统等产业都会得到发展和壮大，这进一步推动了城市产业结构的升级和优化。

（四）环境效益与可持续发展

1. 减少交通污染

城市轨道交通的运行主要依赖电力，尤其是采用电气化牵引的城市轨道交通。相较于传统燃油交通工具，轨道交通的电动化运行更为清洁，减少了空气污染和交通噪音，对改善城市环境质量有着积极的作用。

2. 节能减少碳排放

城市轨道交通采用电力作为主要能源，而电力系统更容易实现清洁能源的替代，如风能、太阳能等。这有助于降低碳排放，减缓气候变化对城市的不利影响。通过推动可再生能源的应用，城市轨道交通还可以成为城市绿色发展的标志性产业，为可持续发展贡献力量。

3. 优化城市空气质量

城市轨道交通的运行方式和电动化特性有助于减少尾气排放，改善城市空气质量。在城市中心区域，汽车尾气排放是主要的空气污染源之一，而城市轨道交通的运营大大降低了这一污染源造成的污染，使得城市居民能够呼吸到更为清新的空气。

4. 促进低碳生活方式

城市轨道交通的建设和运营改变了城市居民的出行方式，推动了低碳生活方式的普及。便捷、高效的轨道交通系统使得居民更愿意放弃个人驾车，而采用公共交通工具出行，从而减少了每人的碳排放量。这种变革有助于培养城市居民的绿色生活理念，形成更为环保的出行方式。

（五）社会效益与城市发展

1. 提高城市形象

城市轨道交通作为一种现代、高效、绿色的交通方式，美化了城市形象。轨道交通系统的现代化设备、智能化管理、舒适的服务，使城市更显宜居、先进，为城市在国际上树立了良好形象。

2. 促进城市文化交流

城市轨道交通的运营不仅连接了城市的各个区域，也促进了不同社区、不同文化之间的交流。人们在轨道交通中互相交往，各类文化活动在轨道交通车站周边蓬勃发展。这有助于促进城市文化的多样性和繁荣。

3. 提升城市居民生活品质

城市轨道交通的建设和运营提高了城市居民的生活品质。快速、便捷的交通工具不仅缩短了出行时间，还减轻了居民的交通负担。乘坐轨道交通过程中，乘客可以更为放松地阅读、学习、工作，提升了居民的生活质量。

4. 促进城市社会平等

城市轨道交通的公共性质使得各个社会阶层都能够享受到相对平等的交通服务。无论是富裕居民还是普通工薪阶层，都可以通过轨道交通获得相对一致的出行体验，有助于促进城市社会的平等发展。

综上所述，城市轨道交通对城市发展产生了广泛而深远的影响。从交通效率提升、城市规划与土地利用、经济效益与就业机会、环境效益与可持续发展、社会效益与城市居民生活品质等多个维度可以看出，城市轨道交通在推动城市现代化、提升居民生活水平、促进城市绿色发展等方面发挥了积极作用。

二、当前城市轨道交通面临的挑战

城市轨道交通作为现代城市交通体系的重要组成部分，虽然在解决交通拥堵、提高出行效率等方面发挥着重要作用，但同时也面临着一系列挑战。这些挑战涉及技术、经济、社会、环境等多个层面，影响着轨道交通系统的建设、运营和发展。以下将深入探讨当前城市轨道交通面临的主要挑战。

（一）技术挑战

1. 技术更新与创新

城市轨道交通系统的技术在不断更新和演进，面临着需要持续进行技术创新的挑战。新兴技术的应用，如自动驾驶、人工智能、大数据分析等，对轨道交通系统提出了更高要求。因此，如何及时引入新技术，提升系统的智能化水平，是当前亟待解决的技术挑战之一。

2. 自动驾驶技术应用

随着自动驾驶技术的不断发展，城市轨道交通面临着将这一技术应用到实际运营中的挑战。自动驾驶技术的引入涉及车辆控制、信号系统、安全保障等多个方面，需要解决技术标准、法规法律、系统安全等一系列问题。

（二）经济挑战

1. 建设和运营成本

城市轨道交通系统的建设和运营需要巨额投资，包括线路建设、车辆采购、设备安装、人员培训等方面。这些巨大成本使得一些城市在规划和推进轨道交通项目时面临着资金不足、财政压力大的经济挑战。

2. 资金来源和回报周期

轨道交通系统的建设通常依赖政府资金，而政府预算有限，导致轨道交通项目难以获得足够的资金支持。此外，投资回报周期较长也是一种经济挑战，因为在建设期间和初期运营阶段，系统难以实现盈利，需要依赖政府的补贴。

（三）社会挑战

1. 社会认知与接受度

在城市轨道交通项目的规划和建设中，社会层面的认知和接受度是一个重要挑战。一些居民可能对轨道交通的噪音、振动、施工对周边环境的影响表示担忧，这些都需要通过有效沟通和宣传工作来提高社会的认知和接受度。

2. 城市规划与土地利用

城市轨道交通的建设需要占用大量土地资源，而城市土地是宝贵且有限的资源。

如何在轨道交通建设和城市其他功能需求之间取得平衡，确保轨道交通系统的顺利推进，是一种社会挑战。

（四）运营管理挑战

1. 运营效率与服务质量

轨道交通系统的运营效率和服务质量是直接关系到乘客体验的重要因素。因为人们对于出行的要求越来越高，追求更快捷、更舒适的交通服务，轨道交通系统需要不断提升运营效率和服务水平。

2. 安全管理和应急处理

轨道交通系统的安全管理是一个极其重要的方面。因为一旦发生事故，不仅可能对乘客造成伤害，还可能影响整个城市的交通秩序。同时，应对突发事件的能力也是运营管理中不可忽视的一环。

（五）环境可持续性挑战

1. 能源消耗和环境影响

城市轨道交通的能源消耗和环境影响是一个让人们持续关注的问题。尽管相对于传统交通方式，轨道交通更为环保，但其电力来源、能源效率等方面仍然需要不断优化，以减轻环境负担。

2. 噪音和振动问题

轨道交通的运行可能会产生噪音和振动，对周边居民的生活造成一定程度的影响。在城市高密度区域，如何有效降低这些负面影响，是一个需要解决的环境可持续性挑战。

3. 城市空间与生态影响

城市轨道交通的建设和运营对城市空间和生态环境有一定的影响。轨道交通线路的布局和车站的设置可能会占用原有的绿地和生态系统，对城市的整体生态平衡产生一定的冲击。

（六）政策与法规挑战

1. 政策制定和调整

城市轨道交通系统的发展受到政策的直接影响。不同阶段的政府政策变化、调整与制定都会对轨道交通的建设、运营和管理产生深远的影响。因此，如何与政策保持协调，适应政策的调整，是一个具有挑战性的问题。

2. 法规合规与监管

随着城市轨道交通系统的发展，相关的法规和监管体系也需要不断完善。确保轨道交通系统的合规性，保障运营的安全、可靠，同时满足法规要求，是一个政策与法规方面的挑战。

（七）新兴技术应用挑战

1. 大数据安全与隐私问题

随着大数据技术在城市轨道交通中的广泛应用，涉及大量的乘客信息、运营数据等。如何在保障数据安全的前提下有效利用大数据，同时兼顾乘客的隐私权，是一个新兴技术应用所面临的挑战。

2.5G 技术应用

5G 技术的应用可以提升轨道交通系统的联网和通信能力，但同时也带来了网络安全、设备兼容性等方面的挑战。确保系统的稳定性和安全性是 5G 技术应用中需要重点关注的问题。

当前城市轨道交通所面临的挑战是多方面的，涵盖了技术、经济、社会、环境、政策、新兴技术应用、全球经济等多个方面。解决这些挑战需要政府、企业、学术机构等多方合作，制定科学合理的政策，采用先进的技术手段，不断提升城市轨道交通系统的整体水平。同时，需要充分考虑社会各界的意见和需求，保障系统的安全、可靠、高效、环保。

三、可持续性发展与城市轨道交通的关系

可持续性发展是当今社会发展的主导理念之一，涵盖经济、社会和环境三个层面。城市轨道交通作为现代城市交通体系的重要组成部分，其发展与可持续性密切相关。本书将深入探讨可持续性发展与城市轨道交通的关系，从经济、社会、环境等多个角度分析其相互影响和互动关系。

（一）经济可持续性

1. 城市轨道交通对经济的贡献

城市轨道交通系统的建设和运营对城市经济发展具有积极的推动作用。首先，轨道交通能够提高城市内部的通达性，促进人员和货物的流动，减少交通拥堵，提高交通效率。这对于促进城市商业活动、加强各个城市区域的联系具有直接的经济效益。

其次，轨道交通的建设和运营创造了大量的就业机会。不仅涉及工程建设、设备制造、运营管理等方面，还有相关产业链的发展。这为城市提供了丰富的就业岗位，提升了居民的收入水平，推动了城市的整体经济增长。

2. 经济可持续性的挑战

尽管城市轨道交通对经济有积极贡献，但也面临着一些经济可持续性的挑战。首先，轨道交通的建设和运营需要巨额的资金投入，而运营过程中往往需要政府的财政支持。这可能对城市的财政压力产生一定的影响，使得长期经济可持续性面临一些困扰。

其次，轨道交通的盈利能力受到多种因素的影响，包括票价政策、运营成本、乘客流量等。如果经营不善或者乘客需求不足，就可能导致系统运营出现亏损，进而影响经济可持续性。

（二）社会可持续性

1. 提高居民出行品质

城市轨道交通的建设和运营能够有效改善居民的出行品质。相比传统交通方式，轨道交通通常更为便捷、快速、舒适，有助于减少通勤时间，提高出行效率。这对于居民的生活质量有着直接影响，提升了城市的社会可持续性。

2. 减少交通事故与空气污染

轨道交通的运行方式相对安全，因为它通常是在固定轨道上行驶，避免了一些交通事故的发生。此外，电气化运行的轨道交通系统采用清洁能源，减少了尾气排放，有助于改善城市空气质量，减少了空气污染对居民健康的影响。

3. 社会可持续性的挑战

在社会层面，城市轨道交通也面临一些可持续性的挑战。首先，轨道交通的建设和运营可能涉及土地征用和城市更新，可能对周边社区和居民产生一定的影响。社会可持续性的实现需要在规划和设计中充分考虑社区的利益，进行公正的社会影响评估。

其次，轨道交通的盈利模式和票价政策也可能对社会可持续性产生影响。如果票价设置不合理，可能会导致低收入群体的出行成本增加，造成社会不公平。因此，需要在运营过程中进行合理的社会成本考量，确保轨道交通系统服务的平等性。

（三）环境可持续性

1. 采用清洁能源

城市轨道交通系统的电气化运行方式使得其能够更容易采用清洁能源，如水电、风能等。相较传统的燃油交通工具，轨道交通的能源利用更为高效，减少了对环境的不良影响，有助于保护城市生态环境。

2. 减少交通拥堵

轨道交通的运行方式有助于减少城市交通拥堵，减缓交通系统对环境的压力。拥堵通常导致车辆长时间怠速，增加尾气排放，而轨道交通的高效运行能够缓解这一问题，有利于降低空气污染水平。

3. 环境可持续性的挑战

尽管城市轨道交通系统在环境方面具有一定的优势，但其发展也面临一些环境可持续性的挑战。首先，轨道交通的建设和运营可能涉及土地占用和生态系统破坏。建设轨道线路、车站等需要占用一定面积的土地，可能影响周边的生态环境。因此，在轨道交通项目规划和实施中，需要进行科学合理的环境影响评估，采取相应措施进行生态保护和修复。

其次，轨道交通的运行过程中也存在一些环境问题，如噪音和振动。轨道交通系统的运行可能会产生一定程度的噪音，对周边居民和环境产生一定影响。为了降低噪音和振动水平，需要在设计和运营中采取有效的隔音和减振措施，以保障周边环境的良好状态。

再次，电力驱动的轨道交通系统在电力供应方面也面临挑战。尽管采用了清洁能源，但能源来源的可持续性、电力供应的稳定性仍是需要考虑的问题。应对这一挑战需要采用多元化的能源供应方式，提高系统的自给自足能力。

（四）城市规划与可持续性

1. 促进城市紧凑发展

城市轨道交通系统的建设和规划对于城市的紧凑发展具有引导作用。通过合理规划轨道线路和站点，能够促使城市在轨道交通周边形成紧密的城市发展格局，减少城市的扩张，提高土地利用效率。这有助于减少对自然资源的过度开发，促进城市可持续发展。

2. 解决城市交通拥堵

城市轨道交通的建设有助于解决城市交通拥堵问题，降低交通排放。通过提供高效、便捷的公共交通服务，可以鼓励居民减少私家车使用，转而选择环保的轨道交通工具，这对于改善城市交通状况、减少尾气排放、降低环境污染有着显著的积极影响。

3. 可持续城市交通规划

可持续城市交通规划需要综合考虑各种交通方式的协同发展，包括轨道交通、公共汽车、自行车、步行等。通过发展多元化的交通方式，提高交通系统的互联互通性，可以更好地满足不同出行需求，减少对特定交通方式的过度依赖，有助于实现城市交通的可持续性。

（五）政策与法规

1. 制定鼓励可持续发展的政策

政府在城市轨道交通方面的政策制定和管理对于可持续发展至关重要。政府可以通过制定激励政策，鼓励企业和居民选择可持续的出行方式，推动城市轨道交通系统的发展。这可能包括票价优惠、税收政策、投资补贴等手段，以引导社会资源朝着可持续方向集中。

2. 环境保护法规和标准

政府应当加强对城市轨道交通系统的环境保护法规和标准的制定和监督。明确排放标准、噪音限制等方面的要求，强调对生态环境的保护。同时，建立健全的监管体系，对违规行为进行严肃处理，确保城市轨道交通系统在建设和运营中符合环境可持续性的要求。城市轨道交通与可持续性发展之间存在密切的关系。从经济、社会、环境、城市规划和政策法规等多个角度来看，城市轨道交通的发展可以为城市的可持续发展提供多方面的积极影响。然而，为了更好地实现这种关系，需要克服一些困难，并制定合适的策略和政策来促进城市轨道交通系统的可持续发展。

第四节　轨道交通车辆的基本构造

一、轨道交通车辆的整体结构

轨道交通车辆作为城市交通体系的重要组成部分，其设计和结构直接关系到乘客的出行安全、乘坐舒适度以及运行效能。随着科技的不断发展，轨道交通车辆的结构逐渐趋向智能化、环保化和高效化。本书将深入探讨轨道交通车辆的整体结构，包括车辆外观设计、车体结构、动力系统、控制系统等方面的关键要素。

（一）车辆外观设计

1. 外观设计的重要性

轨道交通车辆的外观设计不仅关乎美观，还与乘客的舒适感、车辆的能见度以及城市形象等因素息息相关。合理的外观设计可以提升乘客体验，增强车辆在城市中的辨识度，对城市形象产生积极影响。

2. 外观设计要素

流线型设计：采用流线型外观设计能够减小空气阻力，提高车辆的运行效能，降低能耗。

车身颜色：选择醒目的车身颜色有助于提高车辆的可见性，减少交通事故的发生。

灯光设计：设计合理的车灯系统，包括前照灯、尾灯、转向灯等，能够提高夜间行驶的安全性。

车窗设计：车窗的大小和位置设计应考虑乘客的视野，同时结合防晒和保温功能。

（二）车体结构

1. 车体材料

轨道交通车辆的车体通常采用轻质高强度的材料，如铝合金、碳纤维复合材料等。这既能减轻车辆自身重量，提高能效，又具有良好的抗腐蚀性和耐久性。

2. 车体结构设计

单体式结构：车体以单一整体结构设计，能够提高整车的强度和稳定性，降低维护成本。

模块化设计：采用模块化设计，使车体可以分为若干相对独立的模块，方便制造、维护和更新。

3. 车辆的抗撞设计

为提高车辆在事故中的安全性，轨道交通车辆需要具备良好的抗撞设计。这包括车体前端的防护结构、能够吸能的材料和结构设计，以及乘员室的保护措施等。

（三）动力系统

1. 传统动力系统

电力驱动：大多数城市轨道交通系统采用电力驱动，包括直流电和交流电系统。电动车辆通常配备集电装置，通过轨道上的电源供电。

牵引系统：牵引系统包括牵引电机、传动装置和制动系统。电机通常安装在车辆的转动轴上，通过传动系统将能量传递给车轮。

2. 新型动力系统

磁悬浮技术：采用磁悬浮技术的车辆通过磁场悬浮在轨道上，消除了传统轮轨摩擦，具有更高的运行效率和更低的噪音。

氢燃料电池：氢燃料电池动力系统将氢气与氧气反应产生电能，驱动电动车辆。相比传统电池电动车，氢燃料电池车辆的续航里程更远，充电时间更短。

（四）控制系统

1. 车辆监控系统

车辆监控系统通过传感器和摄像头监测车辆运行状态，实时反馈给调度中心和驾驶员，保障车辆的安全运行。

2. 制动系统

制动系统是车辆安全性的重要组成部分。常见的制动系统包括电制动、气制动和机械制动，它们的协同作用能够确保车辆在各种情况下都能安全停车。

3. 自动驾驶技术

随着自动驾驶技术的发展，一些轨道交通车辆开始引入自动驾驶系统。这些系统通过激光雷达、摄像头和传感器等设备，实现对车辆的智能控制和自动导航。

（五）能源管理系统

1. 供电系统

供电系统是轨道交通车辆能源管理的核心。不同于传统燃油车辆，轨道交通车辆的供电系统通常通过接触网或第三轨来获取电能，这使得车辆可以在行驶过程中持续获得电力，实现长时间的运行。供电系统需要确保稳定的电源输出，以保障车辆的正常运行。

2. 能量回收系统

为提高能源利用效率，一些轨道交通车辆采用能量回收系统。在制动或减速时，系统通过将动能转化为电能并存储在电池中，然后再次利用这些储能以减少能耗。这种能量回收系统在提高车辆效能的同时也有利于降低对环境的影响。

（六）舒适性和安全性设计

1. 乘客座舱设计

座椅布局：合理的座椅布局可以提高车辆的乘坐容量，确保乘客在高峰时段也能获得相对舒适的乘坐体验。

空调系统：良好的空调系统能够保持车辆内部的舒适温度，适应不同季节和气候条件。

2. 安全防护设计

紧急制动系统：车辆应配备紧急制动系统，以应对突发情况，确保车辆能够在最短时间内停车。

防火系统：安全是轨道交通系统的首要任务，因此车辆需要配备有效的防火系统，包括火警报警、灭火器等设备。

（七）环保设计

1. 低噪音设计

为降低对周边环境和居民的干扰，轨道交通车辆通常进行低噪音设计。采用隔音材料和先进的轮轨系统，有效减少车辆行驶过程中产生的噪音。

2. 清洁能源应用

为减少对环境的不良影响，一些城市轨道交通系统开始探索清洁能源的应用，如电池、氢燃料电池等。这有助于减少尾气排放，改善空气质量。轨道交通车辆的整体结构设计直接关系到城市交通系统的运行效能、乘客的舒适体验以及对环境的影响。合理的外观设计、先进的动力系统、智能的控制系统以及注重环保的设计都是轨道交通车辆制造商和运营商需要关注的方面。随着科技的发展和城市交通需求的不断提升，轨道交通车辆的设计和结构将继续向更为智能、环保和安全的方向发展，以更好地适应未来城市交通的发展趋势。

二、轨道交通车辆各部分的功能与作用

轨道交通车辆是城市交通系统的重要组成部分，其设计和各部分的功能不仅关系

到交通运输的效能，而且直接影响到乘客的出行安全与舒适度。本书将深入探讨轨道交通车辆各部分的功能与作用，包括车体、动力系统、制动系统、控制系统等多个方面。

（一）车体部分

1. 结构材料

功能与作用：轨道交通车辆的车体结构材料直接关系到车辆的整体质量、强度和耐久性。常见的材料包括铝合金、碳纤维复合材料等，它们既具有轻质高强度的特点，有助于提高车辆的能效，又具备良好的抗腐蚀性和耐久性，能够延长车辆的使用寿命。

2. 外观设计

功能与作用：车辆的外观设计不仅关乎美观，更与乘客的出行体验、城市形象等直接相关。合理的外观设计能够提升车辆的辨识度，增强城市交通系统的整体形象。流线型设计能够减小空气阻力，提高车辆的运行效能。

3. 车体结构设计

功能与作用：车体结构设计直接关系到车辆的强度、稳定性以及乘客的安全。采用单体式结构或模块化设计，既能够提高整车的强度，降低维护成本，又有助于车辆的制造和更新。

4. 车辆抗撞设计

功能与作用：抗撞设计是确保车辆在事故中乘客安全的重要设计要素。通过车体前端的防护结构、能够吸能的材料和结构设计，提高车辆在碰撞时的安全性，减轻乘客受伤程度。

（二）动力系统

1. 传统动力系统

功能与作用：传统动力系统通常采用电力驱动，通过电动机将电能转化为机械能，驱动车辆运行。牵引系统包括牵引电机、传动装置和制动系统。这确保了车辆的高效运行，同时通过电制动、气制动和机械制动系统实现车辆的安全制动。

2. 新型动力系统

功能与作用：新型动力系统包括磁悬浮技术和氢燃料电池等。磁悬浮技术通过磁场悬浮在轨道上，具有更高的运行效率和更低的噪音。氢燃料电池系统通过氢气与氧气反应产生电能，驱动电动车辆，实现零排放、长续航的特点。

（三）控制系统

1. 车辆监控系统

功能与作用：车辆监控系统通过传感器和摄像头监测车辆运行状态，包括速度、位置、乘客数量等信息。这些信息被实时反馈给调度中心和驾驶员，以确保车辆安全运行。

2. 制动系统

功能与作用：制动系统是车辆安全性的重要组成部分。电制动、气制动和机械制动协同作用，确保车辆在各种情况下都能安全停车。紧急制动系统能够在紧急情况下迅速制动，保障乘客安全。

3. 自动驾驶技术

功能与作用：随着自动驾驶技术的发展，一些轨道交通车辆开始引入自动驾驶系统。这些系统通过激光雷达、摄像头和传感器等设备，实现对车辆的智能控制和自动导航，提高运行的智能化水平，提升交通系统的整体效能和安全性。

（四）能源管理系统

1. 供电系统

功能与作用：供电系统是轨道交通车辆能源管理的核心。不同于传统燃油车辆，轨道交通车辆的供电系统通常通过接触网或第三轨来获取电能，确保车辆在运行过程中持续获得电力，实现长时间运行。

2. 能量回收系统

功能与作用：能量回收系统用于提高能源的利用效率。在制动或减速时，系统通过将动能转化为电能并存储在电池中，再次利用这些储能以减少能耗，这有助于降低能源浪费，减轻能源消耗对环境的影响。

（五）舒适性和安全性设计

1. 乘客座舱设计

功能与作用：乘客座舱设计直接关系到乘客的出行体验。合理的座椅布局、良好的通风系统、舒适的座椅等有助于提高乘客的舒适感。空调系统能够保持车辆内部的舒适温度，以适应不同季节和气候条件。

2. 安全防护设计

功能与作用：安全是轨道交通系统的首要任务，因此车辆需要配备有效的安全防护系统。紧急制动系统、防火系统等能够在紧急情况下迅速应对，确保车辆和乘客安全。

（六）环保设计

1. 低噪音设计

功能与作用：为降低对周边环境和居民的干扰，轨道交通车辆通常进行低噪音设计。采用隔音材料、先进的轮轨系统以及智能控制系统，有效减少车辆行驶过程中产生的噪音。

2. 清洁能源应用

功能与作用：为减少对环境的不良影响，一些城市轨道交通系统开始探索清洁能源的应用。电池、氢燃料电池等清洁能源的使用能够降低尾气排放，可以改善空气质量，符合可持续发展的要求。轨道交通车辆各部分的功能与作用密切关联，共同构成了一个复杂而协调的系统。车体、动力系统、控制系统、能源管理系统、舒适性和安全性设计以及环保设计等方面的不断创新和提升，将推动轨道交通车辆朝着智能、高效、安全和环保的方向发展。随着科技的不断进步和城市交通需求的不断增长，轨道交通系统将在未来继续发挥重要作用，为城市提供便捷、安全、环保的交通服务。

三、不同类型轨道交通车辆的特殊构造要点

轨道交通系统涵盖了多种类型的车辆，包括地铁列车、有轨电车、轻轨车辆等。每种类型的车辆都有其特殊的构造要点，以适应不同的运营环境和需求。本书将深入探讨不同类型轨道交通车辆的特殊构造要点，包括车体结构、动力系统、控制系统等方面。

（一）地铁列车

1.车体结构

（1）高度强化的车体材料：地铁列车的车体通常采用高度强化的材料，如铝合金或碳纤维复合材料，这有助于降低车体重量，提高车辆的运行效能，并确保足够的结构强度。

（2）抗震设计：地铁列车需要在城市的地下隧道中运行，因此抗震设计是关键。车体的底部结构和悬挂系统需要考虑到地铁运行时可能遭遇的震动和振动，以保障列车的稳定性和乘客的舒适性。

2.动力系统

（1）电力驱动：地铁列车主要采用电力驱动系统，通常是直流或交流电系统。电力驱动系统具有高效、清洁的特点，适合地铁系统的密闭运行环境。

（2）高效能量回收：为提高能源利用效率，地铁列车通常配备高效的能量回收系统。制动时，能量回收系统将动能转化为电能，存储在电池中，再次利用以减少能耗。

3.控制系统

（1）列车间紧密协作：地铁系统通常由多列列车组成，需要通过先进的列车控制系统实现列车之间的协同工作。这包括车辆间的自动调度、车站停车准确控制等。

（2）列车自动运行：地铁系统普遍采用列车自动运行技术。通过激光雷达、摄像头和传感器等设备，实现列车的智能控制和自动导航，提高运行的安全性和效率。

（二）有轨电车

1.车体结构

（1）开放式车厢设计：有轨电车通常采用开放式车厢设计，使得乘客在车厢内能

够更加自由地移动。这种设计提倡城市互联性和社交性，增强了城市交通的人文氛围。

（2）前端折角设计：为减小空气阻力，有轨电车通常在前端设计采用折角设计，以提高车辆的运行效能。

2. 动力系统

（1）地面供电系统：有轨电车一般采用地面供电系统，通过接触网或第三轨从地面获取电能。这种系统在保证电能供应的同时，减少了车辆自重，降低了车辆的制造和维护成本。

（2）能量回收系统：类似地铁列车，有轨电车也通常配置能量回收系统，通过制动时的能量转化，提高能源利用效率。

3. 控制系统

（1）异常停车保障系统：有轨电车在城市街区行驶，需要考虑到与其他交通工具的协同。因此，有轨电车的控制系统通常包括异常停车保障系统，能够及时应对紧急情况，确保行驶的安全性。

（2）具备街区行驶功能：有轨电车需要适应城市繁忙的街区环境，其控制系统通常设计成能够在繁忙的市区交叉口、窄小的道路等场景中保持高效行驶。

（三）轻轨车辆

1. 车体结构

（1）轻质材料使用：为提高轻轨车辆的能效，轻轨车辆通常采用轻质高强度材料，如铝合金或钛合金，这有助于降低整车的自重，提高运行效率。

（2）轻轨车辆的灵活连接：轻轨系统通常需要在城市中弯曲或穿越建筑物，因此轻轨车辆的车体结构通常设计得更加灵活，以适应复杂的城市环境。车辆车体上可能采用多节式连接，使得车辆能够更灵活地穿越城市街区。

2. 动力系统

（1）超级电容技术：为提高轻轨车辆的能效和减少对电网的依赖，一些轻轨车辆采用超级电容技术。这种技术能够通过电容器储存能量，在车辆行驶过程中释放能量，降低对外部电网的依赖。

（2）多种动力模式：为适应不同运营需求，轻轨车辆通常设计成可以在电力供电和蓄电池供电之间切换的多种动力模式，这种设计提高了车辆的灵活性和可靠性。

3. 控制系统

（1）自适应调度系统：由于轻轨车辆可能在城市交通系统中与其他交通工具共享轨道或道路，其控制系统通常配备自适应调度系统。这种系统能够动态调整车辆的运行速度和间隔，以适应实时的交通状况。

（2）优化的自动驾驶系统：随着自动驾驶技术的发展，轻轨车辆也开始引入优化的自动驾驶系统。这些系统通过先进的感知技术，实现车辆的自主导航和自动控制，提高了运行的安全性和效率。

（四）高速磁悬浮列车

1. 车体结构

（1）磁悬浮系统：高速磁悬浮列车采用磁悬浮技术使列车悬浮在轨道上，消除了传统轮轨摩擦，减小了空气阻力，提高了运行速度。车体结构通常设计为流线型，以减小空气阻力，提高列车的运行效能。

（2）车体轻量化：为提高磁悬浮列车的运行效率，车体通常采用轻质高强度的材料，如铝合金、碳纤维等，以降低整车的自重。

2. 动力系统

（1）磁悬浮推进：磁悬浮列车的动力系统采用电磁推进技术，通过轨道上的电磁系统对列车进行推进。这种动力系统具有高效、低噪音和无摩擦的特点。

（2）超导磁浮技术：高速磁悬浮列车采用超导磁浮技术，通过超导磁体在列车和轨道之间产生强磁场，使列车悬浮并推进。这种技术能够大大提高磁悬浮列车的运行速度和稳定性。

3. 控制系统

（1）自动导航系统：高速磁悬浮列车通常配备先进的自动导航系统，通过激光雷达、摄像头等设备实现对列车的智能控制和自动导航，这种系统能够确保列车在高速运行过程中的安全性。

（2）智能调度系统：由于高速磁悬浮列车通常以高速运行，其控制系统需要具备智能调度功能。通过实时监测列车位置、速度和交通状况，智能调度系统可以调整列车的运行计划，保障列车的安全和运行效率。

（五）综合比较

在不同类型的轨道交通车辆中，存在一些共通的特殊构造要点，如高效的动力系统、智能的控制系统、轻质高强度的车体材料等。然而，每种类型车辆都有其独特的特性和设计要点，以适应不同的运营环境和需求。

第五节　轨道交通车辆的动力系统

一、不同动力系统在城市轨道交通中的应用

随着城市化进程的不断推进，城市交通问题逐渐成为制约城市可持续发展的"瓶颈"之一。城市轨道交通作为一种高效、环保的交通方式，受到了广泛关注和应用。在城市轨道交通中，不同的动力系统对系统性能、运营成本和环境影响等方面都产生了深远影响。本书将就不同动力系统在城市轨道交通中的应用进行详细探讨，包括传统的电力动力系统、磁悬浮技术、氢燃料电池等。

（一）传统电力动力系统

传统电力动力系统是城市轨道交通中最为常见的动力形式之一，主要包括直流电和交流电两种类型。其中，直流电系统具有成熟技术、设备价格低廉等优势，被广泛应用于城市地铁系统。而交流电系统则在一些特定场景中得到了应用，例如高铁等。这两种电力动力系统的主要优势在于其稳定可靠、技术成熟，但在能源利用效率和环保方面仍存在一定局限。

（二）磁悬浮技术

磁悬浮技术是一种基于磁力原理的新型交通动力系统。其主要特点是列车悬浮在轨道上，通过磁场提供悬浮力和驱动力，避免了与轨道的物理接触。这种技术在城市轨道交通中的应用逐渐引起了重视。磁悬浮列车具有运行速度快、低噪音、无摩擦损耗等优势，能够显著提高运输效率和乘坐舒适度。目前，上海等一些国际大都市已经使用了磁悬浮技术，为城市轨道交通注入了新的活力。

（三）氢燃料电池技术

随着可再生能源技术的不断发展，氢燃料电池技术逐渐成为城市轨道交通的新兴动力选择。氢燃料电池动力系统通过氢气与氧气反应产生电能，不仅能够减少对传统能源的依赖，还能够减少环境污染。在城市轨道交通中，氢燃料电池技术被应用于轻轨、有轨电车等系统。与传统电力系统相比，氢燃料电池系统具有零排放、低噪音、高效能等优势，但其设备成本和氢气生产、储存等问题仍然是亟待解决的挑战。

（四）综合应用与未来展望

在实际的城市轨道交通系统中，往往采用综合的动力系统，以充分发挥各种技术

的优势。例如，在一条轨道线路上，可以采用传统电力系统作为主力，通过引入磁悬浮技术提高速度和运输效率，同时在某些区段使用氢燃料电池技术，以降低环境影响。这种综合应用的方式能够最大限度地发挥各种动力系统的优势，提高城市轨道交通的整体性能。

　　未来，随着科技的不断进步和城市交通需求的不断增加，城市轨道交通的动力系统将继续迎来新的发展。在技术创新的推动下，可能会出现更加先进、高效、环保的动力系统，如全新的超导磁悬浮技术、更高效的氢燃料电池系统等。这些新技术的引入将进一步推动城市轨道交通的可持续发展，为城市居民提供更加便捷、快速、舒适的交通服务。城市轨道交通作为城市交通体系的重要组成部分，其动力系统的选择对于城市的可持续发展和居民的生活质量有着深远的影响。传统电力系统、磁悬浮技术和氢燃料电池技术等不同动力系统各有优劣，但通过综合应用可以最大限度地发挥各自的优势。未来，随着科技的不断进步，新型动力技术的应用将为城市轨道交通注入新的活力，为城市交通的可持续发展提供更多可能性。

二、轨道交通车辆动力系统的效能与环保性能评估

　　随着城市化的推进和交通需求的不断增加，轨道交通作为一种高效、便捷的交通方式，在城市中扮演着愈发重要的角色。轨道交通车辆的动力系统对交通系统的效能和环保性能有着重要的影响。本书将对轨道交通车辆动力系统的效能和环保性能进行综合评估，以深入了解不同动力系统在实际运行中的表现。

（一）效能评估

1. 能源利用效率

不同的动力系统在能源利用效率方面存在差异。传统的电力动力系统，如直流电和交流电，由于技术成熟，能够提供相对高的能源利用效率。然而，磁悬浮技术和氢燃料电池技术在这方面也有显著优势。磁悬浮技术减少了摩擦损失，提高了能源利用效率，而氢燃料电池系统通过电化学反应产生电能，避免了部分能量转化损失。评估各系统的能源利用效率是确保轨道交通系统可持续性的重要指标。

2. 运行速度和稳定性

轨道交通的效能与运行速度和稳定性密切相关。磁悬浮技术由于消除了与轨道的物理接触，使列车能够实现更高的运行速度，提高了整个系统的运输效率。传统电力系统在这方面相对稳定，但也面临着一定的制约。对于不同城市的轨道交通需求，需要根据具体情况选择合适的动力系统，平衡运行速度和系统稳定性。

3. 运营成本

轨道交通车辆的运营成本包括能源成本、维护成本和人工成本等。传统电力系统由于技术成熟和设备普及，通常具有较低的运营成本。相较之下，磁悬浮技术和氢燃料电池技术的设备成本较高，但在长期运行中能够通过降低能源成本和维护成本来实现成本回报。运营成本的综合评估是选择合适动力系统的关键因素之一。

（二）环保性能评估

1. 排放和空气质量

城市轨道交通的环保性能主要表现在减少对大气的污染。传统电力系统的排放相对较低，尤其是使用清洁能源的城市的地铁系统。然而，氢燃料电池技术是一种零排放的动力系统，通过氢气与氧气反应产生电能，只产生水蒸气。磁悬浮技术由于减少了摩擦损失，同样有望减少对空气的污染。在城市交通的可持续发展背景下，选择环保性能更好的动力系统对于改善城市空气质量至关重要。

2. 噪声污染

城市轨道交通的噪声污染一直是城市居民关注的问题。磁悬浮技术由于消除了轮轨摩擦，大大降低了列车运行时的噪音水平。传统电力系统在地铁站和车辆行驶过程中产生的噪音相对较高。在城市中，降低交通噪音对于提升城市居民的生活质量有着积极作用。

3. 资源可持续性

氢燃料电池技术在环保性能方面的独特之处在于其使用氢气作为燃料，氢气可通过水电解、天然气重整等多种方式生产。如果能够实现绿色氢的生产，将极大提升整个动力系统的环保性能。因此，在考虑环保性能时，还需要综合考虑动力系统所需能源的可持续性和环境友好性。

（三）综合评估与未来展望

在轨道交通车辆动力系统的选择中，需要根据具体城市的交通需求、经济状况和可持续发展目标进行综合评估。传统电力系统在技术成熟、运营成本低等方面具有优势，但环保性能相对较低。磁悬浮技术和氢燃料电池技术则在环保性能方面具备更高的潜力，但其设备成本和技术难度也相对较高。

未来，随着科技的不断创新，新型动力系统的涌现将为轨道交通的效能和环保性能带来新的可能性。超导磁悬浮技术、更高效的能源转换技术以及智能交通管理系统的引入都有望进一步提升轨道交通系统的综合性能。

第六节 轨道交通车辆的控制系统

一、轨道交通车辆控制系统的基本原理与架构

随着城市轨道交通系统的不断发展，车辆控制系统作为其核心组成部分，承担着调度、安全、运行效率等方面的关键任务。本书将深入探讨轨道交通车辆控制系统的基本原理与架构，以更好地理解这一关键系统的工作机制。

（一）基本原理

1. 自动控制原理

轨道交通车辆控制系统的基本原理是自动控制。通过预设的算法和逻辑，系统能够实时感知、分析和响应车辆的运行状态，以实现自主控制。这种自动控制的原理在提高运行效率、降低事故风险和确保交通系统稳定性方面具有显著优势。

2. 闭环控制系统

轨道交通车辆控制系统通常采用闭环控制系统。闭环控制是通过不断测量系统输出，与预期输出进行比较，并根据差异调整系统输入，以使实际输出逐渐趋向于预期输出的一种控制方式。在车辆控制系统中，闭环控制有助于实时纠正车辆的运行轨迹，维持系统的稳定性和安全性。

3. 多传感器融合

车辆控制系统依赖于多种传感器来获取车辆运行状态和环境信息。这些传感器包括但不限于激光雷达、摄像头、惯性测量单元（IMU）等。通过多传感器融合技术，系统能够综合利用不同传感器的信息，提高对车辆状态的准确性和系统对环境变化的适应性。

（二）控制系统架构

1. 主控制单元

车辆控制系统的核心是主控制单元，它负责整个系统的决策和控制。主控制单元根据预设的算法和逻辑，通过分析传感器数据和系统状态，生成控制指令并发送给车辆执行。主控制单元的性能直接影响着整个轨道交通系统的安全性和运行效率。

2. 控制算法

控制算法是车辆控制系统的核心部分，它决定了系统如何根据输入信息做出响应。常见的控制算法包括 PID 控制、模型预测控制（MPC）、状态空间控制等。这些算法

根据不同的控制需求和系统特性进行选择和调整，以实现对车辆运行的精确控制。

3. 数据总线

车辆控制系统中存在大量传感器和执行器，它们需要通过数据总线进行信息的传递和交互。常用的数据总线包括控制器局域网（CAN）、以太网等。通过数据总线的应用，系统能够实现实时的信息传递和协同工作，提高整个系统的协调性和反应速度。

4. 人机界面（HMI）

人机界面是车辆控制系统与操作员之间的交互界面。通过 HMI，操作员能够监控系统运行状态、接收报警信息、进行故障诊断等。合理设计的 HMI 能够提高操作员对系统的掌控能力，加强系统的可维护性。

5. 通信模块

车辆控制系统通常需要与列车车辆、车站系统以及中央调度系统等进行信息交换。为了实现实时通信，通常采用无线通信技术，如 WiFi、LTE 等。通信模块的稳定性和高效性对于确保整个轨道交通系统的正常运行至关重要。

（三）车辆控制系统的功能

1. 列车调度与运行控制

车辆控制系统的首要任务之一是实现列车的调度和运行控制。通过实时监测车辆位置、速度等信息，系统能够进行智能调度，确保列车之间的安全间隔，提高运行效率。

2. 列车安全监测与保护

安全是轨道交通系统的首要关注点。车辆控制系统通过不断监测车辆状态，包括速度、制动系统状态、轨道状态等，以实现列车的实时安全监测和保护。紧急情况下，系统能够迅速做出反应，采取紧急制动等措施，确保列车和乘客安全。

3. 能源管理

轨道交通系统的能源管理对于提高系统的经济性和环保性能至关重要。车辆控制系统通过对能量的实时监测和调度，优化能源的利用，减少能源浪费，提高能源利用效率。

4. 故障诊断与维护

车辆控制系统能够通过实时监测车辆状态、传感器反馈和自检等手段进行故障诊断。一旦发现系统或车辆存在问题，控制系统能够迅速报警并提供相关信息，帮助维护人员进行快速准确的故障排除。这有助于降低维护成本，提高系统的可靠性和可维护性。

5. 紧急应对和安全系统

车辆控制系统设计了紧急应对机制，以处理各种紧急情况，如火警、紧急停车等。此外，安全系统也包括防撞系统、紧急制动系统等，以最大限度地降低事故的发生和对乘客的伤害。

（四）未来展望与发展方向

1. 智能化和人工智能应用

未来的车辆控制系统将更加智能化，将引入人工智能（AI）技术。通过机器学习算法，系统能够根据实时数据不断优化运行策略，提高系统的自适应性和预测性。智能化的控制系统还能更好地适应复杂的城市交通环境和不断变化的乘客需求。

2. 大数据分析与优化

随着大数据技术的不断发展，车辆控制系统将能处理更大规模的数据。通过对大量运行数据的分析，系统可以发现运行中的潜在问题、优化调度方案，提高整个系统的效率和可靠性。大数据分析也将有助于制订更科学的维护计划，延长设备寿命，降低维护成本。

3. 高度自动化和自主导航

未来的轨道交通车辆控制系统有望实现更高度的自动化和自主导航。通过引入先进的自主导航技术，列车可以更加精准地遵循预定路径，进一步提高系统的运行效率。高度自动化还将使得车辆在不同的运营场景中更加灵活适应，提升整个交通系统的韧性。

4. 跨系统整合与互联互通

未来的车辆控制系统将更加强调跨系统的整合与互联互通。不同城市的轨道交通系统可能采用不同的技术标准和设备，因此推动不同系统之间的互操作性将是一个重要的发展方向。这有助于实现更广泛的信息共享、资源整合，提高整个城市交通系统的智能化水平。轨道交通车辆控制系统作为城市轨道交通的关键组成部分，其基本原理和架构对确保系统的高效、安全、可靠运行至关重要。随着科技的不断发展，未来的车辆控制系统将迎来更多的创新，实现更高度的智能化、自动化和整体性的发展。这将有助于提升城市轨道交通系统的整体水平，为城市居民提供更加高效便捷、安全可靠的出行服务。

二、轨道交通车辆运行中的实时控制策略

轨道交通作为城市中重要的公共交通工具，其运行安全和效率对城市交通系统至关重要。实时控制策略是轨道交通车辆保障正常运行的核心，通过对列车的实时监测、控制和调度，确保车辆在复杂的交通环境中安全、高效运行。本书将深入探讨轨道交通车辆运行中的实时控制策略，涵盖关键技术和应用。

（一）实时监测与传感技术

1. 列车位置与速度监测

实时监测列车的位置和速度是实现列车实时控制的基础。全球卫星导航系统（GNSS）和惯性测量单元（IMU）等先进的定位技术，能够提供高精度的列车位置和速度信息。这些信息通过传感器实时采集，并反馈给控制系统，用于确保列车在运行过程中始终保持在合适的位置和速度。

2. 列车状态监测

除了位置和速度，列车状态的监测也是至关重要的。传感器可以监测列车各个组件的状态，包括车轮、制动系统、电力系统等。通过实时获取这些状态信息，系统能够判断列车是否处于正常运行状态，及时发现并解决潜在问题，确保列车的安全性和可靠性。

3. 环境感知

实时控制还需要考虑列车所处的环境因素，如天气、轨道状况等。气象传感器、摄像头等设备用于实时监测列车周围的环境。这样的信息可以用于调整列车的运行策略，例如在恶劣天气条件下能够及时减速，确保安全运行。

（二）实时控制策略的关键技术

1. 列车调度和优化

实时调度是轨道交通系统中的重要环节，通过动态调整列车的运行计划，系统可以更好地适应交通流量的变化和紧急事件的发生。优化算法和人工智能技术用于在实时中选择最优的列车运行路径、车站停靠顺序等，以提高整体运行效率。

2. 列车控制算法

列车控制算法是实现实时控制的核心。传统的 PID 控制、模型预测控制（MPC）等算法通过对列车运行状态的实时调整，保持列车在预定的轨迹上运行。随着人工智能的发展，深度学习等算法也逐渐应用于列车控制，以提高控制系统的自适应性和鲁棒性。

3. 紧急制动系统

紧急制动系统是保障列车安全的重要措施之一。当系统检测到紧急情况，例如遇到障碍物、发生故障等，紧急制动系统能够迅速响应，减缓或停止列车的运行，以防事故发生。这需要高度灵敏的传感器和快速响应的制动系统。

4. 通信系统

实时控制需要各个组件之间快速可靠的信息传递。通信系统通过使用无线通信技术，例如 WiFi、LTE 等，实现列车与控制中心、其他列车之间的实时信息传递。这对于调度、碰撞避免以及系统协同工作至关重要。

（三）实时控制策略的应用与实践

1. 自动驾驶技术

自动驾驶技术是实时控制策略的一个典型应用。通过使用先进的传感器、控制算法和通信技术，自动驾驶系统可以实现列车的自主导航和运行。这种技术的应用可以提高列车的安全性、效率和舒适性。

2. 智能交通管理系统

智能交通管理系统通过整合实时监测数据、优化算法和人工智能技术，实现对整个轨道交通系统的综合调度。这包括对列车运行、车站服务、交叉口协调等方面的实时控制，以提高整个交通系统的整体运行效率。

3. 故障检测与维护

实时控制策略还用于故障检测和维护。通过分析实时监测数据，系统可以识别车辆组件的异常，及时发出维护请求。这有助于降低维护成本，延长设备寿命，保障轨道交通系统的稳定运行。

（四）挑战与未来展望

1. 安全性与可靠性

实时控制策略在确保列车运行安全和可靠性方面扮演着关键角色。然而，要保证实时控制的安全性和可靠性，必须克服技术上的挑战，包括传感器数据的准确性、控制算法的稳定性、通信系统的可靠性等方面。未来的发展需要不断加强对系统各个环节的监测和改进，以应对复杂多变的运行环境。

2. 集成性与互通性

不同城市的轨道交通系统可能采用不同的技术标准和设备，这带来了集成性和互通性的挑战。实现轨道交通系统的互通性，让不同城市的列车能够更好地协同工作，需要进行跨系统的整合和标准化，这将是未来发展的一个重要方向。

3. 自适应性与智能化

未来实时控制策略的发展将更加注重自适应性和智能化。通过引入更先进的人工智能技术，系统能够更好地适应复杂多变的城市交通环境。智能化的控制系统还能够通过学习和优化，提高运行效率和预测性。

4. 能源效率与环保性

实时控制策略对于轨道交通系统的能源效率和环保性能有着直接的影响。未来的发展需要致力于更加节能环保的控制策略，通过优化列车的运行计划、减少制动能量的浪费等方式，提高能源的利用效率，降低对环境的影响。轨道交通车辆运行中的实时控制策略是确保城市交通系统高效、安全运行的关键。通过实时监测技术、先进的控制算法、通信系统等多方面的综合应用，实现对列车的智能调度和自主导航。未来的发展将面临一系列挑战，但也将迎来更加智能化、自适应性的控制策略，提高轨道交通系统的整体性能，为城市居民提供更加便捷、安全的出行服务。在技术不断创新的推动下，实时控制策略将继续发挥关键作用，推动轨道交通系统朝着更加智能、可持续的方向不断发展。

三、轨道交通车辆自动化与智能化控制系统的应用与前景

随着科技的不断进步，轨道交通车辆自动化与智能化控制系统的应用逐渐成为城市轨道交通领域的关键发展方向。这一趋势不仅提升了轨道交通系统的安全性、效率性和便捷性，同时也为城市交通带来了前所未有的创新。本书将深入探讨轨道交通车辆自动化与智能化控制系统的应用现状与前景。

（一）自动化与智能化控制系统的基本原理

1. 自动化控制原理

自动化控制是通过传感器实时获取系统状态信息，再通过控制算法对系统进行实时调整和控制的一种技术手段。在轨道交通系统中，自动化控制可涉及列车的调度、速度控制、停站等方面。这有助于降低人为操作错误，提高运行的精确性和可靠性。

2. 智能化控制原理

智能化控制是在自动化基础上引入人工智能（AI）技术，通过机器学习和算法优化实现更高层次的自主决策。轨道交通车辆的智能化控制系统能够根据不同情境灵活调整运行策略，适应复杂多变的城市交通环境，提高系统的适应性和智能化水平。

3. 传感器技术的应用

自动化与智能化控制系统离不开先进的传感器技术。激光雷达、摄像头、GNSS（全球导航卫星系统）等传感器用于实时监测列车位置、速度、环境条件等信息。这些传感器提供了系统所需的实时数据，为自动化和智能化控制打下了基础。

（二）自动化与智能化控制系统的应用现状

1. 列车自动驾驶

自动驾驶技术在轨道交通领域的应用已成为研究和实践的热点。通过引入先进的传感器和控制算法，列车能够实现自主导航、自动驾驶，从而减轻驾驶员的负担，提高运行的安全性和精确性。一些城市已经在地铁、轻轨等线路上实现了列车的自动驾驶运行。

2. 智能化列车调度

智能化列车调度系统通过集成大数据分析、优化算法和人工智能技术，实现对列车运行的实时监测和智能调度。这种系统能够根据实时的交通流量和车站客流等信息，

优化列车的运行计划，提高整个系统的运行效率。智能调度系统在提高运输能力和降低拥堵方面发挥了重要作用。

3. 实时故障检测与维护

自动化与智能化控制系统在故障检测与维护方面也有显著应用。通过实时监测列车的状态和传感器数据，系统能够及时发现潜在问题并进行预测性维护。这有助于减少列车故障，提高系统的可靠性和可维护性。

4. 轨道交通智能安全系统

智能化控制系统还包括轨道交通智能安全系统，通过视频监控、人脸识别、行为分析等技术，实现对车站和列车的实时监测，确保乘客和设备的安全。这种系统有助于防范犯罪、应对紧急情况，并提高轨道交通系统的整体安全水平。

（三）前景与发展趋势

1. 自动化与智能化系统更加普及

随着自动驾驶技术的不断成熟和人工智能的发展，自动化与智能化控制系统将更加普及。更多城市将引入这些技术，提升轨道交通系统的整体水平，为乘客提供更安全、高效、便捷的出行服务。

2. 跨系统整合和互联互通

未来的发展将强调轨道交通系统与其他城市交通系统的跨系统整合和互联互通。这意味着不同城市的轨道交通系统将更好地协同工作，共享信息、资源和技术标准，实现更高效的城市交通整体规划。这样的整合将为城市居民提供更好的出行体验，减少交通拥堵和运输压力。

3. 多模式交通智能化整合

未来的发展将进一步推动轨道交通系统与其他交通模式的智能化整合。多模式交通智能化整合将使得不同交通工具之间更好地协同，实现平滑的换乘和高效的出行。通过整合公共交通、共享单车、出租车等多种交通方式，城市居民将能够更便捷地选择最优的出行方案。

4. 引入先进的人机交互技术

为了提高乘客的出行体验，未来的轨道交通系统将引入更先进的人机交互技术。虚拟现实（VR）、增强现实（AR）等技术将与智能手机应用、自助服务设备等结合，为乘客提供更直观、个性化的信息和服务，这将有助于提升用户满意度，增强轨道交通系统的竞争力。

5. 精细化运营与个性化服务

未来轨道交通系统的自动化与智能化控制将更加注重精细化运营和个性化服务。通过大数据分析，系统能够更好地理解乘客的出行习惯和需求，提供个性化的服务，例如定制化的运行计划、智能推荐的列车座位等。这将使得轨道交通系统更贴近乘客需求，提高服务水平。轨道交通车辆自动化与智能化控制系统的应用已经在提高城市交通系统运行效率、提供更优质出行服务方面取得显著成果。未来的发展将面临更多挑战，但也将迎来更多创新和突破。通过加强技术研发、制定统一标准、提高安全性和隐私保护水平，城市轨道交通系统将更好地适应未来城市发展的需求，为居民提供更智能、安全、便捷的出行体验。

第二章　城市轨道交通车辆结构与设计

第一节　车辆车体结构设计

一、轨道交通车辆车体结构的材料选择与强度分析

轨道交通车辆作为城市公共交通的主要组成部分，其车体结构的设计对于保障乘客安全、提高运行效率至关重要。本书将深入探讨轨道交通车辆车体结构的材料选择与强度分析，涵盖材料选用的考虑因素、常用材料类型以及强度分析的相关原理。

（一）材料选择的考虑因素

1. 强度与刚度

车体结构的主要功能之一是承受各类荷载，包括动车荷载、静止荷载以及外部环境带来的荷载。因此，选用具有足够强度和刚度的材料至关重要。合适的材料应当能够确保车体在运行中不发生过度变形，同时在碰撞等紧急情况下能够提供足够的抗冲击性。

2. 轻量化与节能

轻量化是当代交通工具设计的重要趋势之一。选择轻量、高强度的材料可以降低整车的质量，从而减小能源消耗、提高能源利用率。这对于提高轨道交通系统的能效和环保性能具有重要意义。

3. 耐腐蚀性和耐久性

轨道交通车辆在运行中会面临各种环境条件，包括潮湿、高温、低温等。因此，所选用的材料应具备较好的耐腐蚀性，以确保车体在不同气候条件下能够保持稳定的性能。同时，车体材料的耐久性也是应该考虑的重要因素，以减少维护频率和成本。

4. 制造成本与可加工性

除了材料本身的性能外，制造成本和可加工性也是材料选择的重要考虑因素。选用容易加工、成本适中的材料可以降低制造成本，提高整体制造效率。

（二）常用材料类型

1. 钢材

钢材是轨道交通车辆车体结构中常见的材料之一。其优势在于高强度、刚度好、耐久性高，且具有相对较低的制造成本。但钢材的密度较大，可能会增加整车质量，影响能源效率。

2. 铝合金

铝合金因其轻量、良好的耐腐蚀性和可塑性而受到广泛应用。相对于钢材，铝合金的密度较小，有助于减轻车体重量，提高能源利用效率。然而，铝合金的强度和刚度相对较低，需要通过结构设计来保证车体的整体强度。

3. 复合材料

复合材料由两种或两种以上不同类型的材料组成，具有各种各样的优异性能。例如，碳纤维复合材料具有高强度、轻质的特点，常用于制造高速列车等。然而，复合材料的制造成本相对较高，且在一些方面，如耐腐蚀性和可塑性上，还存在一些挑战。

（三）强度分析的相关原理

1. 材料力学性能

强度分析的基础是对所选用材料的力学性能进行全面了解。这包括材料的屈服强度、抗拉强度、抗压强度等。通过实验和计算，可以确定材料在不同加载条件下的力学性能。

2. 结构设计与有限元分析

在车体结构设计中，有限元分析是一种常用的手段。通过将车体结构建模为有限元网格，可以对不同部位的受力情况进行模拟分析。这有助于确定车体结构的受力分布，指导设计者进行结构合理性优化。

3. 载荷模拟与碰撞分析

强度分析中需要考虑到各种载荷情况，包括静止载荷、动态载荷以及碰撞载荷。特别是在城市轨道交通中，车辆可能会面临突发情况，如紧急制动、碰撞等，这需要对车体结构在极端情况下的强度进行深入分析。

4. 疲劳分析

在车体长时间运行中，可能会面临反复加载和卸载的情况，这对车体结构的疲劳寿命提出了挑战。疲劳分析通过对材料的疲劳性能进行测试和模拟，评估车体在实际运行中的疲劳强度，有助于提高车体的使用寿命。

（四）未来发展趋势与挑战

1. 轻量高强材料的应用

未来轨道交通车辆车体结构设计将更加注重轻量高强材料的应用。新一代的高强度钢材、先进的铝合金以及不断发展的复合材料将成为车体结构的主要选择。这有助于降低整车质量，提高能源利用效率，促进轨道交通系统的可持续发展。

2. 先进制造技术的采用

随着制造技术的不断进步，先进的制造技术将被广泛应用于轨道交通车辆的车体结构制造。例如，3D打印技术可以实现对复杂结构的精准制造，减少材料浪费，提高生产效率，这将有助于降低制造成本，提高制造灵活性。

3. 智能监测与维护

未来车体结构设计将更加注重智能监测与维护。通过在车体结构中嵌入传感器，可以实时监测车体结构的状态，识别潜在问题并进行预测性维护。这有助于降低维护成本，延长车辆寿命，提高运行的可靠性。

4. 可持续性考虑

随着社会对可持续发展的日益关注，车体结构设计将更加注重可持续性。在材料选择上，将优先考虑可回收利用、低碳排放的材料。同时，设计中将更加关注整个生命周期的环境影响，包括制造、使用和报废阶段的环境友好性。

5. 新材料的涌现

随着材料科学的发展，未来可能涌现出一些新型材料，具有更为优越的性能。例如，碳纳米管、高性能陶瓷等新材料的应用可能成为未来车体结构设计的创新方向。这些材料可能具有更高的强度、更轻的质量，以及其他特殊的性能。

轨道交通车辆车体结构的材料选择与强度分析是确保车辆运行安全、高效的关键因素。随着科技的不断发展，新材料和新技术的应用将为轨道交通车辆的设计和制造带来更多创新。在未来的发展中，需要在强度分析、材料选择、制造工艺等方面持续进行研究和改进，以推动轨道交通系统朝着更加安全、环保、高效的方向不断发展。

二、轨道交通车辆车体外形设计对空气动力学的影响

轨道交通车辆作为城市交通体系的重要组成部分，其外形设计对空气动力学的影响直接关系到运行的安全性、能源效率以及乘客舒适性。本书将深入探讨轨道交通车辆车体外形设计的关键影响因素，分析不同设计对空气动力学性能的影响，并探讨未来可能的发展趋势。

（一）影响因素分析

1. 车头设计

车头作为轨道交通车辆的前端，其设计直接影响车辆在高速运行时的空气动力学性能。合理的车头设计可以降低空气阻力、改善空气流动，并减小风阻对车辆的影响。

流线型的车头设计通常能够有效降低空气阻力，提高列车的运行效率。

2. 车体横截面形状

车体横截面的形状对空气动力学性能也有重要影响。一般而言，较为流线型的横截面形状能够减小侧风对车体的侧向力，提高列车的稳定性。此外，横截面形状还会影响空气流动的分离情况，关系到气动噪声的产生。

3. 车体侧面设计

车体侧面的设计直接关系到侧风对列车的影响。在高速行驶时，侧风可能导致列车产生横向摇摆，影响运行的平稳性。合理的车体侧面设计可以降低侧风的阻力，减小侧风对车辆的影响。

4. 车体尾部设计

车体尾部的设计对尾流的产生和尾迹的形成具有重要影响。通过优化尾部设计，可以降低后方气流的湍流程度，减小空气阻力。合理的尾部设计还可以降低气动噪声的产生，提高乘客的舒适性。

（二）不同设计对空气动力学性能的影响

1. 流线型设计

流线型设计是为了降低空气阻力，提高车辆的运行效率。通过采用流线型车头、优化横截面形状和减小尾部湍流，可以有效减小空气阻力，提高车辆在高速运行时的稳定性。这种设计通常适用于高速列车，如高铁等。

2. 高效空气动力学设计

高效空气动力学设计追求在提高运行效率的同时，兼顾能源消耗和环保。通过运用计算流体力学（CFD）等技术，优化车体的各个部位，使得空气流动更为顺畅，降低风阻，提高整体能源利用效率。这种设计可以适用于不同类型的轨道交通系统，包括传统列车和新型轨道交通工具。

3. 低阻车体设计

低阻车体设计追求最小化空气阻力，以提高列车的运行速度和能源效率。这涉及减小车体横截面积、降低车体表面的湍流产生，采用特殊形状减小车辆的气动阻力。这种设计适用于追求高速运行的轨道交通系统，如磁悬浮列车等。

4. 抗风险设计

抗风险设计主要关注车辆在强风等恶劣气象条件下的空气动力学性能。通过增加车体的稳定性设计，减小侧风对车辆的侧向力，提高车辆的抗风险能力。这种设计适用于经常面临强风等极端气象条件的地区。

（三）未来发展趋势

1. 智能化设计

未来轨道交通车辆的外形设计将更加注重智能化。通过集成传感器、实时数据分析和人工智能技术，车辆可以在运行中实时感知外界环境和气象条件，自动调整车体外形，以提高整车的空气动力学性能。

2. 环保和可持续性

未来车体外形设计将更注重环保和可持续性。设计中将在考虑减小空气阻力的同时，降低制造和运行过程中的能源消耗，减少对环境的影响。采用可回收利用的材料和生产工艺，以确保整个生命周期的可持续性。

3. 多模式交通一体化设计

随着城市交通一体化的发展，未来的轨道交通车辆外形设计将更加考虑与其他交通模式的融合。通过多模式交通一体化设计，轨道交通车辆的外形将更好地适应城市多元化的交通环境。这可能涉及与其他交通工具的无缝对接，如共享出行、自动驾驶汽车等。车体外形设计需要在保持空气动力学性能的同时，考虑与其他交通工具的互通性，以实现更便捷、高效的城市出行体验。

4. 可变外形技术

未来的轨道交通车辆外形设计可能采用可变外形技术。这种技术允许车辆在不同运行条件下自适应地调整外形，以达到最佳的空气动力学性能。通过可变外形技术，车辆可以在高速行驶、强风天气等不同情况下灵活应对，以实现更高水平的安全性和效率。

5. 车辆外形与乘客体验的平衡

未来的轨道交通车辆设计将更注重车辆外形与乘客体验的平衡。虽然优化空气动力学性能至关重要，但同时需要考虑乘客的舒适性、安全感以及视野。车窗设计、车内空间布局等方面将结合乘客需求，实现外形设计的全方位优化。

轨道交通车辆车体外形设计对空气动力学的影响直接关系到车辆的运行效率、乘客的舒适性和能源消耗。未来的设计趋势将更加注重智能化、可持续性以及多模式交通一体化。设计者需要平衡多个因素，解决技术难题，以推动轨道交通系统朝着更加安全、高效、环保的方向不断发展。通过综合考虑车体外形设计、智能化技术应用、新材料与制造技术等方面的创新，未来轨道交通车辆将在空气动力学性能上取得更大突破。

三、轨道交通车辆车体结构的安全性与碰撞保护设计

轨道交通车辆作为城市公共交通的重要组成部分，其安全性一直是设计和运营的首要考虑因素。车体结构的安全性与碰撞保护设计直接关系乘客和车辆在事故中的安

全。本书将深入探讨轨道交通车辆车体结构的安全性设计原理、碰撞保护技术以及未来发展趋势。

（一）安全性设计原理

1. 结构强度与刚度

车体结构的强度与刚度是确保安全性的基本原理。车体需要具备足够的强度，以承受各类荷载，包括静止荷载、动车荷载以及碰撞引起的冲击力。同时，足够的结构刚度有助于减小车体在碰撞时的变形，提高车体稳定性。

2. 吸能设计

吸能设计是车体结构安全性设计中的重要策略之一。通过在车体结构中引入可控制的吸能元件，如能够变形吸能的材料或结构，可以在碰撞时吸收部分能量，减轻碰撞对乘客和车体的影响，这有助于降低事故中的伤害程度。

3. 预测性维护

预测性维护是通过实时监测车体结构的状态，及时发现潜在问题并采取维护措施，从而提高车辆的整体安全性。利用传感器、监测系统等技术，可以对车体结构进行定期健康检查，确保在运行中不会因潜在缺陷而引发事故。

4. 防火设计

防火设计是轨道交通车辆安全性设计中的一项重要内容。在车辆设计中需要采用阻燃材料，确保车体在发生火灾时能够有效减缓火势蔓延，保障乘客有足够的时间安全疏散。

（二）碰撞保护设计技术

1. 缓冲区设计

车体前部和后部通常会设置缓冲区，用于吸收碰撞时的能量。这些缓冲区可以采用可控制的材料或设计，以在碰撞时发挥吸能作用，减缓碰撞的冲击力，降低乘客伤害。

2. 碰撞吸能材料

碰撞吸能材料是车体结构设计中的重要组成部分。这些材料具有较好的变形能力，在碰撞时能够有效吸收能量，减轻冲击力。常见的碰撞吸能材料包括聚合物泡沫、变形金属等。

3. 防撞梁设计

防撞梁是车体结构中的关键部位，用于抵抗碰撞时的力量。设计高强度、抗冲击的防撞梁结构，可以有效减缓碰撞引起的破坏，保护车辆内部的乘客。

4. 防撞车厢连接设计

车厢之间的连接部分也是碰撞保护设计中需要重点考虑的区域。通过合理设计车厢连接结构，可以减小碰撞时的车体变形，确保乘客区域的相对安全。

（三）未来发展趋势

1. 先进材料的应用

未来轨道交通车体结构的安全性设计将更多倚重先进材料。高强度、轻量化的新型材料，如碳纤维复合材料、高强度合金等，将成为车体结构设计的主要选择，以提高整车的抗碰撞性能。

2. 智能化碰撞预警系统

随着智能化技术的不断发展，未来的轨道交通车辆可能配备智能化碰撞预警系统。通过传感器、摄像头等设备，车辆可以实时监测周围环境，提前发现潜在碰撞风险，并采取相应的预防措施，从而减少事故发生的可能性。

3. 轨道交通网络智能协同

未来轨道交通车体结构的安全性设计将更多地考虑车辆之间的智能协同。通过车辆之间的智能通信系统，可以实现信息共享、碰撞协同避让等功能，提高整个轨道交通网络的安全。

4. 车体结构模拟与优化技术

未来车体结构设计将更多地依赖先进的模拟与优化技术。通过有限元分析、计算流体力学等模拟技术，设计者可以准确地评估车体结构在各种碰撞情况下的响应，并进行优化设计。这种模拟与优化技术有助于提高车体结构的整体安全性。

5. 人工智能在碰撞保护中的应用

人工智能的应用将成为车体结构碰撞保护设计的新方向。通过深度学习算法，可以使车辆系统更加智能地响应碰撞情况，包括自动启动防撞装置、调整座椅位置以减轻冲击等。人工智能的应用有望提高车体在碰撞时的自适应性和安全性。

6. 综合安全性设计

未来的发展趋势将更加注重综合安全性设计。不仅考虑车体结构在碰撞时的安全性，还将整合智能驾驶、交通管理系统等方面的技术，以实现全方位的安全保障。这包括预防性措施、应急响应系统等的综合设计，以最大限度地降低事故发生的概率和减轻事故后果。

轨道交通车辆车体结构的安全性与碰撞保护设计直接关系到乘客的生命安全和车辆的运行稳定性。未来的设计趋势将更加注重先进材料的应用、智能化系统的发展以及综合性安全性设计。设计者需要克服材料和制造技术的挑战，确保智能系统的可靠性，推动轨道交通系统向更加安全、智能、可持续的方向发展。通过综合考虑车体结构设计、碰撞保护技术、智能系统应用等方面的创新，未来轨道交通车辆将在安全性设计上取得更大的进步。

第二节　客室设计与舒适性考量

一、轨道交通车辆客室布局与座椅设计

轨道交通车辆的客室布局与座椅设计直接关系到乘客的舒适性、安全感以及整体出行体验。随着城市交通的不断发展，车辆设计者越来越注重如何通过合理的客室布局和座椅设计来提升乘客的出行体验。本书将深入探讨轨道交通车辆客室布局的原则、座椅设计的创新以及未来的发展趋势。

（一）客室布局原则

1.空间利用与通道设计

合理的客室布局需要充分考虑空间利用效率，确保车辆内部空间得到最佳利用。同时，通道的设计也至关重要，要确保乘客可以轻松进出，行走时不受阻碍。合理的通道宽度和车门位置是客室布局设计的重要因素。

2.乘客座位密度

座位密度直接关系乘客的舒适感。过高的座位密度可能导致拥挤感，降低乘坐体验。因此，设计者需要在满足运载需求的前提下，尽可能提高座位之间的间距，为乘客提供更为宽敞的乘坐环境。

3.多功能区域的设置

为了满足不同乘客群体的需求，客室布局中常常设置多功能区域，如儿童区、老年人区、残疾人区等。这有助于提升不同人群的出行体验，创造更加包容和人性化的车厢环境。

4.设施设置与信息显示

客室布局需要考虑基础设施的设置，包括座椅、扶手、行李架等，以及信息显示系统的布置。信息显示系统可以提供实时的运行信息，方便乘客获取所需信息，提升整体的服务水平。

（二）座椅设计的创新

1.舒适性与人体工程学

座椅设计的首要目标是提供良好的舒适性。人体工程学原理需要被充分考虑，确保座椅的形状、软硬度以及支撑点的设计符合人体工程学的要求，避免乘客长时间乘坐引发的不适感。

2. 可调节性设计

为了适应不同身材和偏好的乘客,座椅的可调节性设计显得尤为重要。座椅高度、靠背角度、扶手位置等方面的可调节性,可以让乘客根据个人需求进行调整,从而提高整体舒适度。

3. 多功能座椅设计

未来的趋势是将座椅设计变得更为多功能化。例如,一些座椅可能集成了充电口、照明设施、个人娱乐系统等功能,为乘客提供更多便捷和娱乐选择。

4. 可持续性材料应用

座椅设计也需要考虑可持续性。采用可回收材料、环保材料,以及经济高效的生产工艺,有助于减小制造过程对环境的影响,推动轨道交通系统向可持续性方向发展。

(三)未来发展趋势

1. 智能座椅技术

未来座椅设计将更加注重智能化技术的应用。智能座椅技术可以通过内置传感器、智能调节系统等实现。例如,座椅可以根据乘客的体型、体温和乘坐习惯自动调整,为乘客提供更个性化的乘坐体验,这不仅增加了座椅的舒适性,还提高了整体的服务水平。

2. 舒适度与健康关注

未来座椅设计将更加注重乘客的舒适度和健康。一些创新性的座椅设计可能包括按摩功能、气候控制系统等,以提供更加宜人的乘坐环境。座椅的设计还可能考虑人体工程学和人体生理学,以减轻长时间乘坐可能带来的不适。

3. 车内互联体验

未来的座椅设计将更加融入车内互联体验。座椅可以与车内的信息系统、娱乐系统等进行无缝连接,为乘客提供个性化的娱乐和信息服务,这有助于创造更加智能、便捷、富有娱乐性的出行环境。

4. 轻量化材料应用

为了提高运输效率和能源利用效率,未来的座椅设计可能会采用更轻量化的材料。新型轻量化材料,如碳纤维复合材料、高强度合金等,可以在减轻车辆重量的同时确保座椅的强度和稳定性。

5. 可变化车厢布局

为了更好地满足不同的出行需求,未来的轨道交通车辆可能采用可变化的车厢布局。这意味着座椅和车厢内部结构可以根据不同的使用场景进行调整,例如,在高峰时段增加座位密度,而在非高峰时段提供更为宽敞的空间。

轨道交通车辆的客室布局与座椅设计直接影响乘客的出行体验。未来的设计趋势将更加注重智能化技术的应用、舒适性与健康关注、车内互联体验以及可变化车厢布局。面对挑战时，设计者需要在安全性、舒适度、可持续性等方面进行平衡，与技术厂商、制造商以及监管机构紧密合作，共同推动轨道交通车辆客室布局与座椅设计的不断创新与发展。

二、轨道交通车辆噪音与振动控制在客室设计中的应用

随着城市化的加速发展，轨道交通系统作为城市交通的重要组成部分，其舒适性和安全性受到了越来越多的关注。其中，轨道交通车辆噪音与振动问题一直是制约其发展的重要因素之一。为了提高乘客的出行体验，降低对周边环境的影响，不仅需要在车辆本身的噪音振动源上进行控制，还需要在客室设计中加以考虑和应用。

（一）轨道交通车辆噪音与振动问题

轨道交通车辆在运行过程中产生的噪音和振动主要源于轮轨交互、电动机运动、空气流动等因素。这些噪音和振动不仅对乘客的健康和舒适感造成影响，还会对周边居民和环境产生负面效应。因此，噪音与振动控制成为轨道交通系统工程中的一项重要任务。

（二）噪音与振动控制技术

在车辆层面上，可以通过优化轮轨系统、改进电动机和传动系统设计、采用减振装置等手段来减少噪音和振动。然而，在车辆行驶过程中，仍然难以完全消除这些问题。因此，客室设计中的噪音与振动控制显得尤为关键。

（三）噪音与振动控制在客室设计中的应用

1. 车身隔音设计

通过在车身结构中加入隔音材料，可以有效吸收和阻隔外部噪音的传播。隔音材料的选择和布局需根据车身结构和噪音特性进行合理设计，以达到最佳的隔音效果。同时，采用吸声材料可以降低内部声音反射，提高乘客的听觉舒适度。

2. 振动吸收装置

在客室底部或座椅下方安装振动吸收装置，能够有效降低由轨道不平造成的振动传递到客室的速度。这些装置通常采用弹簧和减震器的组合，以吸收和消散振动能量，从而降低对乘客造成的不适感。

3. 主动噪音控制系统

采用主动噪音控制系统，通过在客室内设置麦克风和扬声器，实时监测车辆噪音，并通过相位调制等技术进行实时控制。这种系统能够针对不同频率的噪音进行精准控制，提高控制效果。

4. 空气动力学优化

通过优化车体外形设计，减小车体与空气流动的阻力，降低空气流动产生的噪音。

同时，通过设计空调系统和通风系统，使空气在车厢内的流动更加平稳，减少因空气流动产生的噪音。

5. 乘客区域布局

在客室设计中，合理的座椅布局和隔间设置也能够影响乘客对噪音的感知。通过合理设置座椅之间的距离和布局，可以减少乘客之间的相互干扰，提高乘坐舒适度。

轨道交通车辆噪音与振动控制在客室设计中的应用是提升乘客舒适性和降低对周边环境影响的重要手段。通过综合运用隔音设计、振动吸收装置、主动噪音控制系统、空气动力学优化和合理的乘客区域布局，可以有效降低客室内的噪音和振动水平，提高乘客的出行体验。未来，随着技术的不断发展，轨道交通车辆噪音与振动控制在客室设计中的创新应用将继续推动城市轨道交通系统的可持续发展。

三、轨道交通车辆舒适性评估与乘客体验的改进

随着城市交通的不断发展，轨道交通系统作为一种高效、快速的交通工具，其舒适性和乘客体验变得愈加重要。本书将从轨道交通车辆舒适性评估的角度出发，探讨如何改进乘客体验，提高轨道交通系统的竞争力。

（一）轨道交通车辆舒适性评估的重要性

轨道交通车辆舒适性评估是评价车辆设计是否符合乘客需求的关键环节。通过系统、科学的评估，可以全面了解车辆在运行中对乘客的影响，为车辆改进提供依据。常见的舒适性评估指标包括噪音水平、振动强度、空气质量、座椅舒适度等。

（二）舒适性评估的主要指标

1. 噪音水平

轨道交通车辆在运行中产生的噪音是直接影响乘客体验的重要因素之一。噪音水平评估需要考虑车辆内外的环境噪音，并通过测量和分析得出客观数据。采取有效降噪措施，如隔音材料、噪音屏障等，可以显著改善乘客的听觉感受。

2. 振动强度

振动是另一个影响舒适性的重要因素。轨道不平、车辆运行过程中产生的振动都会传递到车厢内，影响乘客的乘坐体验。通过振动传感器的安装和数据记录，可以对振动强度进行定量评估。振动吸收装置、减震系统等技术手段可以用于降低振动对乘客的影响。

3. 空气质量

车辆内部的空气质量对乘客的健康和舒适感有着直接的影响。评估空气质量需要考虑通风系统的性能、座椅布局的影响以及车厢内空气流动的情况。合理设计通风系统、增加空气净化设备可以有效改善车内空气质量。

4. 座椅舒适度

座椅是乘客与车辆直接接触的部分，其舒适性直接关系到乘客的体验。座椅舒适度的评估包括座椅的硬度、支撑性、可调性等方面。通过人体工学设计和材料科学的应用，可以提高座椅的舒适性，减轻长时间乘坐对乘客造成的疲劳感。

（三）改进乘客体验的措施

1. 人体工学设计

在轨道交通车辆设计中，应注重人体工学原理，合理布局座椅、扶手、通道等元素，确保乘客在车厢内的活动更加自如，降低在行驶过程中的不适感。

2. 智能化系统应用

引入智能化系统，如自适应座椅、个性化调节空调系统等，通过传感器获取乘客的实时反馈信息，实现个性化、智能化的舒适性调节，提高整体乘坐体验。

3. 创新材料的运用

采用先进的轻质、高强度、吸震材料，用于座椅和车身结构，以减轻车辆的重量和振动传递，提升车辆的运行平稳性和乘客的乘坐舒适度。

4. 舒适性监测与反馈系统

建立舒适性监测系统，通过感知乘客的心率、体温、情绪等生理指标，实时监测乘客的舒适状态。通过这些数据，可以调整车辆的运行参数，为乘客提供更好的乘坐体验。

（四）轨道交通车辆舒适性评估与乘客体验的综合优化

在改进乘客体验的过程中，需要进行综合优化，考虑各个方面的影响因素。首先，通过舒适性评估系统，获取准确的数据，明确车辆存在的问题。其次，结合先进技术和创新设计，逐步改进车辆的设计和运行参数。最后，通过实地测试和乘客反馈，验证改进效果，并根据实际情况进行调整。

轨道交通车辆的舒适性评估与乘客体验的改进是提高城市轨道交通系统吸引力和竞争力的重要手段。通过科学的评估体系、先进的技术手段以及创新的设计理念，可以在保证交通系统高效运行的同时，为乘客提供更为舒适、便利的出行体验。

第三节 电力传动系统设计

一、轨道交通车辆电机与传动系统的选择与匹配

随着城市交通的不断发展，轨道交通系统作为城市重要的公共交通方式，其电机

与传动系统的选择与匹配显得尤为重要。这不仅涉及车辆的性能和效能，还直接关系到能源利用效率、环境友好性以及乘客的舒适性。本书将深入探讨轨道交通车辆电机与传动系统的选择与匹配问题，包括技术特点、性能要求以及未来发展方向。

（一）电机与传动系统的作用与关系

轨道交通车辆的电机与传动系统是车辆动力系统的核心组成部分，主要功能包括提供驱动力、控制车辆速度、回收制动能量等。电机负责将电能转化为机械能，而传动系统则负责将电机输出的转矩传递到车轮上，推动车辆运动。选择合适的电机与传动系统，需要考虑到车辆的运行环境、载荷需求、能源效率等多方面因素。

（二）电机的选择与特点

1. 直流电机与异步电机

在轨道交通车辆中，直流电机和异步电机是两种常见的电机类型。直流电机具有良好的调速性能和响应速度，适用于需要频繁起动和制动的场景。异步电机结构简单，可靠性高，成本相对较低，适用于对速度变化要求不太严格的场合。

2. 永磁同步电机与感应电机

永磁同步电机由于其高效率和良好的动态性能，在轨道交通领域得到了广泛应用。其采用永磁材料作为励磁源，具有高功率密度、高效率和小体积的特点。感应电机则依靠外部电源提供磁场，相对于永磁同步电机成本较低，但在效率和动态性能上可能稍逊一筹。

3. 高温超导电机

近年来，高温超导电机作为一种新型的电机技术逐渐受到关注。高温超导材料在低温下表现出良好的导电性能，可以大幅减少电机中的能量损耗，提高电机的能效。然而，高温超导电机的制造和维护成本仍然较高，需要更多实践验证其在轨道交通领域的可行性。

（三）传动系统的选择与特点

1. 机械传动与电子传动

在传动系统中，机械传动和电子传动是两种主要的传动方式。机械传动通过传统的机械结构，如齿轮箱、联轴器等，将电机输出的旋转运动传递到车轮。电子传动则通过电子器件，如变频器、逆变器等，实现对电机电能输出的精确控制。电子传动具有更高的控制精度和效率，满足了车辆动力系统的智能化和数字化要求。

2. 单级传动与多级传动

在机械传动中，单级传动和多级传动是两种常见的结构。单级传动简单、结构紧凑，适用于功率较小的场合。而多级传动通过多级齿轮箱或变速箱，可以提供更大的变速范围，以适应不同速度和扭矩要求。然而，多级传动也带来了传动效率损失和结构复杂度的问题。

3. 直接传动与间接传动

直接传动是指电机输出轴与车轮轴直接相连，省略了传动系统中的中间传动装置。这种方式能够减小传动效率损失，提高整体能效。间接传动则采用传动链路，通过齿轮、联轴器等将电机输出传递到车轮。直接传动适用于对系统效率要求较高的场合，而间接传动则更加灵活，适应性更强。

（四）电机与传动系统的匹配考虑因素

1. 功率与扭矩需求

电机与传动系统的选择首先需要考虑车辆的功率和扭矩需求。不同的轨道交通车辆在运行中会有不同的负载和加速度需求，因此需要选择能够满足这些需求的电机与传动系统。

2. 效率与能源利用

电机与传动系统的效率直接影响到整个车辆的能源利用效率。高效的电机与传动系统能够降低能量损耗，提高车辆的续航里程，减少对电力系统的负担。

3. 动态性能与响应速度

对于轨道交通系统来说，良好的动态性能和响应速度是确保车辆安全、平稳运行以及提升乘客体验的重要因素。电机与传动系统的选择应考虑其响应速度、加速度和制动性能，以满足不同运行情况下的需求。特别是在城市轨道交通中，频繁的起停以及变速要求对动态性能提出了更高要求。

4. 质量与尺寸

电机与传动系统的质量和尺寸直接关系到车辆的整体重量和结构设计。轨道交通车辆对于质量和尺寸的要求较为严格，因此需要在确保性能的同时，尽可能减小电机与传动系统的重量和体积。

5. 可靠性与维护性

轨道交通系统的运行需要具备高度的可靠性和稳定性。选择电机与传动系统时，应考虑其耐久性、故障率以及维护便捷性。可靠性的提高有助于降低运营成本，减少维修停车时间。

6. 环境友好性

随着对环境友好性的关注不断增加，轨道交通车辆的电机与传动系统选择也需要考虑其对环境的影响。采用能效较高、低排放的电机技术，以及环保材料的应用，有助于降低对环境的负担，符合可持续发展的要求。

（五）未来发展方向

1. 智能化与数字化

未来轨道交通车辆的电机与传动系统将更加智能化和数字化。引入先进的电子控制技术，如人工智能、机器学习，能够实现对电机与传动系统的实时监测、自适应控制和预测性维护，提升整个系统的性能和可靠性。

2. 高效能源管理

为了提高能源利用效率，未来电机与传动系统将更加注重能源管理。采用高效的能量回收技术、智能化的能量分配系统，将车辆运行过程中产生的制动能量等能源进行有效利用，降低整体的能耗。

3. 高温超导技术的应用

高温超导技术在电机与传动系统领域有望得到更广泛的应用。高温超导电机具有低能耗、高效率、小体积的特点，能够提高整个系统能效，减小电机的体积和重量，从而有助于轨道交通车辆的轻量化设计。

4. 轻量化与材料创新

轨道交通车辆对于质量和尺寸的要求日益提高，因此轻量化设计将成为未来的发展趋势。通过采用先进的轻质材料和结构设计，可以减小电机与传动系统的质量，提高车辆的整体性能。

5. 可再生能源整合

为了降低对传统能源的依赖，未来轨道交通车辆电机与传动系统的设计将更加注重可再生能源的整合。通过整合太阳能、风能等可再生能源，不仅可以减小对传统电网的负荷，还有助于提高车辆的环保性。

轨道交通车辆电机与传动系统的选择与匹配对于整个车辆的性能、能效以及环保性都具有重要影响。随着技术的不断发展和社会的进步，未来轨道交通车辆电机与传动系统将更加智能、高效、环保。综合考虑电机类型、传动系统结构、动力性能等多方面因素，以及采用先进的技术手段，可以实现电机与传动系统的最佳匹配，为城市轨道交通提供先进、可持续的出行解决方案。

二、轨道交通车辆能量回收技术在电力传动系统中的应用

随着城市化的不断发展，轨道交通作为城市交通体系的重要组成部分，其运行对能源的需求日益增加。为了提高能源利用效率、降低运营成本，并减少环境污染，人们对轨道交通车辆的电力传动系统进行了深入研究。其中，能量回收技术作为一种有效的能源管理手段，在轨道交通领域得到了广泛关注和应用。本书将探讨轨道交通车

辆能量回收技术在电力传动系统中的应用，包括其原理、技术方案、应用效果等方面，以期为未来城市交通的可持续发展提供有益的参考。

（一）能量回收技术的原理

能量回收技术是通过捕捉和再利用车辆运动过程中产生的能量，以降低能源消耗和减轻对环境的不良影响。在轨道交通车辆中，能量回收主要包括动能回收和制动能量回收两种形式。

动能回收：在车辆行驶过程中，特别是在制动减速或下坡行驶时，车辆具有一定的动能。通过装置如动能回收系统，可以将动能转换为电能并存储起来，以供车辆再次加速使用。这一过程通过逆变器等装置实现。

制动能量回收：传统的制动系统通常通过摩擦方式将动能转化为热能散失，造成能源浪费。而制动能量回收技术则通过电机反向工作，将制动过程中产生的能量转化为电能，反馈至电力传动系统，从而实现能量的再利用。

（二）轨道交通车辆能量回收技术的技术方案

轨道交通车辆能量回收技术的实施需要综合考虑车辆的运行特点、线路的地形条件，以及电力传动系统的整体设计。以下是一些常见的技术方案。

电池储能系统：利用高性能电池作为储能装置，将动能或制动能量转化为电能储存。这种方案能够提供灵活的能量管理，实现能量的高效利用。

超级电容器储能系统：超级电容器具有高功率密度和长寿命的特点，适用于瞬时能量的储存与释放，可用于快速充放电场景，如制动时的能量回收。

牵引逆变器：通过逆变器将动能或制动能量转换为直流电，再通过逆变器将其转换为交流电，以供给牵引电机使用。逆变器的设计和控制是关键，需要实现高效能量转换。

线路供电系统：将回收的能量通过逆变器反馈到电网，为其他车辆提供电能。这种方案要求实现车辆与线路的高效能量互动。

（三）应用效果与挑战

能源利用效率提高：能量回收技术的应用可以显著提高轨道交通车辆的能源利用效率，降低运营成本。

环境友好：能量回收减少了对传统能源的依赖，减缓了环境污染和温室气体排放，有利于城市交通的可持续发展。

技术挑战：能量回收技术在应用中面临一些技术挑战，如高效能量转换、储能系统的寿命和安全性等问题，需要进一步的研究和创新。

系统集成：将能量回收技术与整个电力传动系统无缝集成是一个复杂工程，需要克服多方面的技术难题，确保系统的稳定性和可靠性。

（四）未来展望与发展方向

智能化控制：利用先进的控制算法和智能化系统，实现对能量回收过程的精准控制，提高系统的稳定性和响应速度。

多能源协同：结合其他可再生能源，如太阳能、风能等，实现多能源协同供能，提高能源利用效率。

新材料应用：运用新材料技术，提高储能系统的性能，延长使用寿命，降低制造和维护成本。

国际合作：在能量回收技术领域加强国际合作，共享经验和资源，推动技术的全球发展。

通过对轨道交通车辆能量回收技术的深入研究和应用，有望为城市交通的可持续发展提供更有效的解决方案。通过不断创新和技术的推动，轨道交通车辆能量回收技术有望在未来取得更大突破，进一步推动城市交通系统向清洁、高效、可持续的方向发展。

三、轨道交通车辆电力传动系统的效率与可靠性提升策略

随着城市交通的不断发展，轨道交通作为一种高效、快捷的交通方式，其电力传动系统的效率与可靠性变得尤为重要。提升电力传动系统的效率和可靠性不仅能够降低运营成本，提高能源利用效率，还能够提升乘客出行的舒适性和安全性。本书将探讨轨道交通车辆电力传动系统的效率与可靠性提升的策略，包括技术创新、智能化控制、维护管理等方面的措施，以期为未来城市轨道交通的可持续发展提供参考。

（一）效率提升策略

高效能量转换技术：采用先进的能量转换技术，如高效能量逆变器和变频器，以提高电力传动系统的能源转换效率。这可以通过减小能量转换过程中的损耗，优化电力传递链路，提高整个系统的能量利用率。

轻量化设计：通过采用轻量化材料和结构设计，减轻车辆整体重量，从而降低电力传动系统的功率需求。轻量化设计有助于提高整车的能效，并减少对能源的依赖，进一步提高效率。

能量回收技术：如前文所述，能量回收技术可以在车辆制动或减速时捕获和储存动能，然后再次利用这些能量，以提高电力传动系统的整体效率。

多能源协同：结合不同的能源供应，如电能、太阳能和储能系统等，实现多能源协同供能。这有助于提高系统的适应性，确保车辆在各种条件下都能保持高效运行。

（二）可靠性提升策略

智能化监测与诊断：引入先进的传感器和监测技术，对电力传动系统的关键部件进行实时监测。通过数据分析和智能化算法，实现对系统健康状况的实时评估和故障预测，提高其可靠性。

自适应控制系统：设计自适应控制系统，使电力传动系统能够根据不同的工况和环境变化进行自动调整。这有助于系统更好地适应运行环境，提高系统的可靠性和稳定性。

备份系统设计：引入备份系统和冗余设计，确保即使在某些部件发生故障时，系统仍能继续运行。这可以通过备用电源、备用控制模块等方式实现。

预防性维护：制定合理的维护计划，采用预防性维护策略，及时更换老化部件，减少系统故障的发生。定期检查和维护可以延长系统寿命，提高系统的可靠性。

（三）智能化控制与管理

远程监控与控制：借助云计算和物联网技术，实现对电力传动系统的远程监控和控制。运营人员可以通过远程平台实时监测系统运行状况，及时发现问题并进行远程调整，提高系统的可操作性和响应速度。

大数据分析：收集并分析大量的数据，以了解电力传动系统的运行模式、故障模式和优化潜力。通过大数据分析，可以为系统优化和未来升级提供数据支持，提高系统整体性能。

人工智能应用：引入人工智能技术，如机器学习和深度学习，对电力传动系统进行智能化优化。这有助于系统更好地适应实际运行条件，提高智能控制的效果。

（四）未来展望与发展方向

在未来，随着科技的不断发展，轨道交通车辆电力传动系统的效率与可靠性提升策略将不断演进。从更先进的能量转换技术、轻量化设计到智能化控制与管理，都将为轨道交通系统带来更高水平的性能。

同时，多能源协同和智能化技术的融合，以及人工智能的广泛应用，将为电力传动系统带来更多可能性。未来的发展方向可能包括更高效的能量转换技术、更智能的控制系统、更为环保的能源供应等。

总体而言，通过采取综合的效率提升和可靠性提升策略，轨道交通车辆的电力传动系统将更好地满足城市交通的需求，为未来城市的可持续发展做出更大贡献。

第四节　制动系统设计

一、轨道交通车辆不同类型制动系统的原理与特点

随着城市交通的快速发展，轨道交通作为一种重要的公共交通方式，其制动系统对列车的安全性和运行效率起着至关重要的作用。不同类型的制动系统在原理和特点上存在差异，因此选择合适的制动系统对确保列车安全、平稳停车以及提高能量回收效率至关重要。本书将深入探讨轨道交通车辆中常见的制动系统，包括电阻制动、空气制动、再生制动等，分析它们的原理、特点以及在实际应用中的优劣势。

（一）电阻制动系统

原理：电阻制动系统是通过将列车牵引系统的牵引逆变器转为逆变模式，将电动机变为电动发电机，将列车的动能转换为电能。这部分电能通过电阻器产生阻尼，将动能转换为热能，实现列车的减速和停车。

特点：

能量回收：电阻制动系统能够将制动过程中产生的电能回馈到电网中，提高能源的利用效率。

简单可靠：电阻制动系统结构相对简单，且运行可靠，是一种常见的制动方式。

热能散失：电阻制动系统在能量转换过程中会产生大量的热能，导致能源浪费，因此需要冷却系统进行热能的散失。

（二）空气制动系统

原理：空气制动系统通过调整列车制动装置中的空气压力，改变制动元件的位置，实现列车的制动。通常包括制动缸、制动盘、制动鞋等。

特点：

即时响应：空气制动系统能够实现快速响应，使列车在制动时能够迅速减速。

制动力可调：可通过调整空气压力来调整制动力，以适应不同的运行条件。

需要维护：制动盘和制动鞋在使用过程中会发生磨损，需要定期维护和更换，增加了运营成本。

（三）再生制动系统

原理：再生制动系统是通过将列车运动过程中产生的动能转换为电能，并将这部分电能回馈到电网中。通常采用牵引逆变器将电机转为发电机，产生直流电能，再通

过逆变器转换为交流电能。

特点包括以下几点：

能量回收：再生制动系统是一种高效能量回收的制动方式，能够将制动过程中的动能大部分转化为电能，提高能源利用效率。

系统复杂性：实施再生制动系统需要复杂的电气控制系统和逆变器等设备，相对传统的机械制动系统而言，再生制动系统更加复杂。

线路影响：再生制动系统的电能回馈对电网有一定的影响，需要考虑线路的容量和逆变器的控制。

（四）液压制动系统

原理：液压制动系统是通过液体的流动传递力量，实现列车的制动。液压制动系统包括液压缸、制动盘、制动鼓等组件。

特点：

制动力平稳：液压制动系统能够实现平稳的制动，使列车在制动过程中不会有明显的颠簸感。

易于控制：通过调整液体的流动，可以实现对制动力的精确控制，以适应不同的运行条件。

液压油温度：制动过程中液压油温度会升高，需要考虑散热和冷却措施，以保证系统的正常运行。

（五）电磁制动系统

原理：电磁制动系统利用电磁感应产生的磁场来实现制动。通常包括感应制动和电磁吸盘制动两种形式。

特点：

无摩擦制动：电磁制动系统不涉及机械部件的摩擦，因此制动过程相对平稳，对制动器件的磨损较小。

制动力可调：通过调整电磁场的强弱，可以实现对制动力的调整，以适应不同的运行情况。

能耗问题：电磁制动系统在制动过程中需要耗费一定的电能，因此在考虑能源效率时需要进行综合评估。

通过综合考虑不同类型制动系统的优缺点，以及结合未来科技发展趋势，可以更好地指导轨道交通车辆制动系统的设计和改进，以满足未来城市轨道交通的需求。

二、轨道交通车辆制动系统的安全性能与调整

随着城市交通的不断发展，轨道交通作为一种重要的公共交通方式，其安全性能

至关重要。制动系统作为确保列车安全运行的关键组成部分，其安全性能与调整对乘客的安全以及运输系统的可靠性都有着至关重要的影响。本书将深入探讨轨道交通车辆制动系统的安全性能，包括制动系统的基本原理、安全性评估与监测手段，以及在实际运行中的调整和维护策略。

（一）轨道交通车辆制动系统的基本原理

电力传动系统与制动系统的关系：轨道交通车辆通常采用电力传动系统，电力传动系统与制动系统直接相关。在正常运行时，电力传动系统提供动力，而在制动时，制动系统将使列车减速或停车。

制动系统的分类：常见的轨道交通车辆制动系统包括电阻制动、空气制动、再生制动、液压制动、电磁制动等。不同的制动系统在原理和结构上存在差异，选择适当的制动系统需要根据列车的运行特性和要求而定。

（二）轨道交通车辆制动系统的安全性能

安全性能的重要性：制动系统的安全性能直接关系到列车的运行安全和乘客的安全。在紧急情况下，高效可靠的制动系统是确保列车迅速停车的关键。

制动力的平稳性：制动系统需要具备平稳的制动力，以避免列车制动过程中的剧烈颠簸，确保乘客的舒适性。

制动系统的响应速度：制动系统的响应速度直接关系到列车在紧急情况下的制动效果，因此需要确保制动系统具有快速而可控的响应速度。

系统的稳定性：制动系统在不同运行条件下需要保持稳定性，不受外界环境、温度变化等因素的影响。

防滑保护：针对轨道湿滑、积水等情况，制动系统需要配备防滑保护装置，以防止车轮锁死，提高列车运行的稳定性和安全性。

（三）轨道交通车辆制动系统的安全性评估与监测手段

系统的可靠性分析：通过对制动系统进行可靠性分析，包括故障树分析、失效模式与效应分析等手段，评估制动系统的可靠性，找出潜在故障点。

定期检查与维护：对制动系统进行定期检查与维护，包括检查制动鼓、制动盘、制动鞋等关键零部件的磨损情况，确保各个部件的正常工作状态。

制动力测试：定期进行制动力测试，验证制动系统的实际制动效果是否符合设计要求，确保在紧急情况下能够迅速停车。

制动踏板力的监测：监测制动踏板力的变化，以及踏板力与实际制动效果之间的关系，确保制动系统的灵敏性和可控性。

在线监测系统：引入先进的在线监测系统，通过传感器实时监测制动系统的各项参数，及时发现异常并进行预警。

（四）轨道交通车辆制动系统的调整与优化

制动力调整：根据列车的负载情况、行驶速度等因素，调整制动系统的制动力，以确保在不同工况下都能够实现平稳的制动。

防滑系统的调整：对于配备防滑系统的制动系统，需要根据不同的运行环境和气象条件进行调整，以保证在湿滑、积水等情况下能够防止车轮滑移。

再生制动系统的优化：针对再生制动系统，通过优化逆变器控制策略，提高能量回收效率，减少对电网的影响。

制动盘与制动鼓的优化设计：通过采用先进的材料和结构设计，提高制动盘和制动鼓的散热性能，减少制动过程中产生的热应力，延长零部件的使用寿命。

智能化控制的引入：引入智能化控制技术，通过实时数据分析和算法优化，对制动系统进行智能调整，提高系统的适应性和稳定性。

轨道交通车辆的制动系统是确保列车运行安全、平稳停车的重要组成部分。制动系统的安全性能与调整直接关系到乘客的安全和列车的可靠性。通过采用先进的技术手段、智能化控制以及综合考虑不同因素，可以不断提升制动系统的性能，保障轨道交通的运行安全。

为了实现更加智能、高效、环保的制动系统，未来的发展趋势应包括智能化制动系统的推广，先进传感技术的广泛应用，主动防滑控制系统的进一步发展，能量回收技术的优化，以及维护预测与远程监控的全面应用。这些发展方向将有助于提高轨道交通车辆制动系统的整体性能，推动城市轨道交通朝着更为安全、高效、可持续的方向发展。通过不断创新与优化，轨道交通将更好地服务城市居民，促进城市交通系统可持续发展。

三、轨道交通车辆制动系统的能耗与环保考虑

随着城市交通的快速发展，轨道交通作为一种环保、高效的公共交通方式备受青睐。轨道交通车辆的制动系统，作为能耗与环保的关键组成部分，不仅影响列车的能效表现，还对周围环境产生直接影响。本书将深入探讨轨道交通车辆制动系统的能耗与环保考虑，包括不同制动系统的能耗特点、环保技术的应用，以及在设计与运行中如何优化能效，降低环境影响。

（一）不同制动系统的能耗特点

电阻制动系统：电阻制动系统在制动过程中通过将电能转化为热能实现列车减速。这种制动方式的能效相对较低，因为大量的电能转化为热能被散失，导致系统整体效率较低。

再生制动系统：再生制动系统通过将制动过程中产生的动能转化为电能，并将电能回馈到电网中。相较于传统制动系统，再生制动系统具有更高的能效，因为它最大程度地利用了制动过程中产生的动能。

空气制动系统：空气制动系统通过调整制动装置中的空气压力，实现列车的制动。这种系统相对来说能效较高，因为它不涉及能量的转换损失，而是通过空气的压缩和释放来实现制动。

液压制动系统：液压制动系统通过利用液体的流动传递力量实现制动。其能效相对较高，但在制动过程中会产生一定的摩擦和热损失。

电磁制动系统：电磁制动系统通过电磁感应制动，其能效相对较高且不涉及摩擦损失。然而，电磁制动在制动过程中需要耗费一定的电能，因此在考虑总体及时需要进行权衡。

（二）环保技术的应用

能量回收与再生利用：再生制动系统是一种环保技术代表。通过将制动过程中产生的电能回馈到电网中，可以减少对传统电力来源的依赖，提高能源的利用效率。

制动能耗的热管理：在液压制动系统等涉及热损失的制动系统中，采用有效的热管理技术可以减少能量的散失，提高系统的能效。

环保型制动材料：在制动盘、制动鼓等制动元件的材料选择上，采用环保型材料，减少对环境的不良影响，同时提高零部件的循环利用率。

低摩擦润滑技术：在摩擦部件的设计中采用低摩擦润滑技术，减少制动时的摩擦损失，提高能效，并降低制动尘的产生，减轻对环境的污染。

（三）能效优化与环保策略

智能化能效优化：引入智能化控制系统，通过实时监测列车运行状态、乘客负载等信息，智能调整制动系统的工作参数，以实现最佳的能效表现。

优化制动系统匹配：针对不同的运行环境和行车任务，优化制动系统的匹配，使之更加适应实际运营需求，提高系统整体的能效。

定期检查与维护：定期对制动系统进行检查和维护，确保各个部件的良好状态，减少制动时的能量损失，提高系统的整体能效。

模拟仿真与优化设计：利用模拟仿真技术对制动系统进行全面的性能分析，通过模拟得出最优设计方案，提高系统的能效。

减少摩擦损失：在制动系统设计中采用低摩擦材料，同时通过合理的润滑设计减少摩擦损失，提高系统的能效。

推广先进环保制动技术：积极推广先进的环保制动技术，如采用电力传动系统中的再生制动、采用空气制动系统等，以降低整体的制动系统对能源的依赖，减少环境负担。

轨道平整度和线路设计：确保轨道平整度和线路设计的合理性，以降低列车在行驶和制动过程中对轨道的额外阻力，提高运行效率。

减少制动噪音：采用低噪音设计和材料，减少列车制动时产生的噪音，改善周围环境，提升城市交通的居住品质。

综合考虑动态调度策略：在运营过程中，采用智能化的动态调度策略，合理规划列车的运行速度和停车次数，最大限度地降低制动系统的能耗。

推广绿色能源：考虑使用绿色能源来给列车供电，如风能、太阳能等可再生能源，以减少能源消耗和对环境的不良影响。

生命周期评估：在制动系统设计阶段，进行生命周期评估，综合考虑制造、使用和报废等阶段对环境的影响，从而选择对环境影响最小的设计方案。

（四）能耗与环保的平衡

在追求高能效的同时，需要平衡能耗与环保之间的关系。一方面，提高能效可以减少能源的消耗，从而降低运营成本和对非可再生能源的依赖；另一方面，环保考虑则要求尽量减少对环境的污染和损害，推动交通系统朝着更加可持续的方向发展。

在实际运营中，需要制定全面的能源管理和环保政策，将能效和环保纳入整个运输体系的规划和运营中。同时，通过技术创新、智能化控制和维护手段的不断改进，实现能耗和环保的双赢。

轨道交通车辆制动系统的能耗与环保考虑是城市交通发展中不可忽视的重要方面。在追求高能效的同时，需要充分考虑对环境的影响，采取一系列措施来优化制动系统的设计、运营和维护。

通过引入再生制动等高效环保技术，采用智能化控制策略，定期检查和维护系统，以及推广绿色能源等手段，可以在提高列车运行效率的同时，最大限度地减少对环境的负担。在未来的轨道交通发展中，应持续关注能效与环保的平衡，推动轨道交通朝着更加可持续、环保的方向发展，为城市交通的绿色未来做出贡献。

第五节　车辆安全系统设计

一、轨道交通车辆安全系统的传感器与监测装置

随着城市轨道交通的不断发展，确保列车运行的安全性成为至关重要的任务。安

全系统中的传感器与监测装置在预防事故、监测车辆状态、提升运行效率等方面发挥着关键作用。本书将深入探讨轨道交通车辆安全系统中的传感器与监测装置，包括其种类、原理、应用以及对安全性能的重要性。

（一）传感器的种类与原理

轨道交通车辆速度传感器：这类传感器用于测量列车的运行速度。常见的原理包括霍尔效应、光电效应等。通过精准测量列车的速度，系统可以实时监控并调整运行参数，确保在安全速度范围内运行。

轨道交通车辆加速度传感器：用于测量列车在运行过程中的加速度。基于压电效应、惯性原理等工作，这些传感器可以检测车辆的加速和减速情况，从而及时发现异常，预防潜在危险。

轨道交通车辆位置传感器：采用全球定位系统（GPS）、激光测距等技术，用于确定列车的精确位置。通过实时监测列车的位置，系统可以实现车辆定位、调度、防撞等功能，提升运行的安全性和效率。

轨道交通车辆轨道检测传感器：这类传感器通过感知轨道的状态，包括轨道的平整度、轨距、轨道缺陷等，以提前发现潜在的轨道问题，保障列车的行驶安全。

车辆侧倾传感器：用于监测列车在运行中的倾斜情况。当列车发生侧倾时，传感器会发出警报，提醒系统及时采取措施，确保列车的稳定性和安全性。

温度传感器：用于监测列车各个部件的温度变化，包括电机、制动系统等。通过实时监测温度，系统可以判断列车部件是否存在过热现象，预防因高温引起的故障和事故。

振动传感器：通过监测车辆的振动情况，可以检测到可能存在的机械故障或轨道不平整的情况，及时采取措施维护，确保列车的正常运行。

（二）监测装置的应用领域

列车监控系统：传感器与监测装置通过实时监测列车的速度、加速度、位置等参数，为列车监控系统提供关键数据。这有助于确保列车在整个运行过程中保持在安全速度范围内，预防因速度异常导致的事故。

列车位置与调度系统：通过位置传感器，系统可以准确获取列车的位置信息，实现对列车的实时调度。这有助于提高轨道交通系统的整体效率，避免列车之间的碰撞和防止拥堵。

轨道状态监测系统：传感器可监测轨道的平整度、轨距、轨道缺陷等参数，为轨道状态监测系统提供实时数据。通过监测轨道的状况，系统可以及时发现和修复轨道问题，确保列车在平稳的轨道上运行。

安全警报系统：传感器通过监测列车的侧倾、振动等情况，可以向安全警报系统提供关键数据。当列车出现异常情况时，系统会及时发出警报，提醒操作员或自动控制系统采取紧急措施。

制动系统监测：传感器可监测制动系统的温度、压力等参数，为制动系统监测提供数据支持。通过实时监测制动系统的状态，系统可以判断列车是否存在故障，确保制动系统正常运行。

（三）对安全性能的重要性

事故预防：通过实时监测列车的运行状态，系统可以在事故发生之前检测到潜在的问题，提前采取预防措施，从而降低事故的发生概率。

提高运行效率：传感器与监测装置的使用可以实现列车的智能调度和监控，提高整体运行效率。合理的列车调度可以减少列车之间的冲突，确保交通系统的高效运行。

确保列车稳定性：通过监测列车的侧倾、振动等情况，可以及时发现列车是否稳定，防止因列车不稳定导致的事故。

轨道状态监测：监测轨道的平整度、轨距、轨道缺陷等参数对于确保轨道状态的良好至关重要。合理的轨道状态监测可以帮助预防轨道出现问题，保障列车运行的安全性和平稳性。

及时故障诊断与维护：传感器与监测装置可以实时监测车辆各个部件的状态，通过数据分析进行故障诊断。这有助于提前发现潜在问题，减少因设备故障引发的事故，提高轨道交通的可靠性。

智能化控制系统支持：传感器提供的实时数据为智能化控制系统提供支持。通过与智能控制系统集成，可以实现更精准的列车控制和调度，提高系统整体的安全性和效率。

维持列车与轨道协同性：通过传感器监测列车和轨道的各项参数，可以实现列车与轨道的协同性。合理的协同性有助于减少摩擦、振动等问题，提升列车在轨道上的稳定性和安全性。

紧急情况响应：在列车发生紧急情况时，监测装置能够迅速反应，触发相应的安全保护机制，例如紧急制动系统，以最大限度地减小事故损失。

数据分析与优化：通过大数据分析，监测装置采集的数据可以用于优化轨道交通系统的运行计划和策略。这有助于提高列车运行的经济性、减少能耗，从而实现可持续运营。

（四）传感器与监测装置的发展趋势

智能化与互联化：传感器和监测装置将更加智能化，能够实现自主判断、自动控制，实现列车与轨道的智能互联，提高运行的自适应性。

高精度与高灵敏度：传感器将朝着高精度和高灵敏度的方向发展，能够更准确地监测列车和轨道的状态，提高监测的准确性。

多模态集成：未来的传感器可能采用多种不同的工作原理，形成多模态集成系统。这有助于在不同的环境和运行条件下更全面地监测列车状态。

实时数据分析与人工智能：随着人工智能的发展，传感器采集的实时数据将通过人工智能算法进行分析，实现更高效的列车监测和运行优化。

先进材料与制造技术：传感器的制造材料和技术将不断进步，采用先进的材料和制造工艺，提高传感器的耐用性和性能。

能源自给与环保设计：未来的传感器可能采用能源自给的设计，例如利用光伏技术、振动能收集等方式，减少对外部电源的依赖，实现更为环保的设计。

传感器与监测装置作为轨道交通车辆安全系统的关键组成部分，在确保列车安全、提高运行效率、预防事故等方面发挥着不可替代的作用。通过监测列车的速度、位置、状态等参数，系统可以实现对列车的全方位监测和控制，确保列车在安全、平稳的轨道上运行。

二、轨道交通车辆预防碰撞与紧急制动系统

随着城市轨道交通的不断发展，预防碰撞与紧急制动系统成为确保列车安全运行的重要组成部分。这些系统通过采用先进的传感技术、智能化控制和紧急制动策略，有效降低事故风险，提高轨道交通系统的安全性。本书将深入探讨轨道交通车辆预防碰撞与紧急制动系统，包括其原理、组成、应用、技术发展趋势等方面。

（一）预防碰撞系统的原理与组成

雷达技术：利用雷达技术，通过发射电磁波并接收反射信号，实时监测周围环境，包括前方行驶的列车、信号灯、障碍物等。当检测到潜在碰撞风险时，系统会触发警报并采取相应的措施。

激光雷达技术：激光雷达通过发射激光束并测量其反射时间来感知周围物体的距离和形状。激光雷达可以提供更为精确的空间信息，用于实时监测列车前方的环境。

摄像头系统：使用摄像头系统进行图像识别，监测列车前方的轨道和障碍物。图像识别技术能够识别不同类型的物体，并根据预设的碰撞风险标准进行判断。

车载通信系统：车载通信系统通过与其他列车、信号系统等进行实时通信，获取列车之间的相对位置和状态信息，这有助于避免列车之间的碰撞和冲突。

惯性传感器：利用惯性传感器监测列车的运动状态，包括加速度、角速度等。通过这些数据，系统可以判断列车是否偏离了正常轨道或发生了异常运动，从而提前预

警可能发生的碰撞风险。

（二）紧急制动系统的原理与组成

制动系统：紧急制动系统的核心是高效可靠的制动装置，包括空气制动、电磁制动、再生制动等。当系统触发紧急制动指令时，制动系统迅速响应，实现列车的快速减速。

制动控制单元：制动控制单元是紧急制动系统的智能控制核心，负责接收各种传感器的数据并根据预定的算法判断是否触发紧急制动。它通过与列车控制系统的协同工作，确保制动系统的高效运行。

紧急停车按钮：为增加人工干预的可能性，列车上通常设有紧急停车按钮。当列车乘务员或系统监测到紧急情况时，可以手动触发紧急停车按钮，立即启动紧急制动系统。

防护道：在紧急制动系统中，防护道是一种用于将电源从牵引系统切断的装置，确保列车在紧急情况下能够迅速停车。这有助于避免因制动系统无法及时响应而导致的事故。

电子控制单元（ECU）：紧急制动系统的 ECU 负责协调各个部件的工作，确保紧急制动指令的迅速传递和执行。ECU 通过与车载通信系统的配合，实现列车之间的协同制动。

（三）应用与工作原理

1. 预防碰撞系统的应用

前方障碍物检测：利用雷达、激光雷达等传感器监测列车前方的障碍物，包括其他列车、信号灯、隧道出口等。系统根据障碍物的距离和速度，判断是否存在碰撞风险。

列车相对位置监测：通过车载通信系统，实现列车之间相对位置的监测。系统可以根据列车的相对位置，判断是否存在潜在的碰撞和冲突情况。

图像识别与物体识别：利用摄像头系统进行图像识别，监测列车前方的轨道状态和可能的障碍物。系统可以识别不同类型的物体，并根据碰撞风险标准进行分析。

2. 紧急制动系统的应用

系统自动触发：紧急制动系统可以通过与预防碰撞系统相结合，根据传感器监测到的碰撞风险自动触发。当系统判断存在潜在碰撞风险时，紧急制动系统会立即启动，确保列车迅速减速或停车，以防止事故的发生。

乘务员手动触发：列车上通常设有紧急停车按钮，供乘务员手动触发。在紧急情况下，乘务员可以按下按钮，启动紧急制动系统，以及时制止列车运动，保障乘客和列车安全。

防护道的作用：防护道在紧急制动系统中起到关键作用。当系统触发紧急制动指令时，防护道立即将电源从牵引系统切断，迅速停止列车运行，确保紧急制动的迅速响应。

（四）技术发展趋势

自主车辆控制：未来预防碰撞与紧急制动系统将更加智能化，实现自主车辆控制。通过人工智能、机器学习等技术，系统可以根据历史数据和实时环境做出更为准确的判断和决策。

高精度传感技术：随着传感技术的不断进步，预防碰撞系统将采用更高精度的传感器，提高对列车运行环境的感知能力，减少误判的可能性。

多模态融合：未来系统可能采用多种传感技术的融合，形成多模态传感系统。通过融合雷达、激光雷达、摄像头等多种传感器的信息，提高系统的全面感知能力。

车辆间通信：车辆之间的实时通信将更为普遍。通过车载通信系统，列车之间可以共享位置、速度等信息，实现更高效的协同，减小碰撞风险。

更强大的制动系统：未来紧急制动系统将采用更为先进、更强大的制动系统。这包括更高效的电磁制动、更灵活的再生制动等技术，以确保列车在紧急情况下能够迅速停车。

数据分析与预测：预防碰撞系统将更加注重数据分析和预测能力。通过对历史数据的深度分析和模型预测，系统可以提前预知潜在的碰撞风险，采取更为精准的预防措施。

人机协同：在紧急制动系统中，人机协同将更加紧密。系统将更注重乘务员的角色，设计更友好、更直观的人机界面，使乘务员在紧急情况下能够更快速、更准确地做出决策。

预防碰撞与紧急制动系统作为轨道交通车辆安全系统中的核心组成部分，通过先进的传感技术、智能控制和紧急制动策略，有效降低了列车运行中的事故风险，提高了整体运行的安全性。

未来，随着技术的不断创新，预防碰撞与紧急制动系统将呈现更加智能化、高精度、多模态融合的发展趋势。通过引入更强大的制动系统、更智能的人机协同界面、更为先进的数据分析技术，预防碰撞与紧急制动系统将在确保列车安全运行方面发挥更为重要的作用。这将进一步推动城市轨道交通系统朝着更加安全、高效的方向发展，为城市交通的可持续发展贡献力量。

三、轨道交通车辆安全系统的智能化发展趋势

随着科技的飞速发展和社会对交通安全的不断关注，轨道交通车辆安全系统正迎来智能化的新时代。智能化技术的应用在提高交通系统的安全性、效率性和可持续性方面发挥着关键作用。本书将深入探讨轨道交通车辆安全系统的智能化发展趋势，包

括智能传感技术、人工智能算法、自主车辆控制等方面的创新。

（一）智能传感技术的应用

高精度传感器的普及：高精度传感器在智能化安全系统中扮演着关键角色。包括激光雷达、摄像头、雷达等多种传感器的普及，将为车辆提供更全面、实时的环境感知数据。

多模态融合：将不同类型的传感器信息进行多模态融合，形成全面的环境感知。通过综合利用视觉、声音、激光等传感器的数据，系统可以更准确地感知周围环境，以便更早发现潜在风险。

边缘计算技术：引入边缘计算技术，将部分数据处理和决策推向传感器端，减少对中央服务器的依赖，降低数据传输时延，提高系统响应速度。

实时数据分析与处理：利用实时数据分析技术，系统可以快速准确地对大量数据进行处理，提取有价值的信息。这有助于系统更及时地发现异常情况，进行智能决策。

（二）人工智能算法在安全系统中的应用

机器学习算法：通过机器学习算法，系统可以从大量数据中学习规律，提高对潜在危险情况的识别和预测能力。机器学习在智能化安全系统中的应用，可以不断优化系统的性能。

深度学习技术：深度学习的发展使得系统能够更好地处理复杂的环境信息。深度学习技术在图像识别、目标检测等方面的应用，提高了对轨道交通环境中各种元素的识别精度。

强化学习应用于决策系统：强化学习算法在智能决策系统中的应用，使得系统能够从与环境的交互中学习并不断优化决策策略，这有助于系统在复杂交通场景中更加智能地应对各种情况。

预测性分析：利用人工智能算法进行预测性分析，系统可以根据历史数据和实时环境信息，预测未来可能发生的交通状况，从而提前采取措施降低风险。

（三）自主车辆控制的发展趋势

自动驾驶技术：自动驾驶技术在轨道交通中的应用，将为车辆提供更高级别的自主控制能力。基于先进的传感技术和智能算法，车辆可以在不同交通场景中实现自主导航和安全运行。自动驾驶技术的发展使得列车能够更加灵活地适应复杂的交通环境，提高运行的安全性和效率。

自主决策系统：引入自主决策系统，使车辆能够更加主动地做出决策，应对各种突发情况。这种系统可以结合实时传感数据，利用人工智能算法，快速做出智能化的决策，提高车辆应对复杂交通情境的能力。

车辆间通信技术：推动车辆之间的实时通信，实现车辆之间的协同工作。通过共享位置、速度、行驶路线等信息，车辆可以更好地协同行驶，减少潜在的碰撞风险。

辅助驾驶系统：在自主车辆控制基础上，引入辅助驾驶系统，通过提供实时导航、交通信息和驾驶建议，协助驾驶员做出更加明智的决策。这种系统可以在一定程度上减轻驾驶员的负担，提高整体运行的安全性。

（四）智能安全系统的整体优势

实时响应能力：智能传感技术和人工智能算法的应用使得安全系统能够快速、准确地发现潜在的危险。通过实时数据的处理和分析，系统可以在最短的时间内做出智能决策，提高整体响应速度。

全面感知能力：多模态传感器的融合使得安全系统具备更全面的感知能力。不仅能够感知车辆周围的物体和环境，还能够对交通状态、轨道状况等进行全方位监测，提高系统对复杂交通环境的适应能力。

自适应性：引入机器学习和深度学习等技术的智能系统具备自适应性，能够根据不同交通场景和环境变化做出相应的调整。这种自适应性有助于提高系统在各种复杂情况下的鲁棒性和稳定性。

优化决策：智能安全系统通过人工智能算法的学习和优化，能够做出更智能、合理的决策。优化的决策有助于减少交通事故的发生概率，提高整体的交通系统效率。

预测性维护：智能化系统具备预测性分析的能力，可以提前预知设备的磨损、故障等情况，实施预测性维护。这有助于减少设备损坏对运行的影响，提高系统的可靠性和可维护性。

第六节　车辆信息系统设计

一、轨道交通车辆信息显示与乘客通信系统

（一）发展现状与应用领域

实时列车运行信息显示：轨道交通车辆信息显示系统通过车内和站台上的显示屏，向乘客展示列车的实时运行信息，包括到站时间、下一站信息、列车运行状态等，这使得乘客能够及时了解列车的运行情况，提高出行的便利性。

安全信息提示：信息显示系统还用于向乘客提供安全信息和操作提示，例如在突发事件发生时，系统可以通过显示屏发布紧急通知，引导乘客采取相应的安全措施。

广告宣传与公共服务：信息显示系统承担了广告宣传和公共服务的任务。车内和站台上的显示屏不仅可以展示商业广告，还可以用于公告、社会信息的传递，为乘客提供更多服务和信息。

乘客导航：在大型车站，信息显示系统可用于乘客导航。通过显示屏显示车站平面图、出入口位置、服务设施等信息，帮助乘客更快捷地找到目的地。

乘客通信系统：信息显示系统还包括乘客通信功能，通过车载对讲系统、WiFi 等技术，实现乘客与列车工作人员之间的实时双向通信，为乘客提供更好的服务体验。

（二）技术特点与组成要素

显示屏技术：信息显示系统的核心是高质量的显示屏技术。液晶显示屏、LED 显示屏等被广泛应用于车内和站台上，以提供清晰、鲜艳的信息展示效果。

车载音响系统：为了更好地向乘客传递信息，车辆配备了先进的车载音响系统。这包括扬声器、音响控制设备，用于广播车辆运行信息、播放音乐、提供紧急通知等。

车载对讲系统：乘客通信系统的关键组成部分是车载对讲系统。通过内置的扬声器和麦克风，乘客可以与列车工作人员进行语音通信，提出问题、反馈意见，实现实时的双向沟通。

WiFi 技术：为了提供更多的服务，轨道交通车辆信息显示系统通常集成了 WiFi 技术。乘客可以通过连接车辆提供的 WiFi 网络，获得更丰富的信息、享受娱乐服务，提高出行的舒适度。

信息传输技术：车辆信息显示系统依赖先进的信息传输技术，包括无线通信技术、互联网技术等。这些技术确保了实时、高效的信息传递和更新，保障乘客获取最新的列车运行信息。

（三）发展趋势与创新方向

增强互动性：未来车辆信息显示系统将更注重与乘客的互动性。通过引入触摸屏技术、手势识别技术等，乘客可以更直观、便捷地与信息显示系统进行交互，提高用户体验。

个性化服务：发展趋势之一是实现更加个性化的服务。通过采用人工智能算法，系统能够根据乘客的历史出行记录、偏好等信息，为每位乘客提供定制化的信息展示和服务。

虚拟助手与语音交互：引入虚拟助手和语音交互技术，使得乘客可以通过语音命令获取信息，实现更自然、便捷的操作。这将提高信息获取的效率，尤其在行车中更具安全性。

增强网络连接性：随着 5G 技术的发展，车辆信息显示系统将更具高速、稳定的网络连接性。这有助于提高信息传输速度，使得系统更快速地响应乘客需求。

多媒体娱乐融合：未来车辆信息显示系统将更加融合多媒体娱乐元素。通过提供视频、音乐、游戏等多样化的娱乐服务，系统可以使乘客在行车过程中感受更为轻松、愉快的氛围，提高整体出行的舒适度。

智能安全提示：车辆信息显示系统将进一步强化智能安全提示功能。通过整合车辆实时监控数据、传感器信息等，系统能够提供更为智能化的安全提示，帮助乘客预防潜在风险。

无障碍服务：未来车辆信息显示系统将更注重无障碍服务。通过增加文字描述、语音播报、图标等多样化的信息传递方式，确保信息对于不同乘客群体的可访问性。

环境友好设计：在系统设计中，将更加注重环境友好性。采用低功耗的显示技术、可持续的能源供应等手段，以减少系统对环境的影响，符合可持续发展的原则。

二、轨道交通车辆车载信息娱乐系统的集成与更新

（一）概述

随着城市轨道交通的不断发展，车载信息娱乐系统在列车内部扮演着越来越重要的角色。这一系统不仅为乘客提供实时的列车信息，还通过娱乐功能丰富了乘客的出行体验。本书将深入探讨轨道交通车辆车载信息娱乐系统的集成与更新，包括技术特点、更新挑战、用户体验优化等方面的内容。

（二）技术特点与组成要素

显示屏技术：轨道交通车辆的信息娱乐系统通常配备高分辨率的显示屏，如液晶显示屏或 LED 屏幕。这些屏幕用于显示列车信息、导航地图、娱乐内容等，为乘客提供清晰的视觉体验。

多媒体播放系统：车载信息娱乐系统集成了多媒体播放系统，支持音频和视频的播放。乘客可以通过系统观看电影、听音乐、收听广播等，丰富旅途中的娱乐选择。

导航与地图服务：通过集成导航与地图服务，系统为乘客提供实时的列车位置信息、下一站信息以及周边地理环境。这有助于乘客更好地了解旅途进展和车站信息。

互联网连接：车载信息娱乐系统通常支持互联网连接，乘客可以通过 WiFi 或蜂窝网络连接，享受在线娱乐服务、浏览社交媒体、接收电子邮件等。

交互式界面：现代的车载信息娱乐系统采用触摸屏或者物理按钮等交互方式，使乘客能够轻松操作系统，选择喜欢的内容或调整系统设置。

语音控制：一些先进的系统集成了语音识别技术，支持乘客通过语音控制系统进行操作，提高系统的人机交互便利性。

系统控制单元：信息娱乐系统的核心是系统控制单元，它负责整合各个组成要素，管理系统运行，确保各项功能协调顺畅。

（三）集成挑战与解决方案

硬件与软件兼容性：在更新车载信息娱乐系统时，硬件与软件兼容性是一个关键挑战。解决方案包括采用模块化设计，确保新硬件与旧硬件的兼容性，并进行相应的软件调整。

安全性和稳定性：车载信息娱乐系统必须保证在列车运行过程中的安全性和稳定性。解决方案包括引入安全升级机制，定期检测系统漏洞，确保系统对外界攻击的抵抗能力。

系统集成管理：更新系统需要统一管理各个组成部分，确保它们能够协同工作。解决方案包括建立完善的系统集成管理流程，由专业团队负责系统更新工作。

用户体验一致性：在进行系统更新时，需要保证用户体验的一致性，避免因更新引入新的使用难题。解决方案包括进行用户测试，收集用户反馈，根据用户需求进行相应调整。

数据迁移与保留：部分信息娱乐系统可能涉及用户个人数据，进行系统更新时需要考虑数据的安全迁移与保留。解决方案包括制定严格的数据处理政策，确保用户数据的隐私安全。

（四）用户体验优化

界面设计：优化车载信息娱乐系统的界面设计，使其更加直观、简洁，减少操作步骤，提高用户的使用便捷性。

个性化推荐：引入智能算法，根据用户的历史使用记录和偏好，为每位乘客推荐个性化的娱乐内容，提高系统的用户黏性。

实时反馈：提供实时的用户反馈渠道，鼓励乘客分享使用体验和提出建议。系统可以根据反馈进行及时调整和改进，确保用户需求得到关注。

无缝连接：确保系统在不同网络环境下的无缝连接，减少断线和卡顿现象，提高用户在系统使用中的舒适感。

多模态交互：引入多模态交互方式，包括触摸屏、语音控制、物理按钮等多种方式，以适应不同用户的操作习惯，这有助于提高系统的易用性和用户满意度。

紧急通知与服务：在信息娱乐系统中集成紧急通知和服务功能，使得乘客能够在需要时获得紧急通知、求助服务等，这有助于提高系统的安全性和实用性。

定期更新与维护：系统更新不仅包括软件功能的更新，还需要定期进行娱乐内容的更新。引入新的影视、音乐、游戏等内容，使系统保持新鲜感，吸引乘客的注意力。

可定制化设置：提供个性化的设置选项，让乘客根据自己的偏好进行系统设置，包括音量、亮度、语言等，增加用户在使用过程中的舒适感。

（五）未来发展趋势

增强虚拟现实（VR）与增强现实（AR）技术：未来车载信息娱乐系统可能更加集成虚拟现实与增强现实技术，为乘客提供更为沉浸式的娱乐体验。通过 AR 技术，可以在车窗上显示实时的导航信息，增强用户对周围环境的感知。

人工智能助手：引入更智能、个性化的人工智能助手，能够理解乘客的语音指令，提供更为智能、贴近需求的服务。这些助手可能会在娱乐、导航、服务等方面为乘客提供定制化的建议和帮助。

区块链技术的应用：区块链技术可用于确保用户数据的安全性和隐私性。未来的车载信息娱乐系统可能会采用区块链技术，使用户在享受服务的同时更放心其个人信息的安全。

多模态交互的融合：未来系统可能更加注重多模态交互的融合，通过手势识别、眼动追踪等技术，使得乘客可以更自然、便捷地与系统进行交互。

绿色节能设计：随着对环保意识的提高，未来车载信息娱乐系统可能更注重绿色节能设计。采用低功耗硬件、优化能源管理，以减少对车辆电力系统的负荷，延长系统运行时间。

网络 5G 技术的应用：随着 5G 技术的普及，未来车载信息娱乐系统将更加依赖高速、稳定的网络连接。这将使得系统在视频流畅播放、在线游戏等方面有更好的表现，提高用户体验。

自适应系统：引入自适应系统，能够根据乘客的使用习惯、喜好和身体状态，调整系统的显示、音量等参数，为乘客提供更为贴心和个性化的服务。

车载信息娱乐系统在轨道交通领域的集成与更新是一个不断发展的过程，其目标是提供更为丰富、智能、安全、便捷的乘车体验。通过不断引入新技术、优化用户体验、关注系统安全性等方面的努力，未来的车载信息娱乐系统将更好地适应乘客的需求，成为轨道交通系统中不可或缺的一部分。

三、轨道交通车辆先进通信技术在车辆信息系统中的应用

（一）概述

随着科技的不断发展，轨道交通车辆信息系统正逐渐向更为先进、智能的方向迈进。先进通信技术的应用在车辆信息系统中具有重要意义，不仅提升了列车运行的安全性和效率，而且为乘客提供了更便捷、舒适的出行体验。本书将深入探讨轨道交通

车辆先进通信技术在车辆信息系统中的应用，包括技术特点、应用领域、挑战与解决方案等方面的内容。

（二）技术特点与应用领域

5G通信技术：5G通信技术是当前通信领域的先进技术之一，其特点包括高速传输、低延迟、大连接数等。在轨道交通中，5G技术可以实现列车与车站、列车与列车之间的高效通信，为实时数据传输提供支持，例如实时位置更新、运行状态监测等。

物联网（IOT）技术：物联网技术使得列车及其相关设备能够互联互通，实现设备间的信息共享。通过在列车上安装各种传感器，可以实时监测列车各个部件的运行状况，提前发现潜在故障，从而实现智能化的维护和管理。

车载无线局域网（WLAN）：车载WLAN技术提供了车内乘客和系统之间的高速无线通信，为乘客提供互联网服务、在线娱乐等。同时，也为列车内部各系统之间的数据传输提供了高效的通信手段，促进信息系统的集成和协同工作。

卫星通信技术：卫星通信技术可以为列车提供更广泛的覆盖范围，尤其在偏远地区或隧道等信号覆盖较弱的地方，仍能保持与基站的通信。这种通信方式可确保列车在任何时候都能与调度中心保持联系，提高应急响应能力。

边缘计算：边缘计算技术允许在列车上进行数据处理和决策，减少对中央服务器的依赖。这样可以降低通信时延，更快速地做出决策，例如智能调度、实时报警等。

（三）应用场景与优势

列车实时监控与调度：先进通信技术可以实现对列车的实时监控，包括位置、速度、能耗等信息。通过与调度中心的高效通信，能够实现更精准的列车调度，提高线路的运行效率。

车辆健康监测与预测维护：利用物联网技术，可以在列车上部署各类传感器，监测车辆各个部件的状态。通过实时采集的数据，可以进行健康状态的预测，提前发现潜在问题并进行维护，从而提高列车的可靠性和安全性。

实时信息显示与广播：利用车载无线局域网和5G通信技术，可以实现车内实时信息的显示与广播。乘客可以通过个人设备连接WLAN获取实时列车信息、下一站信息、服务通告等，提高出行体验。

在线娱乐与互联网服务：车载无线局域网的应用使得列车成为一个移动的互联网热点，乘客可以在列车上享受高速的互联网服务，观看在线视频、音乐、社交媒体等，提高了旅途的娱乐性和便捷性。

智能安全系统：先进通信技术有助于构建智能安全系统，通过视频监控、传感器等设备的实时数据传输，能够及时发现异常情况，进行智能安全分析，提高列车的安全性。

　　紧急通信与救援：在紧急情况下，如事故或乘客健康问题，通过先进通信技术可以实现紧急通信和救援。乘客可以通过车载通信系统与列车工作人员或调度中心进行及时联系，提高应急响应速度。

　　车站和列车之间的信息同步：先进通信技术实现了车站和列车之间的信息同步。车站可以获得列车实时位置、运行状态等信息，从而更好地进行站务管理和服务调度。

第三章 城市轨道交通车辆材料与制造工艺

第一节 车辆结构材料选择

一、轨道交通车辆车体结构材料的强度与重量的平衡

轨道交通车辆的车体结构材料选择涉及强度与重量的平衡问题，这是一个复杂而关键的工程决策。在设计轨道交通车辆时，工程师们需要综合考虑材料的力学性能、重量、成本以及制造工艺等因素，以确保车体在运行过程中既具有足够的强度来应对外部力的作用，同时又能够保持相对轻量化，以提高运输效率和降低能源消耗。本书将探讨轨道交通车辆车体结构材料强度与重量平衡的关键因素、常用的材料，以及未来可能的发展方向。

（一）强度与重量平衡的关键因素

1. 载荷分析

在确定车体结构材料时，首先需要对轨道交通车辆的运行环境进行详细的载荷分析。考虑到车辆在运行过程中可能受到的静态和动态荷载，包括加速度、制动力、弯曲力、冲击力等。这有助于工程师们确定车体需要承受的最大力，并据此选择合适的材料。

2. 材料的力学性能

车体结构材料的力学性能是评估其强度的关键因素。弹性模量、屈服强度、断裂韧性等性能指标需要综合考虑。合适的材料应当具有足够的强度和刚度，以确保车体在受力时不会发生过度变形或破坏。

3. 重量与强度的平衡

轨道交通车辆需要在运输过程中保持相对轻量化，以降低能源消耗、减轻磨损、提高运行效率。因此，材料的密度是一个关键考虑因素。在强度足够的前提下，选择轻量化材料可以实现更好的重量与强度平衡。

4. 制造工艺

选择车体结构材料时，制造工艺也需要纳入考虑范围。材料的可加工性、成型工艺和装配难度都会影响整个车体的制造效率和成本。因此，工程师需要在强度与重量之外，综合考虑材料的加工性能。

（二）常用的车体结构材料

1. 高强度钢

高强度钢因其出色的强度和相对较低的密度而成为轨道交通车辆常用的结构材料之一。其具有优越的力学性能，可以在较轻的质量下提供足够的强度，但需要注意其在高温和腐蚀环境下的表现。

2. 铝合金

铝合金因其轻质、抗腐蚀和可塑性等特点而在轨道交通车辆中得到广泛应用。尽管相对于高强度钢，铝合金的强度可能较低，但其轻量化的特性使得整车质量得以减轻，有助于提高能源利用效率。

3. 复合材料

复合材料通常由纤维增强材料和基体材料组成，具有优异的强度与重量比。碳纤维增强复合材料在轻量化方面表现尤为突出，但其制造成本相对较高，需要在成本和性能之间进行平衡。

4. 高强度塑料

一些高强度塑料也被用于轨道交通车辆的车体结构中，其具有较好的抗腐蚀性能和成型能力。但与金属相比，塑料在高温和高强度要求下的表现可能较差，需要谨慎选择。

（三）未来发展方向

1. 先进金属合金

随着金属材料科学的发展，先进金属合金可能成为未来轨道交通车辆车体结构的理想选择。这些合金具有先进的力学性能和抗腐蚀性，可以在更为苛刻的环境下发挥作用。

2. 智能材料

智能材料，如具有自修复能力的材料和可调节强度的材料，有望在未来应用于轨道交通车辆的车体结构中。这些材料可以在车辆运行中实现更好的性能和耐久性，提高整车的维护效率。

3. 轻量化设计

未来轨道交通车辆的车体结构设计可能更加注重整车的轻量化。通过采用先进的设计理念和制造技术，工程师可以在保证强度的前提下，进一步减轻整车质量，提高能源利用效率。轨道交通车辆车体结构材料的选择是一个复杂而综合考量的问题，需要在强度与重量之间找到平衡点。考虑到车体结构的重要性，选择合适的材料不仅关乎车辆的安全性和可靠性，还直接影响运行成本和环境效益。

二、轨道交通车辆先进材料在车辆结构中的应用

轨道交通系统作为城市交通的重要组成部分，对车辆的性能和效能提出了越来越高的要求。为了提高轨道交通车辆的安全性、运行效率和环保性，工程师不断寻求先进材料在车辆结构中的应用。本书将探讨先进材料在轨道交通车辆结构中的应用，包括高强度钢、铝合金、复合材料、智能材料等。

（一）高强度钢的应用

1. 提高车体强度

高强度钢因其出色的强度和相对较低的密度而成为轨道交通车辆结构的理想选择。通过采用高强度钢，可以提高车体的整体强度，增强其抗拉、抗压、抗弯等方面的性能，从而提高车辆的安全性。

2. 减轻车体重量

尽管高强度钢具有优异的强度，但相对较轻的密度使得车体在强度要求不变的情况下能够更轻量化，这对于提高运行效率、减少能源消耗具有重要意义。

3. 降低车体振动

高强度钢的弹性模量较高，可以有效减缓车体在运行中的振动，提高乘坐舒适性，这在轨道交通系统中对于提升乘客体验尤为重要。

（二）铝合金的应用

1. 降低整车质量

铝合金因其轻质、抗腐蚀和可塑性等特点，在轨道交通车辆中得到广泛应用。通过使用铝合金，车体的整体重量得以降低，有助于提高能源利用效率、减轻磨损，并能够降低轨道的磨损。

2. 良好的成型性能

铝合金具有良好的可塑性，可以通过各种成型工艺制造出复杂形状的车体结构。这有助于实现更为复杂、轻量化的设计，提高车辆外观的美观性和流线型。

3. 抗腐蚀性能

铝合金对腐蚀的抵抗性较好，能够在潮湿、多雨的环境中保持良好的性能，延长车体的使用寿命，减少维护成本。

（三）复合材料的应用

1. 轻量化设计

复合材料通常由纤维增强材料和基体材料组成，具有极高的强度与重量比。特别是碳纤维增强复合材料，其强度远高于传统材料，可用于实现更轻量化的设计，从而提高整车的能源利用效率。

2. 抗疲劳性能

复合材料具有出色的抗疲劳性能，能够更好地应对交通车辆在运行过程中频繁的加载和卸载。这有助于延长车体的使用寿命，降低维护成本。

3. 减少零部件数量

复合材料的可塑性和成型性能使得可以通过单一件构件实现传统需要多个零部件才能完成的结构，从而减少整车的零部件数量，简化结构，提高制造效率。

（四）智能材料的应用

1. 智能感知与控制

智能材料如传感器、执行器等的应用使得车辆能够感知外部环境并进行实时控制，提高车辆的智能化水平，这有助于提高运行的安全性和精准性。

2. 自修复材料

一些具有自修复功能的智能材料有望在车辆结构中应用，能够自动修复微小裂纹，提高车体的耐久性和寿命。

3. 可调节材料

智能材料中的可调节材料具有改变其力学性能的能力，可以根据需要调整车体的刚性和弯曲性能，从而提高车辆的适应性。

（五）未来发展方向

1. 先进金属合金的研究

随着金属材料科学的不断发展，先进金属合金有望在未来成为轨道交通车辆结构中的新选择。这些合金可能具有更高的强度、更好的耐腐蚀性能和更轻的密度。

2. 智能材料的不断创新

未来，智能材料将持续创新，包括更先进的传感器、更智能的执行器以及更具有自适应性的材料，以提高车辆的安全性和智能化水平。

3. 生态友好材料的应用

未来轨道交通车辆的设计趋势可能会更加注重环保和可持续性。因此，工程师可能会探索使用更多生态友好的材料，例如可回收材料或生物可降解材料，以减少对环境的影响。

4. 纳米材料的应用

纳米材料具有出色的力学性能和导热性能，有望在未来成为轨道交通车辆结构中的新兴材料。纳米技术的应用可以改善材料的强度、硬度和耐久性，同时减轻整车质量。

5. 模拟设计与优化

随着计算机技术的发展，模拟设计和优化技术将成为车体结构设计的重要手段。通过数值模拟，工程师们可以更准确地评估不同材料在车体结构中的性能，以实现最佳的强度与重量平衡。轨道交通车辆的发展离不开先进材料的不断应用和创新。高强度钢、铝合金、复合材料和智能材料等在车体结构中的应用，使得车辆更加安全、高效和环保。未来，随着科技的不断进步，新材料和新技术的涌现将为轨道交通车辆提供更多可能性。综合考虑强度、重量、成本和环保等因素，工程师们将能够更好地平衡这些要求，推动轨道交通系统朝着更为先进、可持续的方向发展。通过不断创新和应用先进材料，轨道交通车辆将在未来展现出更加出色的性能和可靠性。

第二节　制造工艺与装配流程

一、轨道交通车辆的制造流程与工艺

轨道交通车辆的制造流程与工艺是一个高度复杂而精密的过程，涉及多个专业领域的知识和技术。本书将深入探讨轨道交通车辆制造的主要流程和关键工艺，包括设计阶段、材料选择、车体制造、组装、测试与调试等环节。

（一）设计阶段

1. 需求分析与规划

在制造一辆轨道交通车辆之前，首先需要进行需求分析和规划。这包括对交通运输需求的了解，设计车辆的类型（地铁、有轨电车、轻轨等）、运行速度、乘客容量等参数。

2. 结构设计与优化

在设计阶段，工程师们进行车辆的结构设计与优化。这包括车体形状、车门位置、座椅布局等方面的设计，同时考虑材料的选择以及强度与重量的平衡。

3. 制图与数值模拟

为了确保设计的准确性，制造流程开始前应进行详细的制图和数值模拟。制图包括三维 CAD 图、制造图等，数值模拟用于评估车辆在各种情况下的性能。

（二）材料选择

1. 钢铁和铝合金

车体结构通常使用高强度钢或铝合金，这两种材料在保证强度的同时具有相对较低的密度。高强度钢提供卓越的结构强度，而铝合金轻质、抗腐蚀性好，有助于减轻整车重量。

2. 复合材料

在一些高速轨道交通车辆中，复合材料，特别是碳纤维复合材料，也得到了广泛应用。这些材料在提供强度的同时能够减轻车体重量，提高能源利用效率。

3. 内饰材料

内饰材料需要考虑到乘客的舒适性和安全性。通常使用耐磨、易清洁的材料，如高强度塑料、合成革等，同时确保符合相关的防火和安全标准。

（三）车体制造

1. 切割和成型

在车体制造阶段，使用数控切割设备对金属材料进行切割，然后成型。这包括冲压、折弯、焊接等工艺，以获得车体各个部件的初步形状。

2. 焊接和组装

车体结构的主要部分通过焊接连接，确保结构的牢固性和耐久性。焊接完成后，对各个部件进行组装，包括车身、底盘、车轮等。

3. 表面处理

完成焊接和组装后，车体表面需要进行处理。这包括除锈、喷涂防腐层、涂装等工艺，以提高车体的防腐蚀性和外观质量。

（四）内部设备安装

1. 电气系统安装

在车体内部，电气系统是轨道交通车辆的重要组成部分。电机、控制系统、通信设备等都需要精确安装，确保其正常运行。

2. 座椅和内饰安装

根据设计要求，安装座椅、扶手、扶手杆等内饰部件。这一步需要精确安排，以确保乘客舒适度和安全性。

3. 空调和通风系统

轨道交通车辆需要良好的空调和通风系统，以确保乘客在运行过程中的舒适度。这包括空调系统的安装、通风口的设置等。

（五）测试与调试

1. 静态测试

在车辆投入运营之前，进行静态测试以评估车辆结构的强度和稳定性。这包括载荷测试、弯曲测试等，确保车辆在正常使用条件下具有足够的强度。

2. 动态测试

动态测试是评估车辆在实际运行中的性能的关键步骤。这包括制动测试、加速测试、曲线行驶测试等，以确保车辆在各种情况下都能够正常运行。

3. 系统测试

系统测试涉及车辆的所有系统，包括电气系统、控制系统、通信系统等，这确保了整个车辆在各方面的协同工作。

（六）交付和运营

1. 交付客户

当车辆通过所有测试和调试后，将车辆交付给客户。在此阶段，可能还需要有培训客户的工作人员，使其能够正确地操作和维护车辆。

2. 运营和维护

车辆投入运营后，需要进行定期的运营和维护工作。这包括以下方面。

（1）定期检修

轨道交通车辆需要定期进行检修，以确保各个系统的正常运行。这可能涉及车辆的停运，但是为了保障长期的安全性和可靠性，定期检修是不可或缺的环节。

（2）故障维修

在运营中，如果车辆出现故障或损坏，需要进行及时的维修。维修可能包括更换损坏的部件、修复电气系统的故障，甚至是车体结构的维修。迅速而准确的故障维修对于保持车辆运营的连续性至关重要。

（3）数据监测与分析

现代轨道交通车辆通常配备了大量的传感器和监测系统，用于实时监测车辆的运行状态。这些数据不仅可用于故障诊断，还可用于分析车辆的性能和运行状况，以优化维护计划和提高效率。

（4）更新与升级

随着技术的不断进步，车辆的软硬件系统可能需要进行更新和升级，以满足新的运营需求、提高安全性能或适应新的技术标准。这需要精心规划和执行，以确保升级过程不会影响车辆的正常运行。

（七）环保与可持续性考虑

在整个制造流程中，环保与可持续性是一个重要的考虑因素。制造商需要努力降低能源消耗、减少废物产生，并选择可循环利用的材料。此外，车辆设计也应当考虑到降低能源消耗、减少排放，以符合当代社会对环保的高要求。轨道交通车辆的制造流程与工艺是一项复杂而系统性的工程，需要多个专业领域的密切合作。从设计、材料选择到车体制造、内部设备安装、测试调试再到交付与运营，每一个步骤都关系到车辆的性能、安全性和可靠性。随着科技的不断进步，制造流程中新材料的应用、先进技术的采用以及智能化的趋势都将推动轨道交通车辆制造迈向新的高度。同时，对环保和可持续性的考虑将成为未来制造流程的重要方向，以确保轨道交通系统的发展更加符合社会的可持续发展理念。

二、轨道交通车辆装配线与自动化生产在制造中的应用

轨道交通车辆的装配线与自动化生产在制造中的应用是现代工业生产中的一项关键技术。通过引入装配线和自动化技术，制造商可以提高生产效率、降低生产成本，并确保产品的质量和一致性。本书将深入探讨轨道交通车辆制造中装配线和自动化生产的应用，包括装配线布局、自动化设备、数据分析等方面。

（一）装配线布局与设计

1. 装配线概述

轨道交通车辆的装配线是一个系统化的生产流程，将制造过程划分为不同的工序，每个工序负责车辆的特定组装任务。这样的装配线设计能够实现高效的物料流动和生产流程，提高生产效率。

2. 装配线布局原则

流程优化：通过对整个装配流程的分析，优化每个工序之间的流程，减少不必要的移动和等待时间，提高整体效率。

模块化设计：将车辆的组件划分为适当的模块，使得每个工序可以专注于特定的组装任务，提高专业化程度。

工位设计：合理设计每个工位，确保操作人员和自动化设备可以高效地完成任务，减少不必要的人员和设备移动。

3. 人机协作

在装配线设计中，人机协作是一个重要的考虑因素。合理的工序设置和自动化设备的应用可以使操作人员更专注于高价值的任务，而机器则负责烦琐、重复的工作，提高整体工作效率和人机协作效果。

（二）自动化生产设备

1. 机器人应用

在轨道交通车辆制造中，机器人被广泛应用于各个装配工序。例如，焊接机器人可以实现高精度的焊接工作，涂装机器人可以确保涂层的均匀和一致性。

2. 自动化搬运系统

自动化搬运系统用于将零部件从一个工序传送到下一个工序，减少人工搬运的需要，提高了生产效率。这包括输送带、自动导引车、自动搬运机械臂等。

3.CNC 加工设备

数控机床在制造轨道交通车辆的关键零部件加工中发挥着重要作用。例如，数控铣床和数控车床可以精确地加工车轮、车体结构等零部件，确保其质量和尺寸精度。

4.3D 打印技术

3D 打印技术在车辆制造中的应用也在逐渐增加。它可以用于制造复杂形状的零部件，减少材料浪费，提高生产效率。

（三）数据分析与监控

1. 传感器应用

在整个制造流程中，传感器被广泛应用于监测和收集数据。通过在装配线上安装传感器，可以实时监测车辆的组装状态、设备运行状态、温度、湿度等参数。

2. 物联网技术

物联网技术通过将设备、传感器等连接到互联网，实现数据的实时传输和云端存储。这使得制造商可以远程监控生产线的运行状态，及时发现和解决问题。

3. 大数据分析

通过对收集到的大量数据进行分析，制造商可以更好地了解生产过程中的潜在问题，并优化生产流程。大数据分析也有助于预测设备的维护需求，提高设备的可靠性和稳定性。

（四）装配线中的质量控制

1. 视觉检测系统

视觉检测系统使用摄像头和图像处理技术，对车辆零部件进行高速、高精度的检测。这有助于发现零部件的缺陷、异物等问题，从而提高产品质量。

2. 激光测量技术

激光测量技术可以在制造过程中实现对零部件尺寸的精确测量。它广泛应用于检测车轮直径、车体结构尺寸等，确保产品符合设计要求。

3.X 射线检测

对于一些难以通过肉眼观察的部件，如焊缝、连接处等，X 射线检测技术能够提供非破坏性的检测手段，用于发现潜在的缺陷和问题。这在确保焊接质量和结构完整性方面尤为重要。

（五）装配线中的人工智能应用

1. 智能机器视觉

机器视觉系统结合人工智能技术，可以使设备具备一定的"视觉"能力，能够自动识别和分析生产过程中的图像。这在零部件的检测和定位中发挥着关键作用。

2. 智能控制系统

智能控制系统通过使用先进的控制算法和人工智能技术，可以实现对装配线的智能调度和优化。这有助于提高生产效率，降低能耗，优化生产计划。

3. 自主导航机器人

在物料搬运和零部件供应方面，自主导航机器人可以在装配线上执行多项任务。它们能够通过激光雷达、摄像头等感知设备实时感知周围环境，规划最优路径，避免碰撞，提高搬运效率。

（六）装配线的灵活性与可重配置性

1. 模块化设计

装配线的模块化设计允许制造商根据需要轻松地进行修改和扩展。这使得装配线更加灵活，可以适应不同型号车辆的制造。

2. 智能传输系统

采用智能传输系统，可以实现不同工序之间零部件的高效传送，减少因物流等原因引起的生产停滞。这种系统能够根据生产计划和需要进行智能调度。

3. 可编程控制系统

可编程控制系统使得装配线的控制逻辑可以根据不同的生产需求进行编程和调整。这样，制造商可以更容易地应对市场需求的变化。

（七）挑战与未来发展趋势

1. 挑战

成本投入：引入装配线和自动化技术需要巨大的投资，对于一些中小型制造商而言可能是一个巨大负担。

技术集成：不同制造环节的技术集成需要深度的专业知识，而有时企业内部可能缺乏相关技术人才。

人员培训：引入自动化设备需要相关人员具备相应的操作和维护技能，人员培训是一个重要的挑战。

2. 未来发展趋势

人工智能与大数据：人工智能和大数据技术的不断发展将进一步提升装配线的智

能化水平，实现更高效的生产调度和质量控制。

柔性制造系统：未来的装配线将更加注重灵活性和可重构性，实现更快速的产品切换和适应不同型号的生产。

新材料与工艺：随着新材料和工艺的涌现，装配线将逐步应用于更多轻量化材料和先进的制造工艺。

物联网的普及：物联网技术的进一步普及将推动装配线与供应链、售后服务等各个环节的全面智能化整合。轨道交通车辆的装配线与自动化生产在制造中的应用是现代工业制造的重要组成部分。通过合理的装配线布局、自动化设备的引入以及数据分析等技术手段，制造商可以提高生产效率、降低生产成本，并保证产品的质量和一致性。然而，引入这些技术也面临一些挑战，需要企业在技术投资、人员培训等方面做好准备。随着人工智能、大数据、物联网等技术的不断发展，未来轨道交通车辆制造中装配线与自动化生产的应用将继续迎来新的发展机遇。

三、轨道交通车辆质量控制与检验体系建设

轨道交通车辆作为大众交通工具，其质量控制与检验体系的建设对于确保运营安全、提高产品质量至关重要。本书将深入探讨轨道交通车辆质量控制与检验体系建设，包括体系的组成、标准的制定与遵循、检验手段和质量管理的重要性等方面。

（一）质量控制与检验体系的组成

1. 质量控制体系

质量控制体系是通过预定的质量标准和流程，对生产过程进行监控和管理，以确保产品符合设计要求和客户期望的一系列活动。在轨道交通车辆制造中，质量控制体系通常包括以下几个方面。

设计阶段控制：确保设计符合相关标准和法规，避免设计缺陷引发的生产问题。

原材料控制：对车辆制造所使用的材料进行检验，确保其符合相关的质量标准和技术要求。

生产过程控制：对车辆的各个生产环节进行监控，确保每个工序都按照既定的标准进行。

终检控制：在车辆生产完成后进行全面的终检，确保每辆车都符合质量标准和安全要求。

2. 检验体系

检验体系是指通过一系列的检测手段对产品进行检查和验证的体系。在轨道交通车辆制造中，检验体系包括以下几个方面：

外观检查：检查车体外观，确保车身表面平整、无明显缺陷。

尺寸检测：使用激光测量、三坐标测量等手段对车辆尺寸进行检测，确保尺寸精度。

电气系统检测：对电气系统进行全面检测，包括电机、控制系统、通信系统等。

机械性能测试：包括制动性能、悬挂系统性能等方面的测试，确保机械性能符合要求。

（二）质量标准的制定与遵循

1. 制定质量标准

质量标准是质量控制与检验体系的基础。在轨道交通车辆制造中，制定合理、科学的质量标准至关重要。这些标准应涵盖设计、材料、制造工艺、测试方法等方方面面。相关标准的制定通常由国家标准化机构、行业协会等组织负责，制定的标准需要经过广泛的专业讨论和验证。

2. 遵循国际标准

随着全球化的发展，国际标准在轨道交通车辆制造中的应用越来越重要。遵循国际标准可以提高产品的市场竞争力，同时也有助于借鉴国际先进的制造经验和技术。

（三）检验手段与技术

1. 先进的检测仪器

在轨道交通车辆制造中，使用先进的检测仪器是确保质量的重要手段。例如，采用激光扫描仪、高精度的数控测量设备、红外线测温仪等，可以提高检测的精度和效率。

2. 非破坏性检测技术

非破坏性检测技术在轨道交通车辆的质量控制中起到关键作用。例如，超声波检测、X射线检测等技术可以在不损伤材料的情况下检测零部件的内部缺陷。

3. 数据分析与人工智能

数据分析和人工智能技术的应用有望提高质量控制的水平。通过对生产过程中产生的大量数据进行分析，可以及时发现潜在问题，实现预测性维护，提高生产效率。

（四）质量管理的重要性

1. 安全性保障

轨道交通车辆的安全性是需要首先考虑的问题。通过建立健全的质量管理体系，可以有效降低因质量问题引发的事故风险，确保乘客和运营人员的安全。

2. 产品可靠性

良好的质量管理有助于提高产品的可靠性。经过严格的检验和测试的产品更能够在运营中保持稳定的性能，降低故障率，延长使用寿命。

3. 品牌形象

质量问题可能对企业的品牌形象产生长期的负面影响。建立良好的质量管理体系，确保产品质量稳定可靠，有助于树立企业良好的品牌形象，提升消费者对产品的信任度，进而促使市场份额的增长。

4. 成本控制

质量管理的一个重要目标是在生产过程中识别和纠正问题，从而降低废品率和返工率。这有助于减少不良品的产生，提高生产效率，从而在一定程度上降低生产成本。

5. 法规合规

随着轨道交通行业的不断发展，相关的法规和标准也在不断更新。通过质量管理体系，企业可以及时了解并遵守各项法规，确保产品在合规性方面不受到质量问题的干扰。

（五）建设轨道交通车辆质量控制与检验体系的步骤

1. 制订质量管理计划

在建设轨道交通车辆质量控制与检验体系时，首先需要制订质量管理计划。这一计划应包括对质量目标、标准和检验手段的详细规划，以及对质量管理体系的组织结构和职责的明确定义。

2. 建立质量管理体系文件

建设质量管理体系需要建立相关的文档和文件，包括标准操作程序（SOP）、工艺流程图、检测记录等。这些文件将成为实施质量控制和检验的依据，确保各个环节按照规定的程序进行。

3. 人员培训

确保质量管理体系的有效运行需要有足够的专业人才。因此，对相关人员进行质量管理方面的培训是必要的。培训内容应包括对质量标准的理解、对检验手段的掌握、数据分析和问题解决的能力等。

4. 引入先进的检测技术

建设质量控制与检验体系需要引入先进的检测技术和仪器。这包括各种精密测量设备、先进的非破坏性检测技术以及数据分析工具等。这些技术的引入将提高检测的准确性和效率。

5. 定期审核和改进

质量管理体系是一个不断改进的过程。通过定期的内部和外部审核，企业可以评估质量管理体系的有效性，并根据反馈意见进行调整和改进，这有助于确保体系的持续适应性和优越性。

轨道交通车辆质量控制与检验体系的建设是确保产品质量、安全性和可靠性的重要手段。通过建立科学的质量控制体系和引入先进的检验手段，企业可以更好地满足市场需求，提高产品竞争力。同时，挑战也是存在的，需要企业在技术、标准遵循、人员培训等方面进行不断创新和提升。未来，随着数字化技术和智能技术的广泛应用，轨道交通车辆制造的质量控制与检验体系将迎来更大的发展机遇。

第三节　轨道交通车辆的检测与测试

一、轨道交通车辆制造过程中的质量检测

轨道交通车辆制造过程中的质量检测是确保产品质量、安全性和可靠性的重要环节。从原材料采购到最终产品交付，质量检测贯穿整个制造过程，旨在发现和纠正潜在问题，保证车辆的性能符合设计和标准要求。本书将深入探讨轨道交通车辆制造过程中的质量检测，包括检测的主要内容、常用的检测方法以及检测在制造过程中的作用。

（一）制造过程中的关键环节

1. 设计阶段

质量检测的第一步发生在设计阶段。在这个阶段，设计团队需要确保车辆的设计符合相关的标准和法规。这包括车辆结构的强度、电气系统的稳定性、制动系统的安全性等方面。设计阶段的质量检测通过详细的设计审查和模拟分析来确保车辆在制造和运行过程中不会出现设计缺陷。

2. 原材料采购

原材料的质量直接影响到最终产品的质量。在轨道交通车辆制造中，常用的原材料包括金属、塑料、橡胶、电子元件等。质量检测包括对原材料的外观、尺寸、化学成分等方面进行检测，以确保它们满足制造要求。

3. 生产过程

生产过程是质量检测的关键环节之一。在每个生产工序，都需要进行相应的质量检测，以确保每个零部件和组件的质量。这包括机械加工、焊接、涂装、装配等多个环节。生产过程中的质量检测主要包括外观检查、尺寸检测、材料特性检测等。

4. 终检阶段

终检阶段是制造过程中的最后一道质量检测环节。在车辆组装完成后，需要进行全面终检。终检内容涉及整车的各个系统和部件，包括机械性能测试、电气系统测试、车体外观检查等。只有通过了终检，车辆才能交付使用。

（二）常用的检测方法

1.非破坏性检测

非破坏性检测技术在轨道交通车辆制造中得到广泛应用。这些技术能够检测零部件的内部缺陷而不破坏其结构，包括以下几个方面：

超声波检测：通过超声波在材料中的传播情况，检测材料内部的缺陷，如气孔、裂纹等。

X射线检测：通过X射线透射材料，检测材料内部的缺陷和异物，常用于焊缝和连接部位的检测。

磁粉检测：在磁场中，通过涂抹磁粉来检测表面裂纹和缺陷，常用于金属零部件的检测。

2.机械性能测试

机械性能测试是确保车辆各个零部件满足设计要求的重要手段。常用的机械性能测试包括以下几个方面：

拉伸试验：用于测定材料的拉伸强度、屈服强度等力学性能。

硬度测试:通过在材料表面施加一定载荷,测定材料的硬度,常用于金属材料的评估。

冲击试验：用于评估材料的抗冲击性能，特别是在低温条件下的韧性。

3.尺寸测量

尺寸测量是确保车辆各个零部件尺寸准确的重要环节。常用的尺寸测量方法包括以下几个方面：

三坐标测量：使用三坐标测量机对零部件的三维坐标进行测量，提高测量的精度。

激光测距：利用激光光束对零部件的尺寸进行快速而准确的测量。

数字化测量：利用数字化测量仪器对零部件的尺寸进行数字化的采集和分析。

（三）质量检测在制造中的作用

1.保障产品质量

质量检测是确保轨道交通车辆最终产品质量的关键环节。通过对原材料、生产过程和最终产品的多层次检测，可以及时发现和纠正潜在问题，保障产品质量。

2.提高产品可靠性

通过对零部件和组件的机械性能、电气性能等方面进行全面检测，可以有效提高轨道交通车辆的产品可靠性。只有确保各个零部件的质量稳定，整车才能在运行中保持稳定的性能，减少故障率，提高可靠性。

3.降低生产成本

质量检测在制造过程中可以帮助及早发现生产中的问题，避免因质量问题引起的返工和废品率提高。通过减少返工和废品，可以有效降低生产成本，提高生产效率。

4. 符合法规标准

轨道交通车辆制造涉及众多法规和标准，包括国家标准、行业标准以及国际标准。质量检测有助于确保产品符合这些法规和标准的要求，从而提高产品在市场上的合规性。

5. 保障运营安全

轨道交通车辆的运营安全是制造商和运营商关注的重要问题。质量检测能够发现潜在的安全隐患，确保车辆在运营过程中的安全性，降低事故风险，保障乘客和运营人员的安全。

（四）质量检测的挑战和未来发展趋势

1. 挑战

多样性和复杂性：轨道交通车辆制造涉及多种材料和复杂的结构，导致质量检测难度增加，需要更多的多样性和复杂性适应的检测技术。

高效性和实时性：随着生产速度的提高，传统的质量检测方法可能难以满足高效性和实时性的要求，需要更快速、更实时的检测技术。

成本压力：引入高精度、高效率的质量检测设备和技术需要较大的投资，对制造企业提出了成本压力。

2. 未来发展趋势

智能检测技术：随着人工智能和机器学习技术的不断发展，未来质量检测将更多地依赖智能化的检测技术，实现更快速、更准确的检测。

数字化质量管理：引入数字化技术，将质量检测的数据进行数字化采集、存储和分析，实现全过程数字化质量管理。

先进的非破坏性检测技术：非破坏性检测技术将更加先进和多样化，如更高分辨率的超声波检测、更精准的磁粉检测等。

联网化合物联网技术：车辆制造中的各个环节将更加联网化，实现生产过程的实时监控和远程管理，进一步提高质量检测的效率和精度。

全生命周期质量管理：将质量管理延伸到整个产品生命周期，包括设计、制造、运营和维护阶段，实现全生命周期的质量管理。

在轨道交通车辆制造过程中，质量检测是确保产品质量和运营安全的不可或缺的环节。通过在设计、原材料采购、生产过程和终检阶段的全面检测，可以有效发现和纠正潜在问题，确保最终产品的质量符合标准和法规的要求。面对未来的挑战，智能检测技术、数字化质量管理、先进的非破坏性检测技术等将是推动质量检测发展的关键因素。通过不断创新和引入先进技术，轨道交通车辆制造业将能够提高质量检测的效率和精度，以此推动整个行业向更高水平迈进。

二、轨道交通车辆试车与性能测试

轨道交通车辆试车与性能测试是确保车辆安全、可靠、符合设计要求的重要环节。在车辆制造完成后，通过一系列的试车和性能测试，可以验证车辆的各项功能和性能是否符合标准，为车辆的正式投入运营提供可靠保障。本书将深入探讨轨道交通车辆试车与性能测试的重要性、主要内容、常见方法，以及测试过程中的挑战与发展趋势。

（一）轨道交通车辆试车与性能测试的重要性

1. 保障车辆安全

试车与性能测试是确保轨道交通车辆安全运行的首要任务。通过对车辆各个系统的全面测试，可以发现潜在的问题和缺陷，进行及时修复，以确保车辆在运行过程中不会发生故障和事故，保障乘客和运营人员安全。

2. 验证设计与制造质量

试车与性能测试是对车辆设计与制造质量的最终验证过程。在制造过程中，各个零部件和系统的安装可能会受到各种因素的影响，试车与性能测试通过对整车各项功能和性能的综合测试，能够发现和解决由于制造过程中可能引入的问题，确保车辆的整体质量符合设计要求。

3. 优化车辆性能

通过试车与性能测试，制造商能够了解车辆在实际运行中的表现，从而对车辆性能进行优化。优化不仅包括提高车辆的运行效率、降低能耗，还包括改进车辆的舒适性、稳定性等方面，提升整车的性能水平。

4. 提高运行效率

对车辆进行全面的试车与性能测试有助于发现并解决潜在问题，提高车辆运行的稳定性和可靠性。这有助于减少车辆的故障率，提高运行效率，减少维修时间，最终降低运营成本。

（二）轨道交通车辆试车与性能测试的主要内容

轨道交通车辆试车与性能测试涉及多个方面，主要内容包括以下几个方面：

1. 列车整车试车

列车整车试车是测试整个列车系统的过程，包括动力系统、制动系统、悬挂系统、车辆控制系统等。这一阶段主要通过试车来验证列车的整体性能，确保各个系统协同工作，保证列车的基本运行功能。

2. 电气系统测试

电气系统测试涉及列车的所有电气设备，包括电机、控制器、通信系统、照明系统等。这一阶段的测试主要验证电气系统的正常运行，确保各个设备之间的通信正常，使电气系统的稳定性和安全性得到保障。

3. 制动系统测试

制动系统是轨道交通车辆中至关重要的安全系统之一。制动系统测试主要验证制动系统的灵敏性、制动力度、刹车距离等性能指标，以确保车辆在紧急情况下能够迅速、安全地停车。

4. 悬挂系统测试

悬挂系统对列车的平稳性和舒适性有着重要影响。悬挂系统测试主要验证悬挂系统的稳定性、吸震性能等，以确保列车在运行过程中平稳、舒适。

5. 通信系统测试

通信系统在轨道交通车辆中扮演着关键的角色，影响着车辆之间和车辆与控制中心之间的信息交流。通信系统测试主要验证通信的稳定性、可靠性和实时性，以确保车辆在运行过程中能够及时获得指令和发送相关信息。

6. 列车动力性能测试

列车动力性能测试主要涉及列车的加速、制动、爬坡等方面。这一测试阶段旨在验证列车的动力性能是否符合设计要求，确保车辆在各种运行条件下都能够正常工作。

（三）车辆试车与性能测试的常见方法

1. 静态测试

静态测试是在列车静止状态下进行的测试，包括对列车各个系统的静态性能进行验证。例如，检测电气系统的连通性、制动系统的压力稳定性等。静态测试主要用于验证列车各个系统的基本功能是否正常。

2. 动态测试

动态测试是在列车运行过程中进行的测试，通过模拟实际运行条件，验证列车在动态状态下的性能。动态测试包括整车动态试车、制动性能测试、加速性能测试等。这些测试通过模拟列车在实际运行中的各种情况，全面检测列车的性能。

3. 仿真测试

仿真测试是利用计算机模拟列车运行的过程，通过软件仿真平台对列车各个系统进行测试。仿真测试可以提前发现潜在问题，节约成本，加速车辆研发和测试周期。同时，仿真测试还能模拟各种复杂的工况和紧急情况，为列车的性能优化提供参考。

4. 实验室测试

实验室测试是在专门的实验室环境中进行的测试，通过模拟列车的各个系统，对列车的性能进行验证。实验室测试通常用于验证电气系统、通信系统、控制系统等，以及对列车各个部件进行材料实验等。

5. 全尺寸试验

全尺寸试验是在实际轨道上进行的试车与性能测试，以验证列车在实际运行条件下的性能。这种测试方法直接反映了列车在实际运营环境中的表现，对整车性能和系统协同工作情况进行全面检测。

（四）车辆试车与性能测试的挑战与未来发展趋势

1. 挑战

复杂性增加：现代轨道交通车辆的系统和部件越来越复杂，导致试车与性能测试变得更加烦琐和复杂。

全生命周期管理：轨道交通车辆的全生命周期管理需要在设计、制造、运营和维护等各个阶段进行全面的试车与性能测试，这对测试的管理和执行提出了更高要求。

新技术应用：随着新技术的不断应用，如自动驾驶技术、智能交通系统等，需要不断更新测试方法和工具，以适应新技术的特点。

2. 未来发展趋势

智能化测试：随着人工智能和大数据技术的发展，未来车辆试车与性能测试将更加智能化，通过数据分析和算法优化，实现更高效的测试。

虚拟测试技术：虚拟测试技术将在未来得到更广泛的应用，通过数字化仿真平台进行全尺寸试验，以提前发现问题、降低成本、缩短研发周期。

物联网技术应用：物联网技术的应用将使车辆各个系统更加连接，实时监测列车运行状态，提高测试的实时性和准确性。

绿色测试：随着环保意识的提高，未来车辆试车与性能测试将更加注重绿色测试，减少对环境的影响，采用更环保的测试方法和工具。

全球化标准：随着轨道交通的全球化发展，未来车辆试车与性能测试可能会趋向于统一的全球标准，以便更好地适应国际市场。

（五）轨道交通车辆试车与性能测试流程

1. 准备阶段

在试车与性能测试开始之前，需要进行充分的准备工作。这包括对测试车辆的系统和部件进行全面检查，确保所有设备正常工作。同时，还需要确定测试的具体方案、目标和参数。

2. 试车阶段

试车阶段是对车辆进行初步的测试，主要验证各个系统的基本功能。这一阶段包括整车系统的联调测试、电气系统的功率测试、通信系统的通信测试等。

3. 功能性能测试

功能性能测试是对车辆各个系统的性能进行全面检测。包括动力性能测试、制动性能测试、悬挂系统测试、车辆控制系统测试等。这一阶段主要验证车辆的各项性能指标是否符合设计要求。

4. 安全性能测试

安全性能测试是确保车辆在各种紧急情况下能够安全运行的关键阶段。包括紧急制动测试，紧急停车测试、防撞系统测试等。这一阶段主要验证车辆在突发情况下的安全性能。

5. 全尺寸试验

全尺寸试验是在实际轨道上进行的测试，通过模拟实际运行条件，验证车辆在实际运行中的性能。这一阶段主要包括列车在不同速度下的行驶测试、通过弯道的稳定性能测试、在不同环境条件下的测试等。全尺寸试验是整个试车与性能测试流程中的最终阶段，也是最接近实际运行情况的一部分。

6. 数据分析与优化

在完成试车与性能测试后，需要对测试过程中产生的大量数据进行分析。通过对数据的深入分析，可以发现性能异常、潜在问题等，为后续的车辆优化提供依据。同时，通过数据分析还能够了解车辆在实际运行中的表现，为未来的改进提供经验和参考。

7. 问题解决与改进

试车与性能测试过程中可能会发现一些问题和不足，需要及时解决和改进。这包括对测试中发现的故障、性能不符合要求的情况进行修复和优化。问题解决与改进是整个试车与性能测试流程的闭环，通过不断地优化解决问题，提高车辆的水平。

轨道交通车辆试车与性能测试是确保车辆安全、可靠、性能优越的关键步骤。通过全面的试车与性能测试，制造商能够验证车辆的各个系统和部件是否正常工作，确保列车的性能符合设计要求。面对未来的挑战，智能化测试、虚拟测试技术、物联网技术的应用将成为推动试车与性能测试发展的重要因素。通过不断创新和引入先进技术，轨道交通车辆制造业将能够提高试车与性能测试的效率和精度，确保列车在运行中达到最佳状态，为乘客提供更安全、舒适的出行体验。

三、先进检测技术在轨道交通车辆中的应用

随着科技的不断发展，先进检测技术在各个领域得到了广泛应用，轨道交通领域也不例外。先进检测技术的引入为轨道交通车辆带来了许多益处，包括提高安全性、提升效率、降低维护成本等。本书将深入探讨先进检测技术在轨道交通车辆中的应用，以及这些技术带来的影响和未来的发展趋势。

（一）先进检测技术概述

1.先进检测技术的种类

先进检测技术包括但不限于传感器技术、图像识别技术、激光雷达技术、红外线技术等。这些技术能够实时获取车辆周围环境的数据，并通过数据分析、处理和反馈，为车辆提供精准的信息。

2.先进检测技术在其他领域的成功应用

在汽车、航空等交通领域，先进检测技术已经取得了不错的成果。例如，自动驾驶汽车利用传感器和图像识别技术实现环境感知，提高了交通安全性和行驶效率。

（二）先进检测技术在轨道交通车辆中的具体应用

1.安全性提升

（1）防撞系统

先进检测技术通过搭载激光雷达、摄像头等设备，实时监测车辆前方的障碍物和其他车辆。一旦检测到潜在的碰撞风险，系统将及时发出警告并采取紧急制动措施，大大提高了列车运行的安全性。

（2）疲劳驾驶检测

图像识别技术可用于监测驾驶员的状态，包括眼睛的睁闭情况、头部姿势等。一旦发现驾驶员出现疲劳驾驶的迹象，系统会发出提醒，确保驾驶员能够及时休息，减少事故风险。

2.运行效率提升

（1）轨道状态监测

先进检测技术可用于监测轨道的状态，包括道岔的位置、轨道的变形等。通过实时监测，系统可以提前发现潜在的问题并及时进行修复，降低因轨道问题导致的故障和延误。

（2）能耗监测与优化

传感器技术可用于监测列车的能耗情况，帮助优化列车的运行策略。通过实时分析能耗数据，系统可以调整列车的速度、能源利用率等参数，以降低能耗并提高运行效率。

3.维护成本降低

（1）预防性维护

先进检测技术的应用使得列车可以实现预防性维护。通过对列车各部件的实时监测，系统可以提前发现并修复潜在故障，降低维护成本和停车时间，提高车辆的可靠性。

（2）部件健康监测

传感器技术可以用于监测列车各个部件的健康状况，包括发动机、制动系统、轮轴等。通过实时监测，系统可以精准诊断问题，为维修人员提供准确的维修信息，提高维修效率。

（三）影响与挑战

1. 积极影响

（1）提高安全性

先进检测技术的应用显著提高了列车运行的安全性，降低了事故发生的概率，保障了乘客和运输货物的安全。

（2）提升运行效率

通过实时监测和智能调控，列车的运行效率得到提升，减少了运行延误和能源浪费，提高了整个交通系统的运行效益。

2. 挑战与问题

（1）数据隐私与安全

随着大量敏感数据的采集和传输，数据隐私和安全成为一个重要问题。保护乘客和列车数据的安全性将是未来技术发展中需要解决的挑战之一。

（2）技术成本与更新换代

引入先进检测技术需要投入大量的资金，而且技术的快速更新换代也需要很多资金支持。这对于一些经济条件相对较差的交通系统可能带来一定的负担。先进检测技术在轨道交通车辆中的应用为整个交通系统带来了革命性变化。通过提高安全性、提升运行效率和降低维护成本，这些技术助力着现代轨道交通的发展。然而，随着技术的不断进步，我们也面临着一系列的挑战，包括数据隐私与安全、技术成本等。未来，需要在不断推进技术创新的同时，加强规范制定、合作共建，共同促进先进检测技术在轨道交通领域的可持续发展。

通过综合考虑技术、经济、社会等多方面因素，不断推动先进检测技术的研究和应用，将有助于实现更加安全、高效、环保的轨道交通系统，为城市交通发展和可持续性做出更大的贡献。

第四节　环保与可持续性材料应用

一、环保材料在轨道交通车辆中的选择与应用

随着社会对环境问题的关注不断增加，轨道交通车辆作为城市交通的重要组成部

分，对环保材料的选择和应用日益成为研究和实践的焦点。本书将深入探讨环保材料在轨道交通车辆中的选择与应用，包括选择原则、具体应用领域以及对环境和可持续性的影响。

（一）环保材料的选择原则

1. 可再生性与可回收性

环保材料的选择应优先考虑其可再生性和可回收性。可再生材料包括天然纤维、生物基材料等，其生产过程对环境影响较小。可回收材料能够在使用寿命结束后通过再循环利用，减少资源浪费。

2. 轻量化设计

轻量化设计可以通过使用高强度、低密度的材料来减轻车辆的整体重量，降低能耗。轻量化的环保材料有助于提高车辆的能源利用效率，减少碳排放。

3. 低碳排放生产过程

环保材料的生产过程应尽量采用低碳排放的技术和工艺，以减少制造阶段为环境带来的负担。选择采用可再生能源的生产过程，减少温室气体的排放，是环保材料选择的重要方面。

4. 耐久性与维护成本

环保材料应具备良好的耐久性，能够在不同的气候和工况下保持稳定性。同时，其维护成本应该较低，以确保整个交通系统的可持续性。

（二）环保材料在不同部件的具体应用

1. 车身结构

（1）碳纤维复合材料

碳纤维复合材料具有高强度、轻质化的特点，适合用于车身结构的轻量化设计。其使用可以减轻车辆整体重量，提高能源利用效率，同时具备较好的耐腐蚀性。

（2）铝合金

铝合金是一种可回收性强的轻金属材料，适用于车身结构。铝合金具有良好的抗腐蚀性和成形性，对车辆的整体性能提升有积极作用。

2. 内饰材料

（1）大豆纤维板材

大豆纤维板材是一种生物基材料，具有较好的环保性能。其在车辆内饰中的应用可以减少对传统木材和合成板材的需求，降低对森林资源的压力。

（2）再生塑料

再生塑料是通过回收和再利用废旧塑料制成的材料，可用于制造车内的塑料零部件。再生塑料的使用有助于减少对新塑料的需求，降低塑料垃圾的产生。

3. 动力系统

（1）锂电池

在电动轨道交通车辆中，锂电池是一种常用的动力系统。锂电池相比传统的镍氢电池具有更高的能量密度和较长的寿命，是一种相对环保的电池。

（2）超级电容器

超级电容器具有快速充放电、长寿命、低温性能优越等特点，可以用于提高电动车辆的能量回收效率，减少能源浪费。

（三）环保材料的应用效果与挑战

1. 应用效果

（1）能源效率提升

轻量化设计和环保材料的使用有助于提升车辆的能源效率，减少能源消耗和碳排放，符合可持续交通发展的方向。

（2）资源循环利用

环保材料的可再生性和可回收性有助于实现资源的循环利用，减少对原始资源的依赖，有利于可持续发展。

2. 挑战与问题

（1）成本问题

一些环保材料的生产成本相对较高，可能会增加车辆制造的成本，影响其市场竞争力。解决这一问题需要在技术创新和规模效应方面取得突破。

（2）技术难题

一些新型环保材料在生产和应用过程中可能会面临一些技术难题，例如在高温、高压等复杂工况下的性能稳定性问题。需要通过科研和工程实践来克服这些技术挑战，确保环保材料在轨道交通车辆中的可靠性和安全性。

（3）市场认知与接受度

推广环保材料的应用还需要提高市场的认知度和接受度。教育和宣传可以帮助消费者了解环保材料的优势，并鼓励他们选择环保材料制造的交通工具。

环保材料在轨道交通车辆中的选择与应用是推动交通系统可持续发展的关键因素之一。通过合理选择环保材料，可以降低车辆的能耗、碳排放，实现对环境的友好和可持续性发展。然而，要克服环保材料应用过程中的挑战，需要跨学科合作，加强研究和创新，提高市场认知度和接受度。

二、轨道交通车辆循环利用与废弃物处理策略

随着城市轨道交通系统的不断发展，车辆的循环利用和废弃物处理变得至关重要。本书将深入探讨轨道交通车辆循环利用与废弃物处理的策略，包括循环利用的方法、废弃物管理的挑战以及环保技术的应用。

（一）轨道交通车辆循环利用的方法

1. 车辆翻新和更新

车辆的翻新和更新是一种常见的循环利用方法。通过更新车辆的内部设备、电气系统和控制系统，可以使老旧的车辆焕发新生。这不仅延长了车辆的寿命，同时还提升了其性能和能效。

2. 部件拆解与再制造

对废弃车辆进行部件拆解，并对可重复利用的部件进行再制造，是一种有效的循环利用方法。这包括发动机、底盘、电池等部件的分离和再加工，使其能够应用于新的车辆或其他领域。

3. 车辆改造与升级

通过对老旧车辆进行改造与升级，使其适应新的技术标准和环境要求。例如，将传统燃油动力的车辆改造成电动车辆，以提高能源效率和减少环境影响。

4. 节能环保技术的引入

引入节能环保技术，如能源回收技术、智能驾驶系统等，可以使老旧车辆在性能和环保方面达到更高水平，延长其使用寿命。

（二）废弃物处理策略

1. 环保拆解与回收

对废弃车辆进行环保拆解，采用环保的拆解工艺，确保有害物质不会对环境造成污染。同时，对拆解得到的各类材料进行分类回收，降低资源浪费。

2. 有害废弃物处理

车辆中可能含有有害废弃物，如废弃电池、润滑油等。对这些有害废弃物进行专业处理，采用环保技术进行废弃物的分离、中和、再利用，以防止对环境造成负面影响。

3. 废弃车辆材料的资源化利用

废弃车辆中的金属、塑料、玻璃等材料可以进行资源化利用。通过合理的回收和再加工，可以将这些废弃材料转化为再生资源，降低对新鲜原材料的需求。

4. 环境监测与管理

建立废弃物处理的环境监测体系，定期监测处理过程中的排放和影响，确保废弃

物处理过程符合环保法规和标准。

（三）环保技术的应用

1. 智能监控系统

引入智能监控系统，通过传感器、监控设备等技术手段对废弃车辆的处理过程进行实时监测。这有助于实现对废弃物的精准管理，及时发现问题并采取相应措施。

2. 环保材料的应用

在废弃车辆的处理过程中，采用环保材料，如可降解塑料、环保涂料等，以减少对环境造成的负担。

3. 绿色能源利用

在废弃物处理过程中，利用绿色能源，如太阳能、风能等，以减少对传统能源的依赖，降低碳排放。

4. 智能化废弃物分类系统

引入智能化废弃物分类系统，通过图像识别、人工智能等技术手段，实现对废弃物的自动分类，提高回收效率，减少误分类和混杂。

（四）循环利用与废弃物处理的挑战与前景

1. 挑战

（1）技术和设备更新换代的成本

随着技术的迅速发展，更新废弃车辆处理技术和设备需要巨大的投资。这可能成为循环利用和废弃物处理行业发展的制约因素之一。

（2）废弃车辆复杂性

废弃车辆的构造和组件种类繁多，其中一些可能包含有害物质，使得其处理变得复杂。因此，有效的废弃物处理需要综合考虑不同车型和材料的特性。

2. 前景

（1）循环利用产业的发展

随着社会对资源保护和环境保护意识的提高，循环利用产业有望迎来更大的发展机遇。政府和企业可以通过出台政策支持、投资研发、推动产业升级等方式，促进循环利用产业的蓬勃发展。

（2）新型环保技术的应用

随着科技不断进步，新型环保技术的涌现将为废弃车辆的处理提供更加创新和高效的解决方案。例如，先进的材料分离技术、智能化废弃物管理系统等都有望在未来得到更广泛的应用。

（3）循环利用的社会认可度提升

社会对循环利用的认可度将成为推动行业发展的关键因素。通过加强宣传和教育，提高公众对循环利用的了解，培养环保意识，可以加大社会对废弃车辆循环利用的支持和参与力度。

（4）资源循环经济的推动

循环利用和废弃物处理的发展将促使整个社会朝着更加注重资源循环利用的方向发展。在推动社会建设资源循环经济的过程中，废弃车辆的处理和再利用将成为一个重要方向。

轨道交通车辆循环利用与废弃物处理是实现城市交通可持续发展的重要环节。通过有效的循环利用，可以最大限度地减少资源浪费，延长车辆寿命，提高整体资源利用效率。废弃物处理则是防止对环境造成负面影响的重要环节，要通过科技手段、政策引导等多方面的努力，实现对废弃物的规范管理和高效处理。

在面临各种挑战的同时，行业参与者可以通过技术创新、合作共赢、环保政策支持等手段，推动循环利用与废弃物处理领域的健康发展。随着社会对可持续发展的认知不断提高，循环利用与废弃物处理将成为推动城市轨道交通系统转型的重要推动力，为未来城市交通的绿色、智能、可持续发展奠定坚实基础。

三、轨道交通车辆绿色制造与环境保护

随着全球城市化进程的加速和环境问题的凸显，轨道交通系统作为城市交通的重要组成部分，其绿色制造和环境保护已成为业界和社会的关注焦点。本书将深入探讨轨道交通车辆绿色制造的原则、技术手段以及其对环境的保护作用。

（一）绿色制造的原则

1. 可持续材料选择

绿色制造的第一步是选择可持续材料。这包括采用可再生材料、生物基材料以及能够有效回收再利用的材料。选择这些材料有助于减少对有限资源的依赖，降低环境负担。

2. 节能设计与轻量化

轨道交通车辆的节能设计和轻量化是关键原则。通过采用先进的轻量化材料和结构设计，降低车辆自身重量，可以减少能源消耗，提高能源利用效率。

3. 高效能源利用

绿色制造要求车辆在使用过程中能够高效利用能源。采用先进的动力系统、能源回收技术以及智能控制系统，可以最大限度地提高能源利用效率，降低排放。

4. 生命周期分析与设计

绿色制造需要对整个生命周期进行综合考虑。从设计、生产、使用到报废，对每个环节进行全面的生命周期分析，制定相应的环保策略，以确保整个过程都符合绿色制造的原则。

（二）技术手段与应用

1. 先进材料的应用

（1）轻质高强材料

采用轻质高强材料如碳纤维复合材料、铝合金等，可以有效减轻车辆重量，提高运行效率，降低能源消耗。

（2）生物基材料

生物基材料是一类以可再生植物纤维为主体的材料，广泛应用于车辆内饰等部分。这种材料不仅可以降低对化石能源的依赖，还有助于减少废弃物的产生。

2. 先进动力系统

（1）电动化技术

采用电动化技术可以有效减少尾气排放，降低对有限能源的依赖。电动轨道交通车辆不仅具有零排放特性，而且在能量回收方面表现优异。

（2）燃料电池技术

燃料电池技术作为一种清洁能源技术，可以将氢气与氧气发生反应产生电能，无排放物产生。在轨道交通领域，燃料电池技术有望成为未来的发展方向。

3. 智能控制与优化策略

（1）智能驾驶系统

采用智能驾驶系统可以实现更加高效、安全的运行。智能控制系统能够根据实际运行状况进行智能调整，优化能源利用，减少不必要的能量浪费。

（2）节能型制动系统

采用高效的节能型制动系统，如再生制动技术，可以将制动时产生的能量回收，减少制动损耗，提高能源利用效率。

（三）环保效应与社会效益

1. 环境保护效应

（1）减少碳排放

绿色制造的车辆在使用阶段减少了对传统燃油的依赖，采用清洁能源，因此能够显著减少碳排放，降低空气污染。

（2）资源节约

通过生命周期分析和轻量化设计，绿色制造有助于减少原材料的使用，最大限度地节约资源，降低能源消耗。

2.社会效益

（1）提升城市形象

采用绿色制造的轨道交通车辆有助于提升城市形象，展现城市对环境保护和可持续发展的承诺，为城市可持续发展增光添彩。

（2）增强市场竞争力

绿色制造不仅有助于企业降低运营成本，还能满足社会对环保产品的需求，提升企业的市场竞争力。

（四）面临的挑战与应对策略

1.技术挑战

（1）新技术应用

采用一些新技术可能会面临技术成熟度不足的问题。为解决这一问题，可通过持续的研发投入和跨行业合作，加速新技术的研发和应用，确保其在轨道交通车辆制造中的可靠性和成熟度。

（2）制造成本

一些绿色制造技术和材料的制造成本相对较高，这可能成为企业推行绿色制造的障碍。通过提高规模效应、优化生产流程、引入政府支持政策等手段，可以降低制造成本，提高可持续制造的经济可行性。

2.环保意识

（1）缺乏相关法规和标准

在一些地区，缺乏明确的法规和标准来规范轨道交通车辆的绿色制造。政府和国际组织可以加强合作，共同制定和推动相关的法规和标准，以引导企业朝着绿色制造方向发展。

（2）传统观念的转变

一些制造企业可能仍然持有传统的生产观念，对绿色制造缺乏足够的认识。通过开展培训和教育，提高制造业从业者对绿色制造的认知，促使其传统观念的转变。

3.系统集成难题

（1）新老设备协同

在实施绿色制造时，需要考虑到新老设备之间的协同问题。系统集成需要确保新引入的绿色技术能够与已有设备协同工作，确保整个生产过程的有效性。

（2）产业链协同

轨道交通车辆的绿色制造涉及整个产业链的协同合作。厂商、供应商、政府等各方需要共同努力，推动整个产业链向绿色、可持续的方向发展，形成良性互动。

轨道交通车辆绿色制造与环境保护是实现城市交通系统可持续发展的必然选择。

通过采用可持续材料、先进动力系统、智能控制等绿色制造原则和技术手段，可以显著降低对环境的影响，提高资源利用效率，增强交通系统的可持续性。

第五节　制造过程中的安全与标准

一、轨道交通车辆制造过程中的安全管理体系

随着城市轨道交通系统的不断发展，轨道交通车辆制造的安全管理体系变得至关重要。安全是制造业的核心关切，特别是对于涉及公共交通系统的车辆制造，保障乘客和工作人员的安全至关重要。本书将深入探讨轨道交通车辆制造过程中的安全管理体系，包括安全管理原则、应用的技术和法规标准等方面。

（一）安全管理原则

1. 领导层承诺和责任

在轨道交通车辆制造过程中，领导层的承诺和责任至关重要。领导层应该确立安全管理的优先级，通过明确的政策和目标，为安全管理体系提供坚实的支持。

2. 风险评估和管理

在车辆制造过程中，进行全面的风险评估是确保安全的关键。通过系统识别和评估潜在风险，制订相应的管理计划，降低事故发生的可能性。

3. 员工培训和参与

安全管理体系的成功依赖员工的积极参与和培训。提供全面的培训，使员工了解安全标准和程序，并鼓励他们积极参与安全问题的报告和解决。

4. 持续改进

安全管理体系应该是一个不断改进的过程。通过定期的审查、监测和评估，及时发现问题并采取相应措施，以确保体系不断适应制造过程的变化和技术的进步。

（二）安全管理技术应用

1. 先进的生产工艺

（1）智能制造技术

引入智能制造技术，通过自动化、数字化的生产流程，减少人为干预，提高生产效率，降低人为错误导致的安全风险。

（2）3D打印技术

3D打印技术可以实现复杂零部件的快速制造，减少组装过程中的人为干预，同时

提高制造精度，降低制造中的事故风险。

2. 先进的检测与监控技术

（1）检测传感器

在生产线上引入各类检测传感器，实时监测制造过程中的关键参数，及时发现异常情况，预防潜在的安全隐患。

（2）视觉监控系统

通过安装视觉监控系统，全面监测生产区域，提高对员工和设备的监管效果，防范潜在的安全问题。

3. 先进的人机协作技术

（1）机器人协作

在生产线上引入机器人协作，能够与人类工作者协同完成一些烦琐、危险的任务，减少人工操作中的安全风险。

（2）虚拟现实培训

利用虚拟现实技术进行培训，模拟真实制造环境中的操作，提高员工的安全意识和应对突发事件的能力。

（三）法规标准与合规性

1. 国家标准和法规

（1）安全生产法律法规

遵循国家相关的安全生产法律法规，明确车辆制造过程中的安全责任和要求，确保在法律框架内进行安全管理。

（2）轨道交通车辆制造标准

遵循相关的轨道交通车辆制造标准，确保生产过程符合国际和行业的安全标准，提高车辆的安全性能。

2. 行业协会和认证机构

（1）国际电工委员会（IEC）

IEC 发布了一系列与电气、电子技术相关的国际标准，包括轨道交通车辆的安全标准，制造商可以依据这些标准进行生产。

（2）国际铁路产业协会（UNIFE）

UNIFE 发布了一些与轨道交通相关的标准，制造商可以根据这些标准制定安全管理计划，确保生产过程的合规性。

（四）应急响应与事故处理

1. 应急响应计划

（1）事故预案

建立完善的事故预案，包括火灾、泄漏、机械故障等各类可能发生的事故，规定应急响应流程和责任人。

（2）员工培训

定期进行应急演练和培训，确保员工熟知应急响应计划，提高其应对突发事件的能力。培训内容可以包括急救知识、紧急疏散程序、设备操作等。

2. 事故调查和学习

（1）事故调查团队

设立专业的事故调查团队，负责对事故进行深入调查。团队成员应具备相关技术和经验，以确保对事故原因的准确分析。

（2）学习和改进

将事故调查结果用于学习和改进安全管理体系。通过总结事故经验，找出问题的根本原因，采取相应的纠正措施，防止类似事故再次发生。

轨道交通车辆制造过程中的安全管理体系是保障生产安全、提高制造效率的重要保障。通过制定明确的安全管理原则、采用先进的安全管理技术、遵守法规标准，以及建立完善的应急响应和事故调查机制，可以确保轨道交通车辆制造过程的安全性和可持续性。

二、轨道交通车辆制造中的职业健康与安全考虑

随着城市轨道交通系统的不断发展，轨道交通车辆的制造作为一个复杂而关键的工程项目，职业健康与安全成为制造业务的重要组成部分。本书将深入探讨轨道交通车辆制造中的职业健康与安全考虑，包括涉及的风险、管理原则、技术应用以及员工培训等方面。

（一）职业健康与安全的风险

1. 物理因素

（1）重体力劳动

车辆制造涉及大型部件的搬运、安装，工人可能面临重体力劳动，如举重、搬运，从而增加了肌肉骨骼系统的损伤风险。

（2）高温、低温环境

制造车辆的工厂环境可能面临高温或低温，这可能会导致工人患有中暑或者冻伤等职业病。

2. 化学因素

有害化学品

在车辆制造中，使用一些有害化学品，如涂料、溶剂等，接触过量可能导致皮肤刺激、呼吸系统问题等。

3. 机械因素

（1）机械伤害

在车辆制造现场，大量的机械设备运作，存在机械伤害的风险，包括碾压、切割、夹伤等。

（2）高噪音环境

使用大型机械设备和工具可能导致高噪音环境，长时间暴露在这种环境中可能会引发听力损伤。

4. 人为因素

（1）工作压力

为了满足制造进度，工人可能面临较大的工作压力，导致发生心理健康问题。

（2）工作时间不规律

制造车辆可能需要加班或者轮班工作，这可能导致工人生物钟紊乱，增加疲劳和健康问题。

（二）职业健康与安全管理原则

1. 依法合规

（1）遵守国家法规

严格遵守国家相关法规，包括《职业病防治法》《安全生产法》等，确保在法规框架内进行职业健康与安全管理。

（2）轨道交通行业标准

依据轨道交通行业标准，明确车辆制造中的职业健康与安全要求，确保制造过程符合行业标准。

2. 预防为主

（1）风险评估

进行全面的职业健康与安全风险评估，识别潜在危险源，制定相应的预防措施。

（2）工艺优化

通过工艺优化，减少人为干预，引入自动化、数字化技术，降低工人面临的危险。

3. 全员参与

（1）安全培训

为所有员工提供必要的安全培训，包括操作规程、紧急情况处置等，确保员工具备应对突发事件的能力。

（2）安全文化建设

建立积极的安全文化，鼓励员工主动报告潜在的安全隐患，营造全员参与、共同维护安全的氛围。

4.应急响应与事故处理

（1）应急预案

建立完善的应急预案，明确各类事故的应急处理流程，确保在事故发生时能够迅速有效地响应。

（2）事故调查与学习

建立事故调查机制，对事故进行深入调查，总结经验教训，采取措施防止类似事故再次发生。

（三）职业健康与安全技术应用

1.智能制造技术

（1）机器人协作

引入机器人协作，与工人一同完成危险工序，减少工人直接接触有害物质或机械设备的风险。

（2）远程监控

通过远程监控技术，对制造现场进行实时监控，及时发现异常情况，降低工人的暴露时间。

2.个人防护装备

（1）呼吸防护

提供合适的呼吸防护装备，防止有害化学物质进入呼吸道，确保工人在有害环境中的安全。

（2）防护服和手套

使用符合标准的防护服和手套，降低工人与有害物质直接接触的风险，保护皮肤免受化学物质侵害。

3.先进的检测与监控技术

（1）检测传感器

在制造现场设置各类检测传感器，实时监测空气质量、噪音水平等环境参数，及时发现潜在的职业健康与安全问题。

（2）智能可穿戴设备

引入智能可穿戴设备，监测工人的生理状态，如体温、心率等，及时发现异常情况，防范职业病的发生。

4. 人机协作技术

（1）虚拟现实培训

利用虚拟现实技术进行培训，模拟真实的工作场景，提高工人的操作技能，减少事故的发生。

（2）可视化工艺操作

通过可视化工艺操作，减少对人员的操作依赖，降低人为失误的可能性，提高生产安全性。

（四）员工培训与心理健康关怀

1. 安全培训

（1）操作规程培训

对工人进行详细的操作规程培训，确保他们了解正确的工作步骤，降低因操作失误引发事故的可能性。

（2）应急演练

定期进行应急演练，提高工人在紧急情况下的应对能力，确保他们能够冷静、迅速地做出正确决策。

2. 心理健康关怀

（1）心理健康培训

为员工提供心理健康培训，使其了解和应对工作压力，提高其心理韧性，预防心理健康问题。

（2）心理健康支持

建立心理健康支持体系，为有需要的员工提供咨询服务，及时发现和解决工作压力带来的心理问题。

轨道交通车辆制造中的职业健康与安全考虑是保障员工身体健康和工作安全的重要环节。通过依法合规、预防为主、全员参与、技术应用、员工培训、心理健康关怀、供应链管理、社会责任、法规合规与社会参与等多层次的管理措施，企业可以有效降低职业健康与安全风险，保护员工的身体健康和生命安全。

三、国际标准与法规在轨道交通车辆制造中的遵循

随着轨道交通系统的迅猛发展，轨道交通车辆的制造不仅需要满足国内的法规标准，更需要遵循国际上制定的标准和法规。本书将深入探讨轨道交通车辆制造中对国际标准与法规的遵循，包括遵循的重要性、具体的标准和法规、遵循的挑战以及如何实现遵循。

（一）国际标准与法规的重要性

1. 全球市场准入

国际标准和法规的遵循使轨道交通车辆制造商能够更容易进入国际市场。通过符合国际标准，车辆制造商可以获得对各国市场的准入资格，拓宽业务范围，提高国际竞争力。

2. 提升产品质量与性能

国际标准通常包括对产品性能和质量的具体要求，遵循这些标准有助于制造商提升产品的设计、制造和运营水平，这有助于确保轨道交通车辆的安全性、可靠性和性能符合国际水平。

3. 消除贸易壁垒

通过遵循国际标准，轨道交通车辆制造商能够降低贸易壁垒，减少因产品不符合目标市场标准而导致的技术壁垒。这有助于促进国际贸易，实现资源的更有效利用。

4. 共享最佳实践

国际标准是各国专家和制造商共同制定的，其中蕴含了许多行业最佳实践和经验。通过遵循这些标准，轨道交通车辆制造商可以从全球范围内积累的经验中受益，提高生产效率和技术水平。

（二）具体的国际标准与法规

1. 国际电工委员会（IEC）

（1）IEC 62290 系列标准

IEC 62290 系列标准涵盖了城市轨道交通系统的多个方面，包括车辆、信号、通信、轨道设施等，为轨道交通车辆的设计、制造和运营提供了综合性的标准体系。

（2）IEC 62425 标准

IEC 62425 标准涉及轨道交通车辆的生命周期管理，包括车辆的规划、设计、制造、测试、运营、维护和退役等多个阶段，为全生命周期的管理提供了指导。

2. 国际铁路产业协会（UNIFE）

IRIS（国际铁路行业标准）

IRIS 是由 UNIFE 领导的国际标准，专门为铁路行业制定。它在 ISO 9001 的基础上增加了对铁路行业特有需求的要求，对轨道交通车辆制造商进行了更为详细的规范。

3. 国际质量管理体系标准（ISO 9001）

ISO 9001：2015

ISO 9001 是全球通用的质量管理体系标准，适用于各类组织，包括轨道交通车辆制造商。通过获得 ISO 9001 认证，制造商能够证明其拥有一套科学、系统的质量管理体系。

4.轨道交通车辆的技术规范

EN 50126，EN 50128，EN 50129

这一系列欧洲标准分别规定了轨道交通系统的可靠性、可用性、可维护性的要求，包括车辆电气系统、软件开发和硬件设计等方面。

（三）遵循国际标准与法规的挑战

1.复杂多变的国际标准体系

（1）不同国家标准的冲突

不同国家和地区的标准体系可能存在差异，甚至相互冲突。制造商需要花费大量精力理解和遵循不同标准，增加了遵循的难度。

（2）标准的更新和演进

国际标准和法规不断更新演进，对制造商提出了更高的要求。及时了解和适应新标准对于一些中小型制造商可能具有一定的挑战性。

2.本地法规和标准的优先考虑

地方性法规的权威性。

某些地区的法规和标准可能更具权威性，制造商在确保符合本地法规的前提下，可能对国际标准的遵循程度有所取舍。

（四）实现国际标准与法规的遵循

1.建立专业团队

（1）标准与法规专业人员

建立专门负责研究、解读和跟踪国际标准与法规的专业团队。这样的团队能够及时了解变化，确保制造过程的符合性。

（2）国际合规经理

设立国际合规经理的职位，负责监督和协调国际标准与法规的遵循工作，确保公司在国际上的业务符合法规和标准的要求。

2.进行培训与沟通

（1）标准培训

为公司内的关键人员提供关于国际标准与法规的培训，使其了解最新的要求和变化，这有助于提高公司整体对标准和法规的敏感性。

（2）沟通机制

建立有效的内外部沟通机制，确保公司内部的各个部门都能及时获取和传递与国际标准和法规相关的信息，保持公司整体的合规性。

3. 制订明确的合规计划

（1）风险评估

对国际标准和法规的要求进行全面的风险评估，确定可能影响公司业务的风险和挑战。

（2）合规计划制订

基于风险评估结果，制订详细的合规计划，明确责任人、时间表和实施步骤，确保每个环节都得到有效的管理和监控。

4. 采用先进的管理系统

（1）智能制造系统

引入智能制造系统，通过数据分析和监控技术，实现对生产流程的实时监测，确保生产过程中的合规性。

（2）全球质量管理系统

建立全球质量管理系统，将国际标准与法规的要求融入到公司的质量管理中，形成完善的管理体系。

5. 与行业协会合作

（1）参与标准制定

积极参与轨道交通车辆制造领域的国际标准制定，争取在标准制定过程中能够充分反映行业实际和企业需求。

（2）获取行业信息

加入相关的行业协会，通过协会获取最新的行业信息和国际标准动向，保持对行业最新趋势的了解。

在轨道交通车辆制造领域，遵循国际标准与法规是确保产品质量、提高市场竞争力以及推动全球合作的重要手段。面对国际标准体系的复杂性和多变性，企业需要建立专业团队、进行培训与沟通、制订明确的合规计划，并采用先进的管理系统，以确保持续的合规性。同时，通过外部认证与评估、持续改进与监控，企业能够不断提升在国际标准与法规方面的水平。

第六节　车辆维修与更新工艺

一、轨道交通车辆维修流程与周期性检修

（一）轨道交通车辆维修流程

1. 检修前的准备工作

在进行轨道交通车辆的维修之前，必须进行充分的准备。这包括收集车辆的运行数据、检查维修设备的状态、准备所需的零部件和工具等。这一步骤的目的是确保维修工作能够高效地进行，并减少因为缺乏准备而导致的停工时间。

2. 故障诊断与分析

一旦车辆进入维修车间，首先要进行故障诊断与分析。通过仔细检查车辆各个部件，结合之前收集的运行数据，确定车辆存在的问题，并制订相应的修复方案。这一步骤需要维修人员具备深厚的技术经验和良好的问题解决能力。

3. 维修操作

根据故障诊断的结果，维修人员开始执行实际的维修操作。这可能涉及更换损坏的零部件、修复机械或电气系统，以及进行必要的校准和调整。维修操作的质量直接关系到车辆后续的安全和可靠运行，因此需要高度的专业技能。

4. 质量检验与测试

完成维修操作后，进行质量检验与测试是必不可少的步骤。通过各种测试手段，包括静态测试和动态测试，确保维修后的车辆符合安全运行的标准。这一步骤是维修流程中的关键环节，确保车辆在重新投入运营前经过全面而严格的检查。

5. 数据记录与分析

在维修过程中，维修人员需要详细记录每一步的操作和更换的零部件，以及测试结果等信息。这些数据对于未来的维修和故障分析非常重要。通过对数据的记录和分析，可以发现车辆的潜在问题，预防未来可能发生的故障。

6. 维修完成与返运

当车辆通过了所有的质量检验和测试后，维修工作才算是完成。车辆才可以重新投入运营，并返回轨道交通系统。在返运之前，还需要进行最后的检查，确保车辆和系统的各项指标都在正常范围内。

（二）周期性检修的重要性

除了针对故障进行的维修，轨道交通车辆还需要定期进行周期性检修。周期性检修的目的是预防性地维护车辆，延长其使用寿命，提高运行的稳定性和安全性。

1. 定期检查与保养

周期性检修通常包括定期的检查与保养工作。这些工作包括对车辆各个部件的定期检查，更换易损部件，进行润滑和清洁等。通过定期检查与保养，可以及时发现潜在问题，并进行预防性的维护，避免故障发生。

2. 系统升级与改进

随着科技的进步和轨道交通系统的不断发展，周期性检修也提供了升级和改进系统的机会。检修期间，可以对车辆的电气系统、通信系统等进行升级，以适应新的技术要求，提高系统的性能和效率。

3. 安全性与可靠性的保障

周期性检修是确保轨道交通车辆安全性与可靠性的重要手段。通过定期的检查和维护，可以及时排除潜在的安全隐患，确保车辆在运行过程中不会出现严重故障，从而提高整个轨道交通系统的安全性。

4. 成本控制

虽然周期性检修需要投入一定的人力和物力，但从长远来看，它可以进行成本控制。通过定期的检查与保养，可以降低车辆的故障率，延长使用寿命，减少维修成本和停工时间，提高系统的经济效益。

5. 环境保护

定期的周期性检修有助于减少对环境的影响。通过维护良好的车辆状态，可以减少故障排放和能源浪费，有助于降低整个轨道交通系统的碳足迹，符合可持续发展的理念。

（三）操作注意事项

在进行轨道交通车辆的维修和周期性检修时，需要特别注意以下几点。

1. 安全第一

维修人员必须时刻保持安全意识，遵循相关的安全操作规程。使用正确的个人防护装备，确保工作场所的安全。在维修过程中，特别要注意高压电气设备和运动部件，以防止电击和夹伤等事故的发生。

2. 专业培训与技能要求

参与轨道交通车辆维修的人员必须接受专业培训，具备相关的技能和知识。维修人员需要了解车辆的结构和工作原理，熟悉各种维修设备的操作方法，以确保维修操作的准确性和高效性。

3. 预防性维护

在周期性检修中，预防性维护是重中之重。通过及时更换易损部件、清理和润滑，可以预防许多潜在的故障，提高车辆的可靠性。维修人员应该根据车辆的使用情况和制造商的建议，制订科学合理的预防性维护计划。

4. 数据记录与信息管理

维修过程中的数据记录非常重要。对每一次维修的操作、更换的零部件、测试结果等信息进行详细记录，建立车辆的维护档案。信息管理系统的建设可以帮助实现数据的数字化、可视化管理，提高维修过程的透明度和效率。

5. 设备和工具的维护

维修工具和设备是维修工作的重要支持。定期检查和维护维修设备，确保其正常工作。合理使用维修工具，防止人为损坏和误操作，有助于提高维修效率和保障维修质量。

6. 环境保护与资源利用

在维修过程中，要注重环境保护，合理利用资源。废弃的零部件和材料应按照相关法规进行分类、处理和回收，减少对环境的负面影响。同时，合理利用资源，延长零部件的使用寿命，降低维修成本。

7. 持续改进

维修过程中应鼓励持续改进的理念。通过总结经验教训，不断优化维修流程，提高工作效率和质量。同时，关注新技术和新方法的引入，不断提升维修团队的整体水平。

综合来说，轨道交通车辆的维修流程和周期性检修是一个系统性的工程，需要维修人员具备丰富的经验和专业知识。在操作中要始终以安全为首要原则，注重预防性维护和数据管理，同时关注环境保护和资源利用。只有通过科学规范的维修流程和定期的周期性检修，才能确保轨道交通车辆安全、可靠地运行，为城市交通运输系统的顺畅发挥重要作用。

二、更新技术对轨道交通车辆性能提升的影响

随着科技的不断发展，轨道交通车辆技术也在不断演进。新一代的技术应用对轨道交通车辆性能的提升产生了深远影响。本书将探讨一些最新的技术在轨道交通车辆性能提升方面的应用，包括智能化系统、新材料、节能环保技术等。

（一）智能化系统

1. 自动驾驶技术

自动驾驶技术在轨道交通车辆中的应用，使得列车能够在预定的路线上实现自主

行驶。这一技术的引入不仅提高了运行的安全性，还能够优化列车运行的效率。自动驾驶系统通过实时感知、数据分析和决策，可以更准确地掌握车辆位置，避免碰撞，提高运行的稳定性。

2.智能监控与维护系统

智能监控系统通过传感器、摄像头等设备对列车进行实时监测，可以迅速检测到异常情况并及时报警。这有助于预防潜在故障，提高车辆的可靠性。同时，通过远程监控，维修人员可以在出现故障时更快地做出反应，减少停工时间。

3.乘客信息系统

新一代轨道交通车辆普遍配备了先进的乘客信息系统，包括液晶显示屏、导航系统、互联网服务等。这不仅提高了乘客的出行体验，还能够为乘客提供实时的列车信息，帮助他们更好地规划行程。

（二）新材料应用

1.轻量化材料

轨道交通车辆的轻量化是一项重要的技术发展方向。采用轻量化材料，如高强度铝合金、碳纤维复合材料等，可以减轻车辆的自重，降低能耗，提高运行效率。同时，轻量化材料的使用还能够减小对轨道的磨损，延长轨道寿命。

2.高强度钢材

高强度钢材的应用使得车辆结构更加坚固，能够承受更大的外部冲击力。这不仅提高了车辆的安全性，还有助于设计更为轻巧的车体结构。高强度钢材具有抗腐蚀性能，能够减缓车辆部件的老化程度，延长使用寿命。

3.先进复合材料

先进的复合材料在车辆的制造中得到了广泛应用，例如车身、内饰、底盘等部分。这些材料不仅具有轻质、高强度的特点，还可以满足设计师更灵活的造型需求。同时，复合材料具有较好的耐磨性和抗腐蚀性，有助于减少维护成本。

（三）节能环保技术

1.能源回收技术

轨道交通车辆通常采用电力作为动力源，而能源回收技术能够在制动时将部分能量转化为电能进行储存。这种技术的应用可以降低能耗，提高能源利用效率。回收的电能可以用于列车的其他部分，减小对外部电网的依赖。

2.绿色制动系统

传统的制动系统常常伴随着能量损耗和磨损，而新一代轨道交通车辆采用了更为智能和高效的绿色制动系统。这些系统通过先进的控制算法，实现了对列车制动力的精确控制，以最大限度地减小能量损耗和制动部件的磨损。

3. 高效空调与通风系统

为了提高乘客的舒适度，新一代轨道交通车辆普遍采用了更为高效的空调与通风系统。先进的系统设计能够在保证车内空气质量的同时，减少能源消耗。智能化控制系统可以根据车辆内外温度、乘客数量等因素进行自适应调节，提高能效。

（四）数据分析与人工智能

1. 运行数据分析

通过收集和分析车辆的运行数据，可以更好地了解车辆的性能和健康状况。这种数据驱动的方法可以帮助制定更为科学的维护计划，预测潜在故障，提高维修效率，降低停工时间。

2. 人工智能辅助维修

人工智能技术的应用可以在维修过程中提供更为智能、高效的支持。

3. 智能故障诊断系统

智能故障诊断系统利用先进的数据分析和机器学习算法，能够迅速识别车辆可能存在的问题，并提供精准的故障诊断。这有助于减少人为的错误判断，提高维修的准确性和效率。

4. 预测性维护

基于大数据和人工智能的预测性维护系统可以通过对车辆运行数据的实时监测，预测零部件的寿命和性能下降趋势。这使得维修团队可以在零部件完全失效之前就采取预防性的维护措施，既可以降低维修成本，又提高系统的可用性。

（五）电动化技术

1. 电动车辆

电动化技术是近年来轨道交通领域的一大趋势。采用电动车辆可以减少对传统燃油的依赖，降低环境污染。电动化技术还使得能源的分配更加灵活，可以更好地适应不同运营环境。

2. 高效电池技术

随着电池技术的不断进步，新一代轨道交通车辆采用了更为高效的电池系统。高能密度和快速充电技术使得电动车辆能够实现更长的续航里程和更短的充电时间，提高了车辆的使用灵活性。

3. 超级电容技术

超级电容技术在电动化车辆中的应用，可以提供更大的储能容量和更高的充电 / 放电效率。这对于应对瞬时高能耗和能量回收有着重要的意义，有助于提高轨道交通车辆的能源利用效率。

（六）安全性技术

1. 先进制动系统

新一代轨道交通车辆采用了更为先进的制动系统，包括再生制动技术、电磁制动技术等。这些系统在列车运行过程中可以更精确地控制制动力度，提高制动效率，增强车辆的安全性。

2. 智能安全监控系统

智能安全监控系统通过高精度传感器和摄像头，对车辆周围的环境进行实时监测。一旦发现异常情况，系统可以及时发出警报，提高对潜在危险的感知能力，从而增强列车的安全性。

3. 通信与控制系统

先进的通信与控制系统可以实现列车之间的实时通信和联动控制。这有助于提高列车之间的协同运行，减小运行间隔，提高线路容量，增强整个轨道交通系统的安全性。

（七）环境友好技术

1. 低噪音技术

新一代轨道交通车辆通常采用更为先进的隔音和降噪技术，以减少列车运行过程中产生的噪声。这不仅提高了乘客的出行舒适度，也有助于降低对周边居民的噪声污染。

2. 节能环保材料

在车辆的设计和制造中，更多地采用了环保材料，减少了对自然资源的消耗和对环境的影响。这有助于推动轨道交通系统朝着更加可持续的方向发展。综合来看，新一代技术的应用对轨道交通车辆性能提升起到了至关重要的作用。智能化系统、新材料、节能环保技术、数据分析与人工智能、电动化技术、安全性技术以及环境友好技术等方面的不断创新，不仅提高了车辆的运行效率和安全性，也推动了整个轨道交通系统的可持续发展。未来，随着科技的不断进步，更多创新技术的引入将进一步推动轨道交通车辆性能的提升，为城市交通运输系统的发展注入新的动力。

三、轨道交通车辆维护工艺中的成本控制与效率优化

轨道交通车辆的维护工艺是确保车辆安全、可靠运行的关键环节。成本控制和效率优化在维护工艺中是密不可分的，既要保障维修质量，又要降低成本，提高维修效率。本书将探讨在轨道交通车辆维护工艺中实施成本控制与效率优化的策略、方法和关键点。

（一）成本控制策略

1. 预算与成本计划

在维护工艺开始之前，建立详细的预算和成本计划是成本控制的第一步。通过合理的预算编制，可以明确各项维护工作的成本，并为后续的执行提供基准。同时，成本计划应该包括各个环节的成本，如人力、材料、设备、技术支持等，以全面考虑维护过程中发生的费用。

2. 透明化成本结构

了解维护工艺中各个环节的成本结构是成本控制的关键。通过透明化成本结构，可以识别出主要的成本驱动因素，并有针对性地进行控制。这包括维修设备、零部件、人工成本、能源消耗等方面的费用，以及与外部供应商合作的成本。

3. 采用先进的管理工具

引入先进的管理工具，如成本控制软件、ERP系统等，有助于实现成本的精准管理。这些工具可以提供实时数据和报告，帮助管理层及时了解成本状况，做出及时决策。通过数据分析，可以找到成本波动的原因，从而有针对性地进行调整。

4. 供应链管理与合作伙伴关系

建立稳定而高效的供应链体系，选择可靠的供应商，有助于降低零部件和材料的采购成本。同时，建立紧密的合作伙伴关系，与供应商协同努力，共同降低维护工艺中的成本。通过谈判、合同管理等手段，争取更有利的价格和服务条件。

（二）效率优化策略

1. 数据驱动的维护决策

利用先进的数据采集和分析技术，实现对车辆状态的实时监测和维修历史的数据积累。基于这些数据，制订智能化的维护计划，通过预测性维护和条件监控，优化维护工艺，减少不必要的维修次数，提高效率。

2. 维护流程的优化

对维护流程进行精益化改进，减少不必要的环节和步骤，提高维修效率。可以采用诸如六西格玛等管理工具，优化流程，降低工作中的浪费，使得维修工作更加高效。同时，培训维修人员，提高其操作技能，减少操作时间。

3. 预防性维护与计划排程

实施预防性维护，定期对车辆进行检查和保养，可以在零部件故障发生之前预防性地进行更换，降低突发故障的发生概率，提高车辆可靠性。合理的计划排程可以使得维护工作更有序、有计划，避免因为紧急情况而导致效率降低。

4. 知识管理与培训

建立完善的知识管理系统，将维修人员的经验和知识进行系统化整理和传承。通过培训，不断提高维修人员的技能水平，使其能够更快速、准确地解决问题。高效的维修人员将直接提升维护工艺的效率。

（三）成本控制与效率优化的关键点

1.技术更新与设备升级

定期对维护设备进行更新和升级，引入更先进的技术和工具。新一代的维护设备通常更高效、更精准，能够提高维修的速度和准确性，降低人工成本。同时，合理运用信息化技术，实现设备的智能化管理。

2.标准化与规范化

制定标准化和规范化的维护流程和作业规范，确保每个环节都按照相同的标准进行操作。这有助于提高工作的一致性和可控性，减少因为不规范操作而导致的错误，从而降低成本。

3.定期评估和改进

定期对维护工艺进行评估，了解工作效率、成本情况，并进行改进。通过持续评估，能够发现潜在的问题和改进空间，使得维护工艺不断适应新的需求和挑战。这需要建立一个反馈机制，让维修人员能够分享他们的经验和建议，促使团队不断学习和进步。

4.风险管理

进行维护工艺时，要对可能出现的风险进行充分的评估和管理。这包括技术风险、供应链风险、人力风险等。通过制订风险应对计划，及时应对可能发生的问题，降低风险对维护工艺的影响。在风险管理中也包含了合理的备件库存策略，以应对紧急情况。

5.质量管理与反馈机制

建立质量管理体系，确保维修工作的质量达到预期标准。包括实施质量检查、制定质量标准、建立质量反馈机制等。及时发现和纠正质量问题，防止因为质量不达标而导致额外的维护工作和成本。同时，通过质量反馈机制，促使团队共同提高工作水平。

在轨道交通车辆维护工艺中，成本控制和效率优化是相辅相成的重要环节。通过合理的成本控制策略，可以降低整体维护成本，确保资源的有效利用。而通过高效的工艺优化，可以提高维修效率，减少停工时间，保障车辆的可靠性。

成本控制和效率优化不仅是降低运营成本的手段，而且是提高整个轨道交通系统运行效率和服务水平的保障。随着科技的不断进步，维护工艺中涌现出越来越多的智能化、数字化的解决方案，这些创新将为未来轨道交通车辆的维护工艺提供更多的机会和挑战。在成本控制和效率优化的同时，还需要保持对新技术、新方法的敏感性，持续改进，不断提高整个维护工艺的水平，以适应未来城市交通的发展需求。

第四章　城市轨道交通车辆的日常检修

第一节　车辆的日常检查与维护

一、轨道交通车辆日常巡检程序与标准

轨道交通车辆作为城市交通系统的关键组成部分，其安全运行直接关系到广大乘客的出行安全和城市交通的正常运转。为确保轨道交通车辆的安全性、可靠性和正常运行，日常巡检程序与标准显得尤为重要。本书将探讨轨道交通车辆日常巡检的基本程序、相关标准以及实施中需要注意的关键点。

（一）轨道交通车辆日常巡检的基本程序

1.巡检准备

在进行日常巡检之前，需要进行巡检准备工作。这包括确认巡检人员的资质和培训情况，检查巡检工具和设备的完好性，确保所有必要的文档和记录表格的准备充分。

2.巡检区域划分

将车辆分成若干区域，按照车辆结构和功能特点进行划分，明确每个区域的巡检内容和标准。这有助于提高巡检的系统性和全面性，确保每个部位都能得到充分关注。

3.巡检流程

外观检查：首先对车辆外观进行检查，包括车体、车窗、车门等部位，确保外观没有明显损坏和异物。

车内检查：进行车内设备和设施的检查，包括座椅、扶手、紧急设备等，确保乘客的舒适度和安全性。

电气系统检查：对车辆电气系统进行检查，包括照明、通风、空调等，确保各项电气设备正常运行。

悬挂系统和制动系统检查：检查悬挂系统和制动系统的运行状况，确保车辆的稳定性和制动效果。

轮对和轨道系统检查：对轮对和轨道系统进行检查，包括轮缘、轨道、道岔等，确保轨道交通的平稳和安全。

传动系统检查：对传动系统进行检查，包括牵引电机、传动装置等，确保车辆正常运行。

紧急设备和消防系统检查：检查车辆上的紧急设备和消防系统，确保在紧急情况下能够迅速采取措施。

4.巡检记录与报告

在巡检过程中，对发现的问题进行记录，包括问题的具体描述、位置、发现时间等信息。对于一些需要进一步处理的问题，及时向相关部门提交巡检报告，启动维修流程。

5.巡检总结

在完成巡检后，对整个巡检过程进行总结，包括发现的问题、解决的情况、巡检效果等方面。通过总结，可以改进巡检程序，提高巡检的效率和准确性。

（二）轨道交通车辆日常巡检相关标准

1.国家标准

我国轨道交通车辆的日常巡检遵循一系列相关的国家标准，主要由国家质量监督检验检疫总局和中国国家标准化管理委员会颁布。这些标准包括但不限于《城市轨道交通车辆技术条件》《城市轨道交通车辆维修标准》等，其中详细规定了车辆巡检的内容、周期和标准。

2.制造厂商标准

轨道交通车辆的制造厂商通常会制定相关的巡检标准和程序，以确保其生产的车辆在运营过程中能够保持良好的状态，这些标准涵盖了车辆各个方面的技术要求和巡检要点。

3.运营公司标准

轨道交通的运营公司也会根据实际运营情况制定巡检标准。这些标准可能会因地域、环境和车辆型号的不同而有所差异，但通常都会参考国家标准和制造厂商标准，确保巡检的科学性和规范性。

（三）轨道交通车辆日常巡检中的关键点

1.巡检人员培训

巡检人员是保障巡检效果的关键。必须确保巡检人员具备足够的专业知识和实际操作经验，能够熟练使用巡检工具，准确判断车辆状态。定期对巡检人员进行培训，使其了解最新的巡检标准和技术要求。

2.巡检工具和设备

使用合适、完好的巡检工具和设备对车辆进行巡检是保障巡检质量的前提。这包括各种测量仪器、检测设备、手持工具等。这些工具必须经过定期校准和维护，确保其准确性和可靠性。在使用过程中，要注意工具的正确使用方法，以防损坏车辆或造成误差。

3.巡检周期和频率

巡检周期和频率是根据车辆的运行状况和维护标准制定的。要根据车辆类型、运行里程、使用时间等因素合理确定巡检周期。对于一些关键部件，可能需要增加巡检频率，以确保及时发现潜在的问题。

4.巡检的全面性与系统性

巡检工作必须全面而系统，覆盖车辆的各个方面，确保没有任何遗漏。巡检人员要按照预定的流程和标准进行工作，逐项进行检查，确保每个部位都经过仔细检视。全面系统的巡检有助于发现潜在问题，提前采取措施，确保车辆安全运行。

5.巡检记录与数据管理

在巡检过程中，准确记录发现的每一个问题，包括问题的性质、位置、巡检时间等信息。这些记录不仅是问题解决的依据，也是日后分析和改进的重要依据。建立有效的数据管理系统，方便日常工作的跟踪和统计分析。

6.应急预案

在巡检过程中，可能会发现一些临时性的问题，需要及时采取应急措施。因此，要建立完善的应急预案，确保在发现紧急情况时，巡检人员能够迅速而有效地应对，最大限度地减小故障带来的影响。

轨道交通车辆的日常巡检是确保车辆安全性和可靠性的基础性工作。巡检程序与标准的制定要符合国家标准、制造厂商标准和运营公司标准，并且要根据实际情况灵活调整。在实际执行中，要注意巡检人员的培训、巡检工具和设备的维护、巡检周期的合理安排等方面。

在巡检工作中，全面性、系统性、记录与数据管理以及应急预案等关键点都需要得到重视。通过科学的巡检工作，可以及时发现和解决潜在问题，保障轨道交通车辆的安全、高效运行。未来，随着科技的发展，可借助物联网、大数据等技术手段，进一步提高巡检的智能化水平，为城市轨道交通的可持续发展提供更有力的支持。

二、轨道交通车辆润滑与清洁维护的重要性

轨道交通车辆的润滑与清洁维护是确保车辆正常运行、延长寿命以及提高安全性的关键环节。随着城市轨道交通的快速发展，对车辆的润滑与清洁维护提出了更高的

要求。本书将深入探讨轨道交通车辆润滑与清洁维护的重要性，包括对车辆性能、安全性、寿命以及运行效率的影响，并介绍实施有效维护的策略和方法。

（一）润滑的重要性

1. 提高机械效率

润滑是车辆机械部件正常运行的基础。在轨道交通车辆的各个关键部位，如轴承、齿轮、传动装置等，润滑剂的使用可以降低摩擦阻力，减小能量损失，提高机械效率。良好的润滑能够确保车辆在高速运行中保持稳定的性能，降低能源消耗。

2. 减少磨损和损伤

润滑油在运动部件表面形成一层保护膜，减少金属表面之间的直接接触，从而有效降低磨损和损伤的发生。尤其是在高负荷和高速运行条件下，润滑油的作用更为显著。通过减少摩擦磨损，可延长车辆的使用寿命，减少维修频率和维护成本。

3. 提升运行平稳性

润滑不仅可以降低机械部件之间的摩擦阻力，还有助于平稳地传递动力。在车辆行驶过程中，润滑系统的正常运行可以保证动力传递的平稳性，减少因为润滑不足导致的噪音和振动，提升乘客出行的舒适度。

4. 防止腐蚀和氧化

车辆在各种环境条件下运行，容易受到空气、水分等外部因素的影响，产生腐蚀和氧化。润滑油形成的保护膜可以有效防止机械部件表面的金属氧化，提高部件的抗腐蚀性能，延缓车辆的老化过程。

（二）清洁维护的重要性

1. 保障安全性

轨道交通车辆的清洁维护对于保障安全性至关重要。清洁不仅包括外观的清洗，还包括对各个关键部位的清理，如制动系统、传动装置、轮轨等。这有助于及时发现潜在的故障和问题，减少因为脏污导致的故障风险，提高车辆的安全性。

2. 提高系统可靠性

清洁维护有助于保持系统的可靠性。通过定期清理和检查，可以防止腐蚀、污染等因素对系统的影响，确保各个部件正常运行。这对于提高整个轨道交通系统的可靠性和稳定性具有积极作用。

3. 增强故障预防能力

清洁维护有助于提高故障预防的能力。通过定期清理和检查，可以及时发现零部件的异常磨损、松动等问题，预防故障的发生。实施良好的清洁维护措施，能够避免因为长期使用而积累的问题，降低突发故障的发生概率。

4.增加乘客舒适感

清洁的车厢和车体不仅能提高车辆的外观水平，还能够提升乘客的舒适感。舒适的乘车环境对于乘客的满意度和体验至关重要，有助于提高公共交通的吸引力，促进轨道交通系统的发展。

（三）实施有效维护的策略和方法

1.制订维护计划

制订合理的润滑与清洁维护计划是确保车辆正常运行的关键步骤。根据车辆类型、运行情况、制造厂商建议等因素，确定润滑和清洁的周期和方法。制订计划时要考虑到日常维护和定期大修的需求，确保全面覆盖车辆各个部位。

2.选择合适的润滑剂

不同的机械部件和工作条件需要使用不同类型的润滑剂。正确选择润滑剂有助于提高润滑效果，延长润滑周期，减少磨损和能源损耗。润滑剂的选择要综合考虑温度、负荷、速度等因素，以确保其在各种工况下都能发挥最佳效果。

3.使用高效清洁设备

采用高效的清洁设备对车辆进行清洁维护是保障清洁效果的关键。先进的清洁设备能够高效地清理各种污垢和杂物，确保清洁作业的彻底性。同时，使用环保型清洁剂，以减少对环境的负面影响。

4.建立清洁维护档案

建立清洁维护档案有助于追踪车辆的维护历史，及时了解维护情况，以指导未来的维护计划。档案中包括清洁维护的时间、内容、维护人员等信息，可以作为后续改进的依据，形成经验总结。

5.高效的人员培训

对进行润滑与清洁维护的人员进行高效培训是提高维护质量的保障。培训内容应包括润滑与清洁的基本知识、操作技能、安全注意事项等。定期组织培训，使维护人员能够熟练掌握最新的技术和操作规程。

6.引入先进技术

引入先进的技术手段，如智能监测系统、远程诊断等，有助于提高维护的智能化水平。通过实时监测车辆状态，及时发现异常情况，采取预防性维护措施，降低故障发生的概率，提高车辆的可靠性。

轨道交通车辆的润滑与清洁维护对于确保车辆安全、可靠运行以及提高整个轨道交通系统的效能至关重要。通过科学合理的维护计划、合适的润滑剂、高效的清洁设备和先进的技术手段，可以最大限度地延长车辆寿命，降低维修成本，提高运行效率。

未来，随着科技的不断发展，润滑与清洁维护领域还将迎来更多创新技术的应用，如智能润滑系统、自动清洁设备等。这将进一步提高维护工作的智能性、精准性和效率，为城市轨道交通系统的可持续发展提供更强有力的支持。因此，不仅需要重视润滑与清洁维护的重要性，更要不断创新，不断提高管理水平，以适应未来城市交通的发展需求。

三、轨道交通车辆故障识别与报告机制

随着城市轨道交通系统的迅速发展，车辆的安全性和可靠性成为运营管理的关键问题。为确保轨道交通车辆的正常运行，建立科学合理的故障识别与报告机制是至关重要的。本书将深入探讨轨道交通车辆故障识别的原理、报告机制的建立与优化，以提高车辆运行的安全性和可维护性。

（一）轨道交通车辆故障识别原理

1.传感器技术

传感器技术是车辆故障识别的基础。通过在车辆各个关键部位安装各类传感器，可以实时监测车辆的运行状态、温度、振动等参数。这些传感器能够感知到潜在故障的迹象，为故障的及时识别提供数据支持。

2.数据采集与监控系统

数据采集与监控系统是故障识别的核心。通过集成各类传感器的数据，建立完善的监控系统，实现对车辆运行状态的实时监测。先进的数据分析技术可用于检测异常模式，从而提前发现潜在故障，减少故障对运营的影响。

3.故障诊断算法

借助人工智能和机器学习技术，可以开发出高效的故障诊断算法。这些算法可以通过历史数据学习车辆的正常运行模式，一旦发现与正常模式不符的问题，即可判定存在故障。这种智能化的故障诊断有助于提高准确性和及时性。

（二）轨道交通车辆故障报告机制的建立与优化

1.故障报告流程

建立清晰的故障报告流程是确保故障信息及时传递和处理的关键。流程应涵盖从故障识别到报告、评估、处理的全过程，明确各个环节的责任和操作规范。合理的流程有助于减少误报和漏报，提高故障信息的准确性。

2.报告渠道

为确保故障信息的及时传递，需要建立多样化的报告渠道。这包括驾驶员的报告、乘务员的反馈、监控系统的自动报警等。同时，还可以引入乘客的报告渠道，通过手机 APP 或其他形式，让乘客能够方便地报告车辆异常情况。

3.报告内容与格式

故障报告的内容和格式应具备清晰、详尽、易于理解的特点。报告应包括故障的描述、发生时间、车辆位置、影响程度等信息。标准化的报告格式有助于提高报告的可读性，减少信息误解和遗漏。

4.信息管理系统

建立信息管理系统，对接收到的故障报告进行集中管理。该系统可以实现信息的分类、整理、存档，并提供查询、统计等功能。通过信息管理系统，可以及时了解车辆的维护历史、故障趋势，为维修计划的制订提供参考依据。

5.数据分析与反馈

在故障报告机制中，数据分析和反馈是优化的关键环节。通过对故障数据进行深入分析，可以识别出常见故障模式，为制订预防性维护计划提供依据。同时，将故障处理的结果反馈给报告人员，提高信息的透明度和可信度。

轨道交通车辆的故障识别与报告机制是确保城市交通系统安全、高效运行的重要保障。通过先进的传感器技术、数据采集与监控系统、智能算法等手段，可以实现对车辆运行状态的实时监测和故障识别。建立合理的报告机制，包括清晰的流程、多样化的渠道、详尽的报告内容等，有助于及时传递故障信息，减少对运营的影响。

未来，随着科技的不断发展，轨道交通车辆故障识别与报告机制将朝着智能化、自主化的方向发展。通过引入更先进的技术，优化报告流程，加强培训，将进一步提高车辆运行的安全性和可维护性。同时，积极借鉴和应用国际先进的案例，推动我国城市轨道交通系统的故障识别与报告机制不断完善，为城市交通的可持续发展贡献力量。

第二节　制动系统的检修与维护

一、轨道交通车辆制动系统的常见故障与排查方法

轨道交通车辆的制动系统是确保列车安全运行的关键组成部分。随着城市轨道交通网络的不断扩展和客流量的增加，制动系统的正常运行显得尤为重要。然而，由于长时间运行、频繁启停等因素，制动系统可能会出现各种故障。本书将深入探讨轨道交通车辆制动系统的常见故障原因及排查方法，以提高制动系统的可靠性和安全性。

（一）常见故障及原因

1. 制动力不足

原因：

制动鞋磨损：制动鞋由于长时间的使用，摩擦面磨损严重。

制动液泄漏：制动液管路、接头等部位发生泄漏，导致制动力不足。

2. 制动失灵

原因：

制动系统故障：制动系统关键部件（制动阀、制动缸等）损坏或失灵。

电气故障：制动系统中的电气元件（制动电磁阀、传感器等）发生故障。

3. 制动噪音异常

原因：

制动鞋与制动盘不良配合：制动鞋与制动盘之间存在异物或制动盘表面不平整。

制动鞋材质问题：制动鞋材质不合适或损坏。

4. 制动力突变

原因：

制动阀故障：制动阀内部元件损坏，导致制动力突变。

制动传感器异常：制动传感器测得的参数异常，影响制动系统的调控。

（二）排查方法

1. 制动力不足排查方法

方法：

检查制动鞋磨损情况：拆卸制动鞋，检查摩擦面的磨损情况，根据磨损程度决定是否更换。

检查制动液系统：通过检查管路、接头等部位，查找制动液泄漏的迹象，修复泄漏点并添加足够的制动液。

2. 制动失灵排查方法

方法：

制动系统自检：利用车辆自身的自检功能，检测制动系统关键部件是否正常。

检查电气连接：检查制动系统的电气连接，确保传感器、电磁阀等元件正常工作。

3. 制动噪音异常排查方法

方法：

检查制动鞋与制动盘配合：拆卸制动鞋，检查其与制动盘的配合情况，清除异物或更换制动盘。

检查制动鞋材质：检查制动鞋的材质，确保其符合要求，如有损坏应及时更换。

4.制动力突变排查方法

方法：

检查制动阀状态：检查制动阀的开合状态，确保内部元件完好。

检查制动传感器：利用诊断设备检测制动传感器的输出值，确保传感器工作正常。

（三）预防措施

1.定期保养与检查

定期对制动系统进行保养与检查是预防故障的有效手段，包括制动鞋更换、制动液检查、制动系统自检等。

2.引入智能监测系统

通过引入智能监测系统，实时监测制动系统的运行状态，及时发现异常情况并采取措施。

3.人员培训

加强驾驶员和维护人员的培训，提高其对制动系统故障的识别和处理能力。

4.优化设计

制动系统的优化设计可以减少故障发生的可能性，例如采用更耐磨的制动鞋材料、提高制动液的性能等。

轨道交通车辆制动系统的故障可能对列车安全运行造成重大影响，因此，对制动系统的常见故障进行及时准确的排查和维修是保障交通系统安全性的关键。通过定期保养、引入智能监测系统、人员培训以及优化设计等多方面的措施，可以提高制动系统的可靠性和安全性，确保城市轨道交通的顺畅运行。同时，对常见故障的排查方法的掌握，有助于在故障发生时能够迅速、准确地采取应对措施，最大限度地降低故障对列车和乘客的影响。

二、轨道交通车辆制动元件的更换与调整

轨道交通车辆的制动系统是确保列车运行安全的重要组成部分。制动元件作为制动系统的核心部件，直接影响到列车的制动性能和运行安全。由于长时间的运行和频繁的制动操作，制动元件可能会发生磨损、老化等现象，因此，定期的更换和调整工作显得尤为重要。本书将深入探讨轨道交通车辆制动元件的更换与调整过程，涵盖常见的制动元件包括制动鼓、制动鞋、制动盘等，旨在为保障列车安全运行提供指导。

（一）制动元件的类型和作用

1.制动鼓

制动鼓是制动系统中的一种重要制动元件，通常固定在车轮上。制动鼓通过制动

鞋的摩擦作用，将车轮的动能转化为热能，从而实现列车的制动。

2. 制动鞋

制动鞋是直接接触制动鼓表面的零部件，通过制动系统的力，将制动鼓制动，从而达到列车减速和停车的目的。

3. 制动盘

制动盘是另一种常见的制动元件，一般安装在车轮附近。它通过与制动蹄的摩擦，同样能够实现列车的制动功能。

（二）制动元件更换的时机和方法

1. 更换时机

时机：

磨损到极限：制动鼓、制动鞋、制动盘的磨损到达安全极限时，需要及时更换。

老化失效：制动元件长时间运行或受到环境因素的影响可能导致老化，失去正常使用性能时，需要更换。

2. 更换方法

方法：

拆卸旧部件：先将车辆升起，卸下相应的轮胎，然后拆卸旧的制动鼓、制动鞋或制动盘。

清理检查：清理制动鼓或制动盘表面的污物，检查制动鞋的磨损程度，确保安装新部件前的工作面干净。

安装新部件：将新的制动鼓、制动鞋或制动盘正确安装到车辆上，并确保零部件的固定螺栓拧紧。

调整：根据制动系统的调整要求，调整制动鼓与制动鞋的间隙，确保制动效果良好。

（三）制动元件调整的方法和注意事项

1. 调整时机

时机：

更换新部件后：安装新的制动鼓或制动盘后，需要进行适当的调整，确保制动效果达到最佳。

定期维护：在列车的定期维护计划中，要包括对制动系统的定期检查和调整。

2. 调整方法

方法：

调整制动鼓与制动鞋的间隙：通过调整制动鼓与制动鞋的相对位置，控制制动时的摩擦力，实现最佳的制动效果。

使用专用工具：制动系统调整通常需要使用专用工具，例如制动调整螺栓等，确保调整的精准性。

3.注意事项

注意：

遵循制造商建议：严格按照制造商提供的更换和调整指南执行，确保操作的准确性和安全性。

注意制动鼓的热胀冷缩：制动鼓在制动时会受到高温影响，调整时需考虑热胀冷缩因素，确保调整后的状态在工作条件下依然有效。

校准制动系统：在调整后，需要对整个制动系统进行校准，确保列车的整体制动性能符合要求。

轨道交通车辆制动元件的更换与调整是确保列车安全运行的重要环节。通过定期维护、按时更换、合理调整，可以保持制动系统的良好状态，提高整个交通系统的安全性和可靠性。在实际操作中，遵循制造商的建议、使用专业工具、注意调整时机等都是确保操作准确性和安全性的关键。

随着科技的不断进步，未来轨道交通车辆制动系统将朝着更加智能、高效的方向发展。引入先进的监测技术、智能调整系统、高性能材料等，将进一步提升制动系统的性能和可靠性。因此，对于未来轨道交通的发展，制动系统的更新升级和技术创新将发挥关键作用，为城市交通的安全、高效运行提供更强大的支持。

三、轨道交通车辆制动性能的定期检测与调校

轨道交通车辆的制动系统是确保列车运行安全的关键组成部分。为了保障制动系统的正常运行和提高列车的制动性能，定期的检测与调校显得尤为重要。本书将深入探讨轨道交通车辆制动性能的定期检测与调校过程，包括检测方法、调校时机、工具设备的应用以及未来技术的展望，以提高轨道交通车辆的运行安全性和可靠性。

（一）定期检测制动性能的重要性

1.制动性能对安全性的影响

轨道交通车辆的制动性能直接关系到列车的安全性。在紧急制动和常规制动过程中，制动系统的灵敏性、稳定性和制动效果对防止事故、保障乘客安全具有重要作用。因此，定期检测制动性能，发现并解决潜在问题，是确保列车运行安全的关键。

2.增强列车运行的可靠性

除了安全性，制动性能的定期检测还有助于提高列车的可靠性。通过及时发现制动系统的问题并进行调整，可以减少因制动系统故障导致的列车故障停运，提高列车

的运行效率，确保城市交通的顺畅。

（二）定期检测的方法与工具

1. 制动力测定

方法：

动态制动测试：在列车运行过程中，通过监测制动力的变化，评估制动系统的性能。

静态制动测试：列车停靠时，通过模拟实际运行条件进行制动测试，检测制动系统在停车状态下的性能。

工具：

制动力测试仪：用于测定列车在制动过程中的制动力变化。

测试台：提供模拟实际运行条件的平台，用于进行静态制动测试。

2. 制动鼓／盘检测

方法：

表面磨损检测：检测制动鼓／盘表面的磨损程度，判断是否需要更换。

温度检测：使用温度传感器监测制动鼓／盘的表面温度，判断制动系统是否正常工作。

工具：

磨损测定仪：用于测量制动鼓／盘表面的磨损情况。

温度传感器：定期测量制动鼓／盘的温度，能够及时发现异常情况。

3. 制动液性能检测

方法：

湿度检测：检测制动液中的湿度，避免湿度过高导致制动系统失灵。

油液酸值检测：测试制动液中的酸值，判断是否需要更换制动液。

工具：

湿度检测仪：测定制动液中的湿度水平。

酸值测试仪：用于测试制动液的酸值。

（三）调校的时机与方法

1. 调校时机

时机：

制动系统更换后：当更换制动系统的关键部件（如制动鼓、制动鞋）时，需要进行调校。

定期维护：在列车的定期维护计划中，要包括对制动系统的定期调校。

2.调校的方法

方法：

制动力调整：调整制动系统的力度，确保在不同速度下都能够达到预期的制动效果。

制动鼓／盘与制动鞋的间隙调整：调整制动鼓／盘与制动鞋之间的间隙，保证制动过程中的正常摩擦效果。

（四）未来展望

1.智能化检测与调校

随着物联网技术的发展，未来轨道交通车辆制动性能的定期检测与调校将更加智能化。通过搭载传感器和智能控制系统，实时监测制动性能的变化，并能够自动进行调整，提高调校的准确性和效率。

2.数据分析与预测

利用大数据分析技术，未来可以更好地预测制动系统的性能变化。通过对历史数据和实时数据的分析，可以提前发现潜在问题，实现更精准的维护和调校。

3.先进制动材料的应用

未来可能会采用更先进的制动材料，如碳陶瓷制动盘等，这种制动材料能够提高制动系统的耐磨性和稳定性，并能够减少定期检测和调校的频率。这种先进材料的应用有助于提高制动性能，并使制动系统更加可靠。

4.高效能动态调整系统

未来的轨道交通车辆可能会引入高效能动态调整系统，该系统能够根据列车的运行状态、载荷情况和环境变化实时调整制动性能，从而保持最佳的制动效果。这种智能调整系统将为列车提供更加精准和个性化的制动服务。

定期检测和调校轨道交通车辆制动性能对于保障列车运行的安全和可靠性至关重要。通过采用先进的检测方法和工具，可以全面了解制动系统的工作状态，及时发现问题。在制订定期检测计划的同时，也需要关注调校的时机，确保在更换关键部件或定期维护时进行必要的调整。

未来，随着智能技术的不断发展，轨道交通车辆制动性能的定期检测与调校将变得更加智能化和高效。通过引入智能传感器、大数据分析、先进的制动材料和高效能动态调整系统，将为轨道交通系统的维护和管理提供更多创新性的解决方案，为城市交通的安全与效率发展提供更为可靠的支持。综合而言，定期检测与调校不仅是维护制动系统的手段，更是确保轨道交通系统持续稳定运行的基石。

第三节　电力传动系统的检修与维护

一、轨道交通车辆电机与传动系统的常见问题诊断

轨道交通车辆的电机与传动系统是确保列车正常运行的核心组成部分。这些系统负责提供动力、控制车辆速度和方向，直接影响列车的性能和乘客的舒适度。然而，由于长时间运行和复杂的运行环境，电机与传动系统可能会面临各种问题。本书将深入探讨轨道交通车辆电机与传动系统的常见问题诊断，包括问题的类型、诊断方法以及预防措施，以提高轨道交通系统的可靠性和安全性。

（一）常见问题类型

1.电机故障

类型：

绕组故障：电机绕组可能出现短路、开路等问题，影响电机的正常运行。

电刷问题:电机刷出现磨损、断裂等情况，可能会导致电刷与电机的正常接触出现问题。

2.传动系统故障

类型：

齿轮故障：传动系统中的齿轮可能出现磨损、断裂，影响传动效果。

轴承问题：传动系统的轴承可能出现损坏、磨损，导致传动系统运行不稳定。

3.控制系统问题

类型：

电子控制器故障：控制车辆电机的电子控制器可能出现故障，影响电机输出。

传感器问题：控制系统中的传感器可能出现失灵、误差等情况，导致控制系统无法准确感知列车状态。

（二）问题诊断方法

1.电机故障诊断

方法：

绕组测试：使用绝缘测试仪测量电机绕组的绝缘电阻，检查其是否存在短路或开路。

电刷检查：定期检查电机电刷的磨损情况，确保电刷与集电环接触良好。

2.传动系统故障诊断

方法：

齿轮检查：拆卸传动系统中的齿轮，检查齿轮的磨损情况，以及齿轮之间的配合

是否正常。

轴承检测：使用振动分析仪测量轴承的振动水平，判断轴承是否正常运行。

3. 控制系统问题诊断

方法：

电子控制器诊断：使用故障诊断工具，检测电子控制器是否存在故障，查看错误代码和参数。

传感器测试：利用专业测试设备检测传感器的输出，确保传感器的准确性和稳定性。

（三）预防措施

1. 定期维护

定期对电机与传动系统进行维护是预防问题发生的有效手段，包括检查电机绕组、电刷、齿轮、轴承等部件，及时发现并修复问题。

2. 使用高质量零部件

在电机与传动系统的设计与制造中，选择高质量、耐用的零部件是预防故障的关键。采用先进的材料和工艺，可大大延长零部件的寿命。

3. 引入智能监测系统

利用智能监测系统，实时监测电机与传动系统的运行状态，通过数据分析提前发现问题。这有助于制订更科学的维护计划，提高系统的可靠性。

（四）未来技术与发展

1. 智能诊断与维护

未来的轨道交通车辆电机与传动系统可能会引入更先进的智能诊断与维护技术。通过结合人工智能和机器学习算法，系统能够学习和分析电机与传动系统的运行数据，实现对潜在问题的智能预测和诊断。这将进一步提高系统的自我监测和维护能力，降低故障发生的概率。

2. 高效能电机设计

未来的电机设计可能会采用更高效的电机结构和材料，以提高能源利用效率并降低能源损耗。先进的电机设计还可能包括更强大的功率密度和更高的可靠性，从而提供更为出色的性能。

3. 高性能传动系统

未来的传动系统可能会引入更先进的传动技术，如电子传动系统、电液混合传动系统等。这些系统将提供更精确的控制和更高的效率，同时减少传动系统的磨损，延长零部件的使用寿命。

4. 全面数字化

数字化技术的发展将推动轨道交通车辆电机与传动系统的全面数字化。通过数字化技术，车辆的运行数据可以实时采集、传输和分析，为运维人员提供更准确的信息，帮助他们更好地管理和维护电机与传动系统。

轨道交通车辆电机与传动系统的正常运行对于列车的安全性、可靠性和性能至关重要。因此，及时诊断并解决电机与传动系统的问题，以及采取预防措施，是确保轨道交通系统平稳运行的重要步骤。通过定期维护、使用高质量零部件、引入智能监测系统等手段，可以有效减少故障的发生和提高系统的可靠性。

未来，随着智能技术的发展，轨道交通车辆电机与传动系统将迎来更先进的数字化和智能化发展阶段。高效能电机设计、高性能传动系统、智能诊断与维护等新技术的应用，将为轨道交通系统的可靠性、安全性和运行效率提供更强大的支持。综合而言，对电机与传动系统的常见问题进行及时、精准的诊断，以及采用现代化的维护手段，将为未来城市轨道交通的可持续发展提供有力支持。

二、轨道交通车辆电力系统的维护计划与预防性替换

轨道交通车辆的电力系统是确保列车正常运行的重要组成部分，包括牵引电动机、电力电子设备、供电系统等。为了提高电力系统的可靠性、安全性，以及延长设备的使用寿命，制订科学合理的维护计划和实施预防性替换是至关重要的。本书将深入探讨轨道交通车辆电力系统的维护计划与预防性替换，包括制订计划的原则、常见维护手段以及未来的发展方向，以期为城市轨道交通系统的稳定运行提供支持。

（一）制定维护计划的原则

1. 风险评估

在制订维护计划时，首要考虑的是对电力系统的风险进行全面评估。通过分析设备的工作环境、历史故障数据以及生命周期成本，识别潜在的风险点和故障模式，为后续的维护工作提供有针对性的指导。

2. 工作负荷和频次

维护计划应基于电力系统的工作负荷和使用频次，合理安排定期维护和检查的时间点。高负荷、高频次的设备可能需要更频繁的维护，以确保其正常运行和稳定性。

3. 制造商建议

考虑到设备制造商的建议是维护计划的重要参考依据。制造商通常会提供详细的维护手册和周期性检查建议，这些信息对于制订合理的维护计划至关重要。

4. 预防性替换

维护计划应包含预防性替换策略，即在设备未发生故障之前，根据其寿命周期和

性能状况，提前替换可能存在风险的部件。这有助于减少突发故障的发生，提高电力系统的可靠性。

（二）常见维护手段

1. 定期检查与保养

定期检查和保养是维护计划中的基础工作。包括清理设备、检查电缆连接、测量电气参数等，以确保电力系统各部件的正常运行。

2. 检测技术的应用

利用先进的检测技术，如红外热像技术、超声波检测等，对电力系统的关键部件进行无损检测。这有助于发现潜在的故障，提前采取修复措施。

3. 数据分析与远程监测

通过数据分析和远程监测技术，实时监控电力系统的运行状况。通过收集和分析大量的运行数据，可以提前发现设备异常，并进行预测性维护。

4. 防腐防尘处理

由于轨道交通环境的特殊性，电力系统易受到腐蚀和尘埃的影响。定期进行防腐和防尘处理，可以延长设备的寿命，减少故障的发生。

（三）预防性替换的实施

1. 部件寿命周期管理

根据电力系统中各部件的寿命周期，制订合理的替换计划。对于一些寿命周期较短、容易受到磨损的部件，应采取提前预防性替换的策略，避免其突发故障。

2. 性能监测

通过持续监测设备的性能参数，及时发现性能下降或异常波动的迹象。当性能出现异常时，可以考虑提前进行部分或整体替换，以保障电力系统的可靠性和稳定性。

3. 状态评估与预测分析

引入状态评估和预测分析技术，通过对设备状态的实时评估和趋势分析，预测出潜在故障的发生时间。这有助于优化预防性替换计划，提高替换的准确性和时效性。

4. 综合管理系统

建立综合的电力管理系统，整合各种数据源和监测设备，实现对电力系统全面、实时的监管。通过智能化管理系统，能够更好地实施预防性替换和维护计划，提升管理的效率和准确性。

（四）未来发展方向

1. 智能化维护

未来，随着物联网和人工智能技术的发展，轨道交通车辆电力系统的维护将更加智能化。引入智能传感器、大数据分析和机器学习等技术，实现对电力系统的实时监测和智能维护，以提高故障预测和处理的效率。

2. 先进的无损检测技术

未来将采用更先进的无损检测技术，如激光测温、纳米材料传感器等，实现对电力系统内部结构和性能的高精度检测，这将为电力系统的维护提供更全面的信息和更准确的判断。

3. 新型材料的应用

新型材料的应用将改变电力系统的耐久性和可维护性。例如，使用耐高温、耐腐蚀的先进材料，可以降低设备的损耗，延长使用寿命，减少预防性替换的频率。

4. 模块化设计与可维护性

未来电力系统的模块化设计将更加注重可维护性，即使在设备更换时，也能够更方便地进行模块化替换，减少维护过程对整个系统的影响。

轨道交通车辆的电力系统是确保列车正常运行的关键要素。通过制订科学合理的维护计划和实施预防性替换，可以最大限度地降低电力系统的故障风险，提高设备的可靠性和安全性。定期的检查与保养、应用先进的检测技术、预防性替换等手段，都是保障电力系统正常运行的有效途径。

未来，随着智能技术、新材料技术和模块化设计理念的不断发展，轨道交通车辆电力系统的维护将朝着更加智能、精准、可持续的方向发展。这将为城市轨道交通系统的稳定运行提供更为先进的技术支持。在维护计划的制订和实施过程中，充分利用新技术和新理念，将为未来城市轨道交通的安全、高效运行贡献更大的力量。

三、轨道交通车辆能量回收系统的性能监测与优化

能量回收系统是轨道交通车辆中的一项重要技术，通过将制动过程中产生的能量回馈到电力系统中，实现能源的再利用。这种系统不仅有助于提高能源利用效率，还对环境保护和运营成本有着积极的影响。本书将深入探讨轨道交通车辆能量回收系统的性能监测与优化，包括监测手段、性能评估指标、优化方法以及未来发展趋势，以期为提升轨道交通系统的能效和可持续性做出贡献。

（一）能量回收系统性能监测手段

1. 数据采集与传感技术

（1）制动系统传感器

通过在制动系统中部署传感器，监测制动过程中的能量产生和消耗情况。这包括监测制动电机的电流、电压、转速等参数，以及轨道与车辆之间的动态参数。

（2）能量存储设备监测

监测能量存储设备（如超级电容器、电池等）的充电和放电过程，以及能量的存储效率。这可以通过监测电池的电压、电流、温度等参数来实现。

2. 软件监测与数据分析

（1）实时监测系统

建立实时监测系统，通过软件实现对车辆能量回收系统的实时监控。这可以通过集成传感器数据、控制器数据和车辆运行数据来实现。

（2）大数据分析

应用大数据分析技术，对大量历史数据进行分析，识别能量回收系统中的潜在问题和优化空间。通过数据模型和算法，提高能量回收的效率和性能。

（二）性能评估指标

1. 能量回收效率

能量回收效率是衡量能量回收系统性能的关键指标，表示制动过程中捕获的能量与实际能量的比例。

2. 能量存储效率

能量存储效率表示储存设备（如电池或超级电容器）在接收和释放能量时的转换效率。

3. 制动系统性能

监测制动系统的性能，包括制动力的大小、响应时间等，确保在制动过程中能够实现有效的能量回收。

（三）性能优化方法

1. 制动系统优化

（1）制动力分配

通过调整制动力的分配，使得不同车轴之间的制动力更加均匀，提高能量回收的效率。

（2）制动系统调整

定期检查和调整制动系统的参数，确保其在最佳状态下运行，减少能量损失。

2. 能量存储系统优化

（1）高效能量存储设备

选择高效能量存储设备，如高能密度电池、高功率密度超级电容器等，提高能量存储效率。

（2）智能充放电控制

采用智能充放电控制系统，根据实时运行状况调整能量存储设备的充电和放电策略，实现最大化能量的回收和利用。

3. 制动过程优化

（1）制动策略优化

通过优化列车的制动策略，包括制动力的大小、制动时间的控制等，提高能量回收效率。

（2）制动辅助技术

引入制动辅助技术，如再生制动和电阻制动的协同工作，以最大限度地提高制动过程中能量的回收。

能量回收系统在轨道交通车辆中的应用是提高能源利用效率、降低运营成本、推动可持续发展的关键技术之一。通过实施性能监测与优化，可以最大限度地提高能量回收系统的性能，实现能源的有效利用。监测手段、性能评估指标、优化方法等方面的不断创新，将为未来能量回收系统的发展提供更为坚实的基础。

未来的发展趋势包括智能传感技术的广泛应用、人工智能与大数据分析的深度融合、高效能量存储技术的引入以及系统集成与协同优化的发展。这些趋势将使能量回收系统更加智能、高效，为城市轨道交通的可持续发展提供更多可能性。在未来的研究和应用中，需要继续加强创新，推动能量回收技术不断向前发展，以满足城市轨道交通系统对能源高效利用的不断增长的需求。

第四节　安全系统的检修与维护

一、轨道交通车辆安全系统的自检与诊断功能

轨道交通车辆的安全系统是保障列车运行安全的核心组成部分，涉及列车控制、制动、信号系统等多个方面。为了确保安全系统的正常运行，车辆通常配备了自检与诊断功能。本书将深入探讨轨道交通车辆安全系统的自检与诊断功能，包括功能原理、实施手段、优势以及未来的发展方向，以期为提升城市轨道交通的安全性和可靠性做出贡献。

（一）自检与诊断功能原理

1. 自检原理

轨道交通车辆的安全系统自检是指车辆通过内置的传感器、检测器和监测装置，对各个安全子系统进行自动化检测和诊断。自检原理主要包括以下几个方面。

（1）传感器数据监测

通过车辆上安装的传感器实时监测各个系统的数据，包括但不限于速度、制动压力、信号状态等。传感器数据的异常变化可能表明系统存在问题，从而触发自检机制。

（2）系统状态比对

将实时监测得到的数据与预设的正常工作状态进行比对，判断是否存在偏离正常状态的情况。如果发现异常，系统会进行自检并产生相应的警报。

（3）内置诊断算法

安全系统内置了一系列的诊断算法，通过对传感器数据的分析和处理，识别潜在的故障模式。一旦系统检测到异常，将会根据事先设定的策略触发相应的诊断程序。

2. 诊断功能原理

车辆安全系统的诊断功能是在自检的基础上，更为深入地对检测到的问题进行定位和分析。诊断功能主要包括以下方面。

（1）故障定位

一旦自检发现异常，诊断功能将对异常进行定位，确定具体是哪个子系统或哪个组件出现了问题。这有助于提高维修效率和准确性。

（2）故障分析

通过分析故障的具体原因，车辆安全系统能够生成详细的故障报告，包括故障发生的时间、地点、可能的原因等信息，为维修人员提供针对性的信息。

（3）自动修复（可选）

一些先进的车辆安全系统可能具备自动修复功能。在诊断完成后，系统可以自动尝试通过软件修复故障，降低对列车运行的影响。

（二）实施手段与技术支持

1. 数据总线技术

车辆安全系统通常采用数据总线技术，将各个子系统连接在一起，实现数据的共享和传输。常见的数据总线包括 Controller Area Network（CAN）总线、Ethernet 等，通过这些总线，实现各个子系统之间的信息交换。

2. 嵌入式系统

车辆安全系统通常采用嵌入式系统，具有高度的实时性和稳定性。嵌入式系统通过搭载在车辆上的处理器和存储设备，实现对传感器数据的实时采集和处理，以及对诊断算法的执行。

3. 传感器与监测装置

各类传感器和监测装置是实现自检与诊断功能的关键。例如，轨道交通车辆配备了速度传感器、制动压力传感器、信号状态监测器等。这些设备通过实时监测车辆的状态，为自检与诊断提供必要的数据支持。

4. 远程监控与通信技术

车辆安全系统还通常配备远程监控与通信技术，使运营中心能够实时监测列车的安全状态。通过远程通信，运营人员能够随时获取列车的自检与诊断结果，及时采取措施确保安全。

（三）自检与诊断功能的优势

1. 实时性与快速响应

自检与诊断功能能够在列车运行中实时监测系统状态，一旦发现异常，能够迅速响应并触发相应的安全措施，提高了对潜在问题的快速发现和处理能力。

2. 降低维护成本

通过自检与诊断功能，车辆系统能够更准确地判断故障的位置和原因，为维护人员提供针对性的信息，降低了维护的时间和成本。

3. 提高系统可靠性

自检与诊断功能的实施提高了系统的自愈能力。在发生故障时，系统能够通过自动修复或采取应急措施，保障列车的运行安全和系统的可靠性。

4. 增强安全性

自检与诊断功能的实施可以提高列车的整体安全性。通过及时发现并定位故障，系统能够更有效地防范潜在的安全风险，减少事故发生的可能性。

5. 数据记录与分析

自检与诊断功能通常会记录详细的故障信息，包括故障发生的时间、地点、故障模式等。这些数据对于事故调查、系统改进和未来预防性维护具有重要价值。通过对大量的历史数据进行分析，可以发现潜在的系统问题，从而能够进一步提高系统的稳定性。

（四）未来发展方向

1. 智能化诊断系统

未来发展趋势将更加注重智能化诊断系统的研发。引入先进的人工智能技术，如机器学习和深度学习，使诊断系统具备更强大的数据分析和问题识别能力。

2. 高精度传感技术

随着传感技术的不断进步，未来的车辆安全系统将采用更为高精度的传感技术，提高监测数据的准确性和实时性，更精细地对列车状态进行监测。

3. 预测性维护

未来的自检与诊断系统将更加注重预测性维护。通过对大量数据的分析和建模，系统可以预测设备的寿命和性能变化趋势，从而能够提前进行维护，避免突发故障的发生。

4. 轨道交通系统集成

未来的发展方向将更加注重轨道交通系统的集成。将车辆安全系统与轨道、信号系统等其他系统进行深度整合，实现信息的全面共享和系统的协同工作，提高整个交通系统的智能化水平。

轨道交通车辆的安全系统自检与诊断功能是保障列车运行安全、提高系统可靠性的重要手段。通过实时监测、数据分析和故障定位，自检与诊断功能提高了列车系统的快速响应、降低了维护成本、增强了安全性。未来，随着智能技术的发展，车辆安全系统的自检与诊断功能将更加智能化、精准化，为城市轨道交通的安全和可持续发展提供更为强大的支持。在这一发展过程中，应不断推动新技术的研发和应用，实现轨道交通系统的智能化升级，为城市交通的未来发展奠定更加坚实的基础。

二、轨道交通车辆安全传感器与监测设备的维护

轨道交通车辆的安全传感器与监测设备是保障列车运行安全的重要组成部分。这些设备通过实时监测列车状态、环境参数以及各个系统的运行状况，为驾驶员和控制中心提供关键信息，确保列车安全、高效地运行。本书将深入探讨轨道交通车辆安全传感器与监测设备的维护，包括维护流程、常见问题处理、定期检查等方面，旨在确保这些关键设备的可靠性和稳定性。

（一）维护流程

1. 定期巡检

定期巡检是确保安全传感器与监测设备正常运行的基础。通过定期巡检，可以发现潜在问题，并及时进行维修或更换受损的设备。巡检内容包括但不限于以下几个方面：

传感器连接线路检查：确保传感器与监测设备的连接线路完好无损，没有断裂、磨损或腐蚀。

传感器外观检查：观察传感器外观，检查是否有物理损伤、脏污或异物附着。

监测设备通风散热检查：检查监测设备的通风散热系统，确保设备在运行时能够保持适宜的工作温度。

2. 环境适应性检测

考虑到轨道交通环境的复杂性，安全传感器与监测设备必须具备一定的环境适应性。定期进行环境适应性检测，确保设备在各种气候条件和工作环境下能够正常工作。这包括以下几个方面：

温湿度测试：在不同温度和湿度条件下测试设备的性能，确保设备在极端天气条件下依然可靠。

防尘防水性能测试：检测设备的防尘和防水性能，确保在恶劣天气或工作环境中不受影响。

3. 软硬件系统更新

定期进行软硬件系统更新，确保安全传感器与监测设备使用的软件和固件是最新版本。更新可以包括 bug 修复、性能优化以及新功能的添加。同时，确保更新的过程不会影响设备的正常运行。

4. 数据校准

安全传感器与监测设备的数据准确性至关重要。定期进行数据校准，校正传感器的读数，确保其提供的信息是准确可靠的。校准过程可能包括传感器位置调整、零点校准等。

（二）常见问题处理

1. 传感器故障

（1）传感器失灵

如果发现某个传感器失灵，首先要检查其供电是否正常，然后检查连接线路是否受损。如果供电和连接正常，可能需要更换或修理传感器本身。

（2）传感器数据异常

传感器输出的数据异常可能是由于传感器本身故障或环境问题引起。通过检查传感器的校准情况、检查环境是否有异常，可以找到问题的根本原因。

2. 监测设备故障

（1）设备无法启动

如果监测设备无法启动，应首先检查供电系统，确保设备得到正常的电源供应。如果电源正常，可能需要检查设备的内部电路、存储等部分是否损坏。

（2）数据接收异常

监测设备接收到的数据异常可能是由于通信线路问题、数据处理模块故障等引起的。需要检查通信线路、数据接口等，确保数据传输的稳定性。

3. 软硬件问题

（1）软件崩溃

如果设备的软件发生崩溃，可能需要重新启动设备或进行软件更新。同时，检查是否存在软件 bug，如有存在应及时进行修复。

（2）硬件损坏

硬件损坏可能需要更换受损的部件，确保设备的正常运行。此外，检查硬件的散热系统，防止因过热导致硬件故障。

（三）定期检查与维护计划

1. 定期检查

制订定期检查计划，包括但不限于每月、每季度或每年的定期检查。定期检查应覆盖所有关键的传感器与监测设备，确保其在运行中始终处于良好状态。

2. 维护记录与历史数据分析

建立维护记录，详细记录每次的维护过程、更换部件、问题处理等情况。通过分析历史维护数据，可以发现设备的性能趋势、故障模式，为未来的维护提供有益的参考。定期对维护记录进行分析，可以发现一些潜在的问题迹象，有助于采取预防性维护措施，提高设备的可靠性。

3. 周期性校准与测试

制订周期性的校准与测试计划，确保传感器输出的数据准确可靠。校准过程中可以对传感器进行调整，保证其在不同工况下的测量精度。同时，进行设备的功能测试，确保各个监测点正常工作。

4. 预防性替换

一些关键部件可能存在寿命限制，制订预防性替换计划，提前更换老化部件，防止其引发设备故障。这种预防性的维护措施可以避免由于设备关键部件失效而导致的运行中断和事故风险。

5. 环境监测

轨道交通车辆经常运行在不同的环境中，包括高温、低温、高湿度、恶劣天气等条件。因此，建立环境监测计划，确保设备能够适应不同的工作环境，保持正常工作状态。

（四）专业维护团队培训与管理

1. 维护团队培训

确保维护团队具备足够的专业知识和技能，能够独立进行设备维护和故障排查。为维护团队提供定期的培训，使其了解最新的维护技术、设备更新以及常见问题处理方法。

2. 定期演练

定期组织维护团队进行紧急情况下的演练，提高其应对突发事件的应急能力。演练内容可以包括设备故障应对、紧急维修、团队协作等方面，确保维护团队在紧急情况下能够迅速、有效地应对各种问题。

3. 管理与监督

建立完善的维护管理体系，确保维护团队的工作按照计划进行。通过监督和管理，及时发现和解决团队中存在的问题，提高维护团队的整体绩效。

轨道交通车辆的安全传感器与监测设备是确保列车安全运行的关键组成部分。通过建立科学的维护流程、定期巡检、常见问题处理、定期检查与维护计划、专业维护团队培训与管理等措施，可以有效确保这些设备的可靠性和稳定性。维护工作不仅是对设备进行修复，而且是对设备的预防性保养，以确保其在运行中始终处于最佳状态。未来，随着技术的不断进步，维护工作将更加智能化、自动化，为轨道交通系统的安全性和可靠性提供更强有力的支持。通过维护工作的不懈努力，可以确保轨道交通车辆的安全、高效、可持续运行。

三、轨道交通车辆安全系统软件的更新与升级

轨道交通车辆的安全系统软件在现代城市交通中扮演着至关重要的角色。为了适应不断变化的技术环境、提升系统性能和安全性，安全系统软件的更新与升级是必不可少的。本书将深入探讨轨道交通车辆安全系统软件的更新与升级，包括更新的原因、更新过程中的挑战与策略、未来发展趋势等方面，以期为轨道交通的安全与可持续发展提供指导和支持。

（一）更新与升级的背景和原因

1. 技术演进与创新

随着科技的不断发展，新的技术和解决方案不断涌现，为轨道交通车辆的安全系统软件带来了更多可能性。通过更新和升级软件，可以将先进的技术应用到系统中，提高系统的性能、效率和智能化水平。

2. 安全性提升

安全是轨道交通系统最为关注的问题之一。及时更新软件可以修复已知的安全漏洞，增强系统的抗攻击性，提升整个交通系统的安全水平。

3. 功能增强与优化

随着城市交通需求的不断增加，对轨道交通车辆安全系统软件功能的要求也在不断提升。通过软件的更新与升级，可以引入新的功能、优化现有功能，以适应不断变化的交通环境和需求。

4. 遵循法规标准

轨道交通行业的法规标准不断更新和完善，软件更新与升级是确保系统一直符合最新法规标准的重要手段。通过遵循最新的法规标准，系统可以更好地满足监管要求，提高合规性。

（二）更新与升级的挑战与策略

1. 挑战

（1）系统复杂性

轨道交通车辆的安全系统涉及多个子系统和模块，系统复杂性较高。在更新与升级过程中，需要确保新的软件版本与现有系统的各个部分兼容，避免出现新的问题。

（2）数据迁移与兼容性

更新与升级可能涉及大量的数据迁移工作，确保系统的历史数据不丢失且能够与新系统兼容是一个挑战。特别是在大规模的交通系统中，数据的完整性和兼容性尤为重要。

（3）系统稳定性风险

更新与升级可能导致系统稳定性的风险。在新版本发布后，可能会出现一些未知的问题，可能影响系统的正常运行。这就需要在更新前进行充分的测试和评估，以降低系统稳定性的风险。

2.策略

（1）渐进式更新

采用渐进式更新策略，即逐步更新系统的不同部分，而不是一次性更新整个系统。这有助于降低更新过程中的风险，及时发现和解决问题。

（2）充分测试与模拟

在更新之前进行充分的测试和模拟，模拟不同情况下的系统运行，评估新版本的稳定性和性能。通过测试和模拟，可以在实际更新前发现并解决潜在的问题。

（3）数据备份与恢复计划

在更新前，进行完整的数据备份，并建立有效的数据恢复计划。这样，在更新过程中发生数据丢失或损坏的情况，可以迅速将系统恢复到更新前的状态。

（4）引入自动化工具

采用自动化工具进行软件更新与升级，可以提高效率，减少人为错误的发生。自动化工具可以帮助实现系统的快速迭代，提高更新的灵活性。

（三）未来发展趋势

1.云端服务与边缘计算

未来的趋势之一是将轨道交通车辆安全系统软件向云端服务和边缘计算发展。通过云端服务，可以实现更便捷的软件更新与升级，同时将一些计算任务移到云端，减轻车辆端的负担，提高系统的响应速度和灵活性。

2.人工智能与数据分析

引入人工智能和数据分析技术，使轨道交通车辆安全系统软件更具智能化和预测性。通过对大量数据的分析，系统可以更好地理解和适应交通环境，提前发现潜在问题，并根据实时情况调整系统行为。

3.安全防护技术

随着网络攻击的日益增多，未来的软件更新与升级将更加注重安全防护技术的应用。采用先进的加密、认证和防护手段，确保软件更新过程的安全性，防范潜在的网络攻击。

4.模块化与开放性设计

未来的软件更新与升级将更加注重系统的模块化和开放性设计。模块化设计使得系统的不同部分可以独立更新，提高了系统的灵活性。开放性设计则鼓励各种设备和系统之间的互操作性，促使软件更容易适应不同硬件和系统架构。

5.用户参与与反馈

未来的发展趋势还将更加注重用户的参与与反馈。通过建立反馈机制，收集用户对软件性能和功能的意见和建议，以更好地满足用户的需求。用户参与不仅提高了软件更新的针对性，也增强了用户对系统的信任感。

轨道交通车辆安全系统软件的更新与升级是保持系统高效、安全运行的关键步骤。通过抓住技术演进的机遇，更新系统软件可以提高系统性能、安全性，适应不断变化的需求和法规标准。然而，在更新与升级过程中也存在一些挑战，如系统复杂性、数据迁移兼容性等问题。为应对这些挑战，采用渐进式更新、充分测试与模拟、数据备份与恢复计划等策略可以降低风险。

未来，随着云端服务、人工智能、安全防护技术等领域的发展，软件更新与升级将朝着更智能、更安全、更开放的方向发展。通过紧跟技术潮流，采取适当的策略，轨道交通车辆安全系统软件将不断得到优化和升级，为城市交通的可持续发展提供更加稳健的支持。

第五节　车辆信息系统的检修与维护

一、轨道交通车辆车载信息显示与通信设备的故障排除

轨道交通车辆的车载信息显示与通信设备是确保列车正常运行、保障乘客信息传递的关键组成部分。然而，在实际运营中，这些设备可能会面临各种故障，影响列车的运行效率和乘客的出行体验。因此，及时有效的故障排除对于保障轨道交通系统的正常运行至关重要。本书将深入探讨轨道交通车辆车载信息显示与通信设备的故障排除，包括故障的常见原因、排查步骤、解决方法以及未来的发展趋势。

（一）常见故障原因分析

1.电源问题

车载信息显示与通信设备通常依赖电源供应。电源供应不稳定、电缆连接问题或电源模块故障都可能导致设备无法正常工作。

2.通信信号干扰

在复杂的城市环境中，通信信号可能受到干扰，尤其是在高楼大厦密集的区域。信号干扰可能导致通信设备连接不稳定或无法连接。

3.软件故障

车载信息显示与通信设备使用复杂的软件系统，软件 bug、程序崩溃或不良更新可能引发设备故障。

4.硬件损坏

硬件组件损坏，例如显示屏、通信模块等元件出现故障，可能导致设备无法正常工作。

（二）故障排查步骤

1.确认故障现象

在进行故障排查之前，首先需要确认故障的具体现象。这可能包括信息显示屏黑屏、通信信连接失败、显示信息错误等。准确定位故障现象有助于更精准地进行排查。

2.检查电源供应

检查电源线路，确保电源供应正常。可以使用电压表检测电源电压，排除电源问题对设备的影响。

3.检查通信信号

对通信设备进行信号检查，确保通信连接稳定。排查信号干扰的可能性，可以在不同位置进行测试，找到信号较差的区域。

4.软件诊断

通过软件诊断工具检查设备的软件状态，查找是否存在程序错误或崩溃的迹象。更新软件或恢复到上一个稳定版本可能是解决软件故障的有效手段。

5.检查硬件组件

对硬件组件进行检查，包括检查显示屏、通信模块、连接线路等。损坏的硬件可能需要更换或修复。

6.日志分析

对设备产生的日志进行分析，查找异常记录和错误信息。日志分析有助于了解设备发生故障的原因，指导后续的排除步骤。

（三）故障解决方法

1.电源问题解决

检修电源线路：检查电源线路，确保连接牢固，无短路和断路。修复或更换受损的电源线路。

电源模块更换：如果电源模块出现故障，可能需要更换新的电源模块。

备用电源切换：如有备用电源，可以尝试切换到备用电源以确保设备正常运行。

2. 通信信号干扰解决

信号放大器增强：在信号弱的区域安装信号放大器，提升通信信号强度。

使用抗干扰设备：采用专门的抗干扰设备，减小外部信号对通信设备的影响。

调整通信频率：尝试调整通信设备的频率，避免与干扰源频率发生冲突。

3. 软件故障解决

软件更新：如果是已知的软件 bug，可以通过软件更新修复问题。

回滚到稳定版本：如果新版本引入了问题，可以回滚到之前的稳定版本，等待新版本修复后再升级。

4. 硬件损坏解决

硬件更换：更换损坏的硬件组件，确保替换部件的兼容性和稳定性。

修复连接线路：对于损坏的连接线路，进行修复或更换，以确保数据传输的正常进行。

（四）未来发展趋势

1. 远程监测与维护

未来的车载信息显示与通信设备可能更加注重远程监测与维护。通过远程监测，系统管理员可以实时监控设备状态、进行故障诊断，并远程升级软件，减少对列车的停运时间。

2. 智能诊断与预测

引入智能诊断技术，通过机器学习算法对设备进行智能诊断，提前发现潜在故障并进行预测。这将有助于减少对设备的维护次数，提高维护的精准性。

3. 模块化设计与可拓展性

未来的车载信息显示与通信设备可能采用更加模块化的设计，使得各个功能模块可以独立更新与升级，提高设备的可拓展性。这有助于更灵活地适应新的功能和技术。

4.5G 技术的应用

随着 5G 技术的普及，车载信息显示与通信设备将能够获得更为快速和稳定的数据传输速度。这将提高实时信息显示的效率，增强通信设备的可靠性。

5. 多通道通信设计

为了应对复杂城市环境中的信号干扰，未来的设备可能采用多通道通信设计，以确保设备在不同频段上都能保持通信稳定。

轨道交通车辆车载信息显示与通信设备的故障排除是保障列车正常运行和乘客出行安全的重要环节。通过深入分析常见故障原因，制定系统的故障排查步骤，并采用有效的解决方法，可以迅速恢复设备的正常工作。未来，随着技术的不断进步，车载信息显示与通信设备将朝着远程监测、智能诊断、模块化设计等方向发展，以更好地适应城市交通的快速发展和变化。通过不断提升设备的可靠性和智能化水平，轨道交通系统将更加安全、高效、智能地服务乘客。

二、轨道交通车辆信息系统软件的更新与升级策略

随着科技的不断发展，轨道交通车辆信息系统软件在提高运行效率、优化用户体验、增强安全性等方面发挥着重要作用。然而，为了保持系统的可靠性和适应性，定期的软件更新与升级是必不可少的。本书将深入探讨轨道交通车辆信息系统软件更新与升级的策略，包括更新的动机、策略制定、执行步骤、风险管理等方面，以期为轨道交通系统的可持续发展提供指导和支持。

（一）软件更新的动机

1. 技术演进与创新

随着轨道交通车辆信息系统软件的技术环境不断演进，新的技术和解决方案不断涌现。通过定期更新，系统可以融入最新的技术，提高运行效率、降低能耗、增强安全性等。

2. 安全性提升

随着网络攻击日益增多，保障信息系统的安全性变得尤为重要。定期的软件更新可以修复已知的安全漏洞，增强系统的抗攻击性，确保乘客信息和列车运行的安全。

3. 用户体验优化

用户体验是衡量信息系统成功的重要指标之一。通过更新与升级，可以引入新的功能、改进用户界面、提高系统的响应速度，从而提升用户体验，满足乘客对信息系统的期望。

4. 法规标准遵循

轨道交通行业的法规标准不断更新和完善。软件更新与升级是确保系统一直符合最新法规标准的重要手段。通过遵循最新的法规标准，系统可以更好地满足监管要求，提高合规性。

（二）软件更新与升级策略制定

1. 制订更新计划

在制订更新计划时，需要考虑系统的整体架构、硬件设备、系统模块等因素。确定更新的频率，例如是定期的日常更新、季度更新还是年度更新，以及更新的时间窗口，以最大程度地减少对列车运营的影响。

2. 制定风险评估与管理策略

在进行软件更新时，需要充分评估潜在的风险。这包括可能的系统中断、功能失效、

兼容性问题等。制定风险管理策略，明确紧急情况的应急措施，以及如何回滚到之前的稳定版本。

3. 保障数据安全

在更新与升级过程中，要确保重要数据的安全性。定期进行数据备份，尤其是在关键更新之前。这样，即使在更新过程中发生问题，也能够迅速恢复到更新之前的状态。

4. 用户培训计划

如果更新引入了新的功能或改变了用户界面，需要制订相应的用户培训计划。确保相关人员了解新的系统特性，以减少因更新而导致的用户操作错误和投诉。

（三）软件更新与升级执行步骤

1. 预备工作

在进行软件更新之前，进行充分的预备工作是关键的一步。包括备份系统数据、关闭相关服务、通知相关人员等。

2. 软件下载与安装

根据更新计划，下载最新版本的软件，并进行安装。在这一步骤中，要确保软件的完整性和来源的可信性。

3. 系统测试

安装完成后，进行系统测试，包括功能测试、性能测试、兼容性测试等。测试过程中发现的问题需要及时记录并解决。

4. 用户验证

在更新完成后，进行用户验证，确保更新后的系统满足用户的需求，且新功能或界面变化不影响用户的正常使用。

5. 紧急回滚计划

即使经过充分的测试，仍然可能会在更新后出现问题。因此，制订紧急回滚计划是非常重要的。在出现重大问题时，迅速回滚到之前的稳定版本，以保障列车的正常运行。

（四）风险管理与问题解决

1. 风险管理

在软件更新过程中，风险管理是不可或缺的一环。建立完善的风险评估体系，及时发现并解决潜在的问题，最小化对列车运行的干扰。

2. 问题解决

在更新过程中，可能会遇到各种问题，包括软件不稳定、功能失效、硬件兼容性等。建立问题解决团队，及时响应和解决问题，确保列车信息系统的正常运行。

轨道交通车辆信息系统软件的更新与升级是确保系统持续稳定运行的关键步骤。

通过明确的更新计划、细致的风险管理、系统测试与用户验证等步骤，可以有效降低更新过程中的风险。未来，随着自动化、云原生、持续集成等技术的发展，软件更新将更加智能、高效，以更好地适应轨道交通系统的复杂需求。持续关注技术趋势，并及时调整更新策略，将有助于轨道交通车辆信息系统保持领先水平，为城市交通提供更安全、高效、智能的服务。

三、轨道交通车辆乘客服务系统的日常运行维护

轨道交通车辆乘客服务系统在现代城市交通中发挥着至关重要的作用。为了保障系统的正常运行、提高乘客出行体验以及确保信息传递的可靠性，日常运行维护显得尤为重要。本书将深入探讨轨道交通车辆乘客服务系统的日常运行维护，包括维护的目标、关键步骤、常见问题的处理与预防以及未来的发展趋势。

（一）日常运行维护的目标

轨道交通车辆乘客服务系统的日常运行维护的主要目标是确保系统的可靠性、稳定性和安全性。具体目标包括以下几个方面：

1. 系统稳定性

确保乘客服务系统在日常运行中保持良好的稳定性，避免因软硬件故障导致系统崩溃或服务中断。

2. 数据完整性

保障系统中的数据完整性，防止因数据损坏或丢失导致信息错误，确保系统提供准确的实时信息。

3. 服务可用性

保障系统的服务可用性，确保乘客能够随时随地获取到所需的信息，提高系统的用户满意度。

4. 安全性保障

加强对系统的安全性管理，防范潜在的网络攻击、数据泄露等安全风险，确保乘客信息和交易的安全。

（二）日常运行维护的关键步骤

1. 系统监控与性能优化

实时监控系统的运行状况，包括服务器性能、数据库状态、网络带宽等。通过监控，及时发现潜在问题，提高系统的稳定性。

2. 定期备份与数据恢复测试

定期对系统数据进行备份，并进行数据恢复测试，确保在系统故障或数据损坏时

能够迅速有效地恢复到正常状态。

3. 软硬件设备巡检与维护

定期巡检和维护软硬件设备，包括服务器、网络设备、显示屏等。及时发现并修复硬件故障，确保设备的正常运行。

4. 安全漏洞扫描与修复

通过安全漏洞扫描工具对系统进行定期检测，及时修复发现的安全漏洞，提高系统的抗攻击能力。

5. 用户培训与支持

定期进行用户培训，确保相关人员了解系统的正确使用方法。同时提供有效的用户支持，及时解决用户在使用过程中遇到的问题。

（三）常见问题的处理与预防

1. 故障处理

问题：系统出现故障，影响了正常的服务。

处理：立即启动故障处理流程，迅速定位故障点，并采取有效措施修复故障。同时，记录故障原因，以便预防。

2. 数据丢失

问题：系统中的重要数据丢失，影响了系统的正常运行。

处理：进行数据恢复测试，尽快找回丢失的数据。强化备份策略，确保数据的定期备份，降低数据丢失的风险。

3. 安全漏洞

问题：系统存在安全漏洞，可能被恶意攻击。

处理：及时更新系统的安全补丁，加强网络安全措施，定期进行安全漏洞扫描，确保系统的安全性。

4. 系统性能下降

问题：系统性能下降，响应速度变慢。

处理：优化系统性能，可能包括升级硬件设备、优化数据库查询、改进代码结构等。通过监控系统性能，提前发现并解决潜在问题。

（四）未来发展趋势

1. 人工智能技术应用

未来，人工智能技术将更广泛地应用于轨道交通车辆乘客服务系统的日常运行维护中。通过引入智能监控、自动化故障诊断等技术，提高系统自我管理和修复的能力。

2. 大数据分析

借助大数据分析技术，对系统运行数据进行深入分析，挖掘潜在问题的根本原因。

通过预测性维护，提前发现并解决可能影响系统稳定性的问题。

3. 云服务

未来，云服务模式将更广泛地应用于轨道交通车辆乘客服务系统。云服务能够提供更灵活的扩展性和高可用性，同时减轻了本地硬件设备的负担。

4. 区块链技术

区块链技术的应用将进一步提升轨道交通车辆乘客服务系统的安全性和透明度。通过区块链技术，可以建立去中心化的安全数据库，防范数据篡改和恶意攻击，确保系统数据的可信度。

5. 物联网连接

物联网连接将成为日常运行维护的重要工具。各种传感器和设备可以通过物联网实现实时监测，提供更精准的运行数据，从而实现更智能、更及时的维护响应。

轨道交通车辆乘客服务系统的日常运行维护是确保系统正常运行、提高乘客体验的关键环节。通过有效的监控、定期的巡检、紧急问题的迅速响应和预防性的安全管理，可以最大限度地降低系统运行中的风险。未来，随着人工智能、大数据、云服务等技术的发展，乘客服务系统将更加智能、高效，为城市轨道交通系统提供更安全、便捷、舒适的服务。在日常运行维护中持续引入创新技术，及时调整维护策略，将有助于确保系统与时俱进，满足不断变化的城市交通需求。

第六节　车辆外观与内部设施的检修与维护

一、轨道交通车辆外观清洁与涂装保养

轨道交通车辆作为城市交通系统的重要组成部分，其外观清洁与涂装保养不仅关系到城市形象，而且直接影响乘客的出行体验和交通系统的整体运行效果。本书将深入探讨轨道交通车辆外观清洁与涂装保养的重要性、清洁与保养的步骤与工艺，以及未来涂装技术的发展趋势。

（一）外观清洁与涂装保养的重要性

1. 城市形象的代表

轨道交通车辆是城市交通系统的重要代表之一，其外观直接关系到城市的整体形象。一辆外观整洁、色泽鲜艳的车辆既能够提升城市形象，也能够让乘客在出行时产生更好的感受。

2. 乘客体验的影响

外观清洁与涂装保养直接影响乘客的出行体验。一辆干净整洁的车辆不仅能够提高乘客的满意度，还能给人一种安全、可靠的感觉，同时能够增加乘客对交通系统的信任感。

3. 涂装保养的保护作用

涂装不仅为车辆赋予美观的外观，同时还具有防腐、保护车体的作用。合理的涂装保养能够延长车辆的使用寿命，降低维护成本，确保车辆在各种环境下都能够保持良好的状态。

（二）外观清洁的步骤与工艺

1. 预备工作

在进行外观清洁之前，需要做好预备工作。包括确定清洁时间，选择合适的清洁地点，准备清洁所需的工具和清洁剂。

2. 干扫与水洗

首先通过干扫将车辆表面的灰尘、杂物清理干净，然后使用水洗将表面污物冲洗干净。水洗时要注意水压的控制，以防水流对车辆表面造成损伤。

3. 清洁剂的选择

选择适合轨道交通车辆清洁的专用清洁剂。清洁剂应具有去污、防腐蚀、保护涂层等功能，同时要注意清洁剂的环保性和对人体的安全性。

4. 刷洗与擦拭

对于难以清洗的部位，可以使用刷子进行刷洗，并使用柔软的擦拭工具进行擦拭，确保清洁彻底。

5. 防腐处理

在清洁完成后，可以进行防腐处理，这包括对车辆表面进行防腐涂层的处理，以延长车辆的使用寿命。

（三）涂装保养的步骤与工艺

1. 表面处理

在进行涂装之前，需要对车辆表面进行处理。包括去除旧涂层、修补表面损伤、打磨等工序，确保涂装的基材光滑、无缺陷。

2. 底漆涂装

在表面处理完成后，进行底漆涂装。底漆涂装的目的是增加附着力，提高涂层的耐久性。选择适合的底漆，确保其与基材的兼容性。

3. 面漆涂装

在底漆涂装干燥后，进行面漆涂装。面漆涂装不仅能够赋予车辆美观的外观，还能够提供更好的保护作用。选择适合的面漆，注意涂装的均匀性和光泽度。

4. 干燥与固化

完成涂装后，需要进行充分的干燥与固化。这一步骤的质量直接关系到涂层的附着力和耐久性。可以通过空气干燥、烘干室等方式，确保涂装充分固化。

5. 光泽度与质量检测

对涂装完成的车辆进行光泽度和质量的检测。确保涂装效果符合要求，同时可以进行涂装质量的记录，为今后的维护提供参考。

（四）未来涂装技术的发展趋势

1. 纳米涂料技术

纳米涂料技术具有高耐候性、高抗污性等优点，能够形成更加坚固、持久的保护膜。未来，纳米涂料技术有望广泛应用于轨道交通车辆的涂装保养中，提高涂层的防护性能，延长车辆表面的清洁效果。

2. 智能涂装技术

随着智能技术的发展，智能涂装技术有望引入轨道交通车辆的维护领域。通过自动化、机器学习等技术，实现涂装过程的智能化控制，提高涂装的效率和精准度。

3. 环保涂料材料

未来的涂装技术将更加注重环保性能。研发和应用更环保的涂料材料，减少有害物质的排放，降低对环境的影响。水性涂料、UV 固化涂料等环保型涂料将逐渐取代传统有机溶剂涂料。

4. 涂装过程监控系统

引入先进的监控系统，对涂装过程进行实时监控。通过传感器、摄像头等设备，对涂料喷涂的均匀性、涂层厚度等进行精准监测，及时发现问题并进行调整。

5. 仿生涂装技术

借鉴自然界的设计原理，研发仿生涂装技术。通过模拟植物表面的微纹理结构，实现涂层的自洁效果，减少黏附污物，降低清洁频率。

轨道交通车辆的外观清洁与涂装保养是保障城市形象、提升乘客体验、延长车辆使用寿命的关键环节。通过规范的清洁工艺和科学的涂装技术，可以确保车辆在不同环境条件下保持良好的状态。未来，随着纳米技术、智能技术、环保材料等的应用，涂装技术将更加智能、环保，为城市交通系统的可持续发展提供更全面的支持。定期的外观清洁与涂装保养不仅是维护车辆外观的问题，更是提升城市形象和乘客满意度的必由之路。

二、轨道交通车辆内部设施的磨损检查与更换

轨道交通车辆内部设施的良好状态对保障乘客出行体验、确保交通系统安全运行至关重要。随着车辆的运营时间增长，内部设施会受到磨损和老化的影响，因此定期的磨损检查与设施更换是车辆维护管理中不可或缺的环节。本书将深入探讨轨道交通车辆内部设施的磨损检查与更换的重要性、关键步骤与技术手段，以及未来发展的趋势。

（一）内部设施磨损的重要性

1. 乘客安全与舒适

内部设施的磨损可能导致设备失效、乘客受伤或不适，直接影响到乘客的安全和舒适。通过定期磨损检查与更换，可以预防潜在的安全隐患，提高乘客的出行安全性。

2. 延长设备寿命

及时的磨损检查与更换有助于发现并修复设施的磨损问题，从而延长内部设施的使用寿命。这有助于减少设备的维护成本，提高车辆的整体经济效益。

3. 提升服务质量

内部设施的良好状态直接关系到乘客的出行体验。通过及时的磨损检查与更换，可以保持设备的良好状态，提升轨道交通系统的服务质量，增加乘客的满意度。

（二）磨损检查与更换的关键步骤

1. 制订检查计划

在进行磨损检查与更换之前，需要制订详细的检查计划。计划中应包括检查的频率、具体检查的项目、检查的标准和方法等。不同的内部设施可能有不同的检查周期和标准。

2. 检查车辆座椅

车辆座椅是乘客接触最频繁的部分，也容易受到磨损。检查座椅的整体结构、坐垫的弹性、座套的磨损程度等。根据检查结果，及时更换磨损严重的座椅部件。

3. 检查车辆地板

车辆地板承受着乘客行走、站立等多方面的压力，容易出现磨损。检查地板的平整度、防滑性能，确保乘客在行走过程中的安全。

4. 检查扶手和把手

乘客在车辆行驶中需要依靠扶手和把手，这些部件的稳固性和舒适度对乘客的安全感和舒适感有很大影响。检查扶手和把手的连接部位、材料是否有裂纹、是否有松动等问题，及时更换有问题的部件。

5.检查车辆照明设施

良好的照明设施对乘客的安全和舒适也至关重要。检查车辆内部的照明设施，包括车厢内的灯具、应急照明等，确保其正常工作，替换损坏或失效的照明设备。

6.检查车辆信息显示屏

车辆信息显示屏是向乘客提供信息的主要途径之一。检查显示屏的亮度、清晰度、触摸屏的灵敏度等，确保信息显示的准确性和清晰度。

7.检查门禁系统

轨道交通车辆的门禁系统是确保乘客安全的重要组成部分。检查车门的闭合性能、安全感应系统等，确保门禁系统的正常运行，避免因磨损导致的安全隐患。

（三）技术手段的应用

1.智能监测系统

引入智能监测系统，通过传感器、摄像头等设备实时监测内部设施的磨损状况。利用人工智能技术，分析监测数据，提前发现潜在问题，实现预防性维护。

2.数据分析与预测

通过对历史维护数据的分析，建立内部设施的磨损模型，预测不同部件的寿命和磨损趋势。基于数据的预测性维护可以更加精准地制订更换计划，提高维护效率。

3.远程监控与维护

利用远程监控技术，实现对轨道交通车辆内部设施的远程监测和维护。远程技术可以实现对设备状态的实时监控，远程定位问题并进行诊断，以降低维护响应时间，提高效率。

4.材料科技创新

通过材料科技的不断创新，研发更具耐磨、抗老化、抗污染等特性的材料，用于内部设施的制造。采用先进的材料可以有效减缓磨损的速度，延长设备的使用寿命。

（四）常见内部设施的更换与维护

1.座椅更换

座椅是乘客最直接接触的部分，其舒适度和稳定性对乘客体验至关重要。座椅的磨损检查主要包括坐垫的弹性、座套的磨损情况，如发现磨损严重，应及时更换座椅零部件或整个座椅。

2.地板更换

地板是承受乘客站立、行走等活动的重要区域，容易受到磨损。检查地板的平整度、防滑性等，如有明显磨损，需要更换新的地板材料。

3.扶手和把手更换

扶手和把手的稳固性对乘客的安全感和舒适感有重要影响。检查连接部位是否松动、材料是否有裂纹，如发现问题，应及时更换损坏的扶手或把手。

4. 照明设施更换

良好的照明设施对于提升乘客体验和确保安全十分关键。检查灯具的亮度、清晰度，及时更换灯泡或整个灯具，确保车辆内部光线充足。

5. 信息显示屏更换

车辆信息显示屏是提供信息的主要途径之一。检查显示屏的工作状态、亮度、清晰度等，如有故障或磨损，应及时更换显示屏设备。

6. 门禁系统更换

门禁系统的稳固性与灵敏度直接关系到乘客的安全。定期检查车门的闭合性能、安全感应系统等，如发现问题，应及时更换损坏的门禁系统部件。

轨道交通车辆内部设施的磨损检查与更换是确保交通系统安全、提升乘客体验的重要环节。通过科学的检查计划、技术手段的应用以及及时的设施更换，可以确保车辆内部设施的良好状态，延长设备寿命，提高维护效率。

三、轨道交通车辆乘客设施的卫生与维护

轨道交通作为现代城市的重要交通方式，其车辆内部设施的卫生与维护直接关系到乘客的出行体验、健康与安全。定期的卫生维护不仅能够提升乘客满意度，还有助于预防传染病的传播。本书将深入探讨轨道交通车辆乘客设施卫生与维护的重要性、关键步骤与技术手段，以及未来的发展趋势。

（一）卫生与维护的重要性

1. 乘客出行体验

卫生与维护直接关系到乘客的出行体验。一个干净整洁、设施完好的车辆内部环境能够提高乘客的满意度，增强对轨道交通的信任感。

2. 乘客健康与安全

良好的卫生状况有助于维护乘客的健康与安全。尤其在流行病暴发的时期，定期的卫生维护可以有效降低病毒传播的风险，保障乘客的身体健康。

3. 车辆内部设施寿命

卫生与维护工作也直接影响车辆内部设施的寿命。通过定期清洁、维护和更换损坏的设施，可以延长其使用寿命，降低维护成本。

（二）卫生与维护的关键步骤

1. 制订卫生维护计划

在进行卫生与维护工作之前，需要制订详细的卫生维护计划。计划中应包括卫生

的频率、具体维护的项目、维护的标准和方法等。不同的设施可能有不同的维护周期和标准。

2. 车辆内部设施清洁

（1）座椅清洁

座椅是乘客直接接触的部分，容易受到污渍和细菌的影响。定期对座椅进行清洁，包括坐垫、座背、扶手等，使用专业的清洁剂和消毒液，确保座椅的整洁和卫生。

（2）地板清洁

车辆地板是乘客行走、站立的区域，需要定期清理。除去灰尘、杂物，使用洁净剂进行清洁，确保地板的整洁和干净。

（3）扶手和把手清洁

扶手和把手是乘客经常接触的部位，容易传播细菌。定期用消毒液擦拭扶手和把手表面，保持清洁卫生。

3. 设施维护与更换

（1）检查座椅和扶手的稳固性

定期检查座椅和扶手的连接部位是否稳固，如有松动或损坏，应及时进行修复或更换。

（2）检查车辆照明设施

检查车辆内部的照明设施，确保灯泡的正常工作，替换损坏的灯具，保障车辆内部的明亮度。

（3）定期更换车辆地板

车辆地板容易受到磨损，定期检查地板的平整度和防滑性能，如有磨损，应及时更换新的地板材料。

（4）门禁系统的检查与维护

检查车辆门禁系统的闭合性能、安全感应系统等，确保门禁系统的正常运行，如有问题，应及时进行修复或更换。

（三）技术手段的应用

1. 智能卫生监测系统

引入智能监测系统，通过传感器、摄像头等设备实时监测车辆内部设施的卫生状况。利用人工智能技术，分析监测数据，提前发现潜在问题，实现预防性维护。

2. 数据分析与预测

通过对历史卫生维护数据的分析，建立设施卫生状况的模型，预测不同设施的寿命和卫生状况。基于数据的预测性维护可以更加精准地制订维护计划，提高维护效率。

3. 自动化卫生设备

引入自动化卫生设备，如自动清洁机器人、自动喷雾消毒系统等，实现对车辆内部设施的自动清洁和消毒。这些设备能够高效地覆盖整个车厢，定期执行清洁任务，减少人工干预，提高清洁效率。

4. 智能化维护平台

建立智能化维护平台，将卫生维护的数据、监测结果以及维护记录整合到一个平台中，实现对车辆内部设施状态的全面管理。该平台可用于制订维护计划、监控维护进度、分析设备寿命等，提高维护管理的科学性和效率。

（四）常见乘客设施的卫生与维护

1. 座椅卫生与维护

（1）清洁座椅表面

定期使用专业的清洁剂擦拭座椅表面，清除污渍和细菌，保持座椅的干净卫生。

（2）检查座椅结构

定期检查座椅的结构，包括座椅腿部连接、座背调节装置等，确保座椅的稳固性和舒适性。

（3）定期更换座椅套

座椅套是直接接触乘客的部分，定期更换干净的座椅套，防止交叉感染和细菌滋生。

2. 车辆照明设施卫生与维护

（1）清洁灯具表面

使用合适的清洁工具擦拭车辆内部的灯具表面，确保照明设施的明亮度。

（2）定期更换灯泡

定期检查车辆内部的灯泡是否正常工作，如有灯泡熄灭或亮度不足，需要及时更换新的灯泡。

3. 门禁系统卫生与维护

（1）清洁门禁系统表面

定期使用消毒液擦拭门禁系统表面，确保门禁系统的清洁卫生。

（2）检查门禁系统工作状态

定期检查门禁系统的工作状态，包括感应系统、门闭合性能等，确保其正常运行。

4. 地板卫生与维护

（1）定期清理地板

使用专业的清洁设备清理车辆地板，清除灰尘、杂物，保持地板的干净整洁。

（2）定期更换地板材料

车辆地板容易受到磨损，定期检查地板的磨损情况，如有需要，应及时更换新的地板材料。

（五）未来发展趋势

1. 智能卫生机器人

随着人工智能技术的发展，未来可能引入智能卫生机器人，能够自主完成车辆内部设施的卫生清理工作，提高卫生维护的效率。

2. 纳米材料应用

未来可能采用纳米材料，制造具有自清洁和抗菌特性的座椅、地板等设施，减少对传统清洁剂的依赖，降低清洁成本。

3. 无接触式卫生设备

引入无接触式卫生设备，如无接触式消毒装置、自动清洁系统等，减少人工干预，提高设施卫生的安全性。

4. 数据驱动的卫生维护

利用大数据和人工智能技术，建立乘客设施卫生状况的实时监测系统，实现对卫生维护的数据驱动管理，提高维护的准确性和及时性。

轨道交通车辆乘客设施的卫生与维护是确保乘客安全、提升出行体验的重要环节。通过制订科学的卫生维护计划、应用先进的技术手段以及定期的设施检查与更换，可以确保车辆内部设施的清洁、整洁和安全。未来，随着技术的不断创新，卫生与维护工作将更加智能化、自动化，推动轨道交通系统朝着更为安全、健康、舒适的方向发展。

第五章　车辆故障排除与紧急处理

第一节　车辆故障的分类与诊断

一、轨道交通车辆常见故障类型与特征

轨道交通车辆作为城市交通体系的重要组成部分，其正常运行对城市的交通安全和效率至关重要。然而，由于长时间运行、复杂的车辆系统以及各种外部因素，轨道交通车辆难免会出现各种故障。了解和识别常见故障类型及其特征对及时修复、确保运行安全具有重要意义。本书将深入探讨轨道交通车辆的常见故障类型，包括电气系统、机械系统、制动系统等，并详细介绍它们的特征和可能的原因。

（一）电气系统故障

1. 特征

（1）车辆无法启动

电气系统故障可能导致车辆无法启动，这是最直观的表现。此时，驾驶员尝试启动车辆，但车辆未能正常响应。

（2）灯光异常

电气系统故障还可能表现为车辆灯光异常，包括前照灯、示廓灯、尾灯等。灯光闪烁、不亮或亮度不稳定都可能是电气系统问题的体现。

（3）仪表板警告灯

电气系统出现故障时，仪表板上的警告灯可能亮起，指示出现问题的具体区域，例如电池、发动机或其他关键部件。

2. 常见原因

（1）电池故障

电池是电气系统的重要组成部分，其老化、损坏或电量不足都可能导致电气系统故障。

（2）发电机问题

发电机负责为车辆充电，如果发电机损坏或失效，电池将无法获得足够的电力供应。

（3）电气线路故障

电气线路可能因磨损、断裂或短路而导致故障，影响电流的正常流动。

（二）机械系统故障

1. 特征

（1）异常噪声

机械系统故障通常伴随着异常的噪音，例如轴承损坏、齿轮磨损等都可能导致发出刺耳或异响声。

（2）震动与抖动

机械系统问题可能引起车辆的异常振动或抖动，这可能是由于零部件失衡或机械连接问题引起的。

（3）性能下降

机械系统故障还可能导致车辆性能下降，例如加速不顺畅、速度下降、燃油效率降低等。

2. 常见原因

（1）发动机故障

发动机是机械系统的核心组成部分，可能由于缺乏润滑、气缸问题或点火系统故障而导致性能下降。

（2）制动系统问题

制动系统的机械部件，如刹车盘、刹车鼓等，可能因磨损或失效而引起异响或制动效果不佳。

（3）传动系统异常

传动系统的问题，包括离合器故障、变速器问题等，可能导致车辆在行驶中产生抖动、异响等现象。

（三）制动系统故障

1. 特征

（1）刹车失灵

制动系统故障最明显的特征之一是刹车失灵，驾驶员踩下制动踏板但车辆未能减速或停车。

（2）刹车异响

制动系统故障可能导致刹车过程中产生异常的噪声，如刺耳的摩擦声、刹车片与刹车盘之间的异响等。

（3）刹车距离增加

制动系统故障可能导致刹车距离明显增加，即使驾驶员采取正常刹车操作，车辆仍然需要更长的距离才能停下来。

2. 常见原因

（1）刹车片磨损

刹车片是制动系统中易受磨损的部件，长时间使用后可能会耗尽，导致制动效果下降。

（2）制动液问题

制动液的质量与制动系统的正常运行密切相关。制动液泄漏、油质劣化等问题可能导致制动系统故障。

（3）刹车系统泄漏

制动系统的管路和密封件可能存在泄漏，导致制动油流失，影响刹车性能。

（四）轮胎与悬挂系统故障

1. 特征

（1）轮胎异常磨损

轮胎出现不均匀或异常的磨损可能是悬挂系统故障的信号，例如内侧或外侧磨损、单侧磨损等。

（2）车身倾斜

悬挂系统故障可能导致车身出现不正常的倾斜，这在行驶过程中或在停车状态下都可能观察到。

（3）频繁颠簸

悬挂系统故障可能导致车辆在行驶中频繁颠簸，使乘坐体验变得不稳定且不舒适。

2. 常见原因

（1）悬挂系统漏油

悬挂系统的气压和油液平衡是保持车身平稳的关键。漏油可能导致悬挂系统失效，影响车辆的稳定性。

（2）弹簧断裂

悬挂系统中的弹簧如果断裂或变形，将导致车辆高度不均匀，进而影响行驶平稳性。

（3）悬挂系统零部件磨损

悬挂系统中的各种零部件，如悬挂臂、球头等，由于长时间使用可能受到磨损，导致系统运行不正常。

轨道交通车辆的正常运行离不开各个系统的协同作用。理解并及时处理常见故障是确保车辆安全运行的重要一环。通过对电气系统、机械系统、制动系统、轮胎与悬挂系统等方面常见故障的深入了解，车辆运营方可以制订科学的维护计划，提高车辆的可靠性和安全性。未来，随着技术的不断创新，智能监测、预防性维护和仿生学设计等趋势将为轨道交通车辆的可持续运行提供更为可靠的支持。

二、轨道交通车辆故障诊断工具与设备的应用

随着城市轨道交通系统的快速发展，轨道交通车辆的安全和可靠性成为交通管理的重中之重。为了提高车辆的运行效率、减少故障停运时间，故障诊断工具和设备在轨道交通领域的应用显得尤为重要。本书将深入探讨轨道交通车辆故障诊断工具与设备的种类、原理和应用，以及其在提高车辆安全性和运行效率方面的作用。

（一）轨道交通车辆故障诊断工具的分类

1. 传统诊断工具

（1）手持式诊断仪

手持式诊断仪是一种常见的轨道交通车辆故障诊断工具，具有便携、易操作的特点。它可以通过连接车辆的接口，读取车辆各个系统的数据，并提供即时的故障诊断结果。

（2）电脑诊断软件

许多轨道交通车辆配备了专用的电脑诊断软件，通过连接车载电脑系统，可以实现对车辆各个部件的在线监测和故障诊断。这种方式通常需要专业的技术人员进行操作。

2. 先进智能诊断工具

（1）智能传感器

智能传感器是一种能够感知车辆各种参数的装置，包括温度、压力、振动等。通过大量的传感器分布在车辆各处，可以实时监测车辆状态，提前发现潜在故障。

（2）车载诊断系统

一些现代轨道交通车辆配备了先进的车载诊断系统，这些系统集成了传感器、通信模块和故障诊断算法，能够在车辆运行过程中实时收集、分析数据，并进行故障预测和诊断。

（二）轨道交通车辆故障诊断设备的原理与应用

1. 数据采集与传输原理

（1）数据采集

故障诊断工具通过传感器采集车辆各个系统的数据，包括机械系统、电气系统、制动系统等。这些数据涵盖了车辆运行的方方面面，为故障分析提供了丰富信息。

（2）数据传输

采集到的数据通过通信模块传输到中央监测系统。这可以通过有线或无线方式实现，例如使用车载无线网络或蓝牙技术。

2. 故障诊断算法原理

（1）机器学习算法

利用机器学习算法，可以对大量的历史数据进行学习和分析，建立起车辆不同工况下的模型。当出现新的数据时，机器学习算法可以根据已有模型进行预测和判断是否存在故障。

（2）专家系统

专家系统是一种基于规则和知识库的人工智能技术，通过将专业人员的经验和知识转化为规则，实现对车辆故障的诊断。这种系统能够模拟专业技术人员的决策过程，提高故障诊断的准确性。

3. 故障诊断设备的应用

（1）实时监测与预警

通过故障诊断设备，车辆运营方可以实时监测车辆状态。一旦发现异常，系统会立即发出预警，提醒相关工作人员进行检修和维护。

（2）远程诊断与维护

某些故障诊断设备支持远程诊断与维护。技术人员可以通过远程访问系统，诊断故障并提供远程指导，减少因故障而导致的停运时间。

（3）故障记录与分析

故障诊断设备还能够记录车辆的故障历史数据，并进行分析。这有助于车辆运营方了解车辆的健康状况，制订更科学的维护计划。

（三）挑战与未来发展方向

1. 挑战

（1）数据安全与隐私保护

随着故障诊断设备对车辆数据采集的增加，数据安全和隐私保护问题成为一个重要的挑战。确保采集到的车辆数据在传输、存储和处理过程中得到充分保护，防止未经授权的访问和滥用，是一个需要认真解决的问题。

（2）技术标准和兼容性

由于轨道交通车辆制造商和运营方的多样性，故障诊断设备的技术标准和兼容性可能存在差异。确保不同车辆和设备之间的互操作性，制定统一的技术标准是一个需要面对的挑战。

2. 未来发展方向

（1）强化智能化与自学习能力

未来故障诊断设备可以更加智能化，具备更强大的自学习能力。通过引入深度学习和神经网络等先进技术，设备可以更好地适应不同车辆的运行特点，提高诊断准确性。

（2）引入辅助现场维修功能

故障诊断设备未来可以进一步发展为集成维修辅助功能的多合一工具。例如，设备可以提供实时的维修说明、图纸和视频，帮助现场技术人员更迅速、准确地解决问题。

（3）推动标准化与规范制定

为了解决兼容性问题，未来需要更努力地推动标准化和规范制定。通过建立统一的数据格式和接口标准，促使不同制造商的车辆和设备能够更好地协同工作。

（4）引入量子计算等新技术

未来的故障诊断设备可能受益于新兴技术，如量子计算。量子计算的高效性能可能为更复杂的故障模型和算法提供支持，加快故障诊断的速度。

轨道交通车辆故障诊断工具与设备的应用对于确保轨道交通系统的安全、高效运行具有重要意义。通过传统的手持式诊断仪到先进的智能传感器和车载诊断系统，故障诊断设备已经从简单的数据采集工具发展为具有智能化、自学习能力的系统。然而，在推动这些技术发展的同时，也需要面对数据安全、兼容性、技术标准等方面的挑战。未来，随着技术的不断创新和应用，故障诊断设备将更加智能、高效，为轨道交通系统的可持续发展提供有力支持。

三、轨道交通车辆复杂故障的多因素分析与解决

轨道交通车辆是城市交通系统的关键组成部分，其正常运行对于保障城市出行的安全和便捷至关重要。然而，由于车辆本身的复杂性和长时间运行的影响，车辆可能会出现各种复杂故障，涉及机械、电气、电子等多个方面。本书将深入探讨轨道交通车辆复杂故障的多因素分析与解决策略，以期为提高车辆的可靠性、安全性和维护效率提供参考。

（一）轨道交通车辆复杂故障的分类

1. 电气系统复杂故障

（1）电池故障

电池是电气系统的重要组成部分，其老化、损坏或电量不足可能导致电气系统出现故障。

（2）发电机问题

发电机负责为车辆充电，损坏或失效可能导致电气系统供电不足。

（3）电气线路故障

电气线路问题，如磨损、断裂或短路，可能导致电流异常，影响电气系统的正常运行。

2. 机械系统复杂故障

（1）发动机故障

发动机问题可能包括缺乏润滑油、气缸问题或点火系统故障，直接影响机械系统的性能。

（2）制动系统问题

制动系统的机械部件，如刹车盘、刹车鼓等，由于磨损或失效可能导致制动效果不佳。

（3）传动系统异常

传动系统问题，包括离合器故障、变速器问题等，可能导致车辆行驶异常。

3. 制动系统复杂故障

（1）刹车失灵

制动系统故障可能导致刹车失灵，影响车辆的行驶安全。

（2）刹车异响

制动系统问题可能导致刹车过程中产生异响，影响乘客的舒适性。

（3）刹车距离增加

制动系统故障可能导致刹车距离明显增加，增加了事故的风险。

4. 轮胎与悬挂系统复杂故障

（1）轮胎异常磨损

悬挂系统故障可能导致轮胎不均匀磨损，影响车辆的稳定性。

（2）车身倾斜

悬挂系统问题可能导致车辆出现异常倾斜，影响驾驶和乘坐的安全性。

（3）频繁颠簸

悬挂系统故障可能导致车辆在行驶中频繁颠簸，影响乘客的舒适性。

（二）轨道交通车辆复杂故障的多因素分析

1. 系统集成问题

轨道交通车辆包含多个系统，如电气系统、机械系统、制动系统等，不同系统之间的集成可能存在问题。系统之间的不协调或接口设计不良可能导致故障发生。

2. 长时间运行引起的疲劳

轨道交通车辆长时间运行，部件不断受到振动，可能导致材料疲劳和零部件老化，增加了复杂故障的发生概率。

3. 外部环境因素

轨道交通车辆在运行过程中受到各种外部环境因素的影响，如恶劣天气、道路状况等。这些因素可能引起零部件损坏或系统故障，增加了故障的复杂性。

4. 设备制造质量问题

设备制造过程中可能存在零部件制造质量不合格、装配不当等问题，导致车辆在运行过程中出现难以预测的复杂故障。

（三）轨道交通车辆复杂故障的解决策略

1. 引入先进的故障诊断工具

采用先进的故障诊断工具，包括智能传感器、车载诊断系统等，实时监测车辆各个系统的状态，提前发现潜在问题。

2. 实施定期维护与检修

制订科学的定期维护计划，对车辆进行定期检修，包括更换老化部件、润滑系统、检查电气线路等，提高车辆整体的可靠性。

3. 强化人工智能技术应用

引入人工智能技术，如机器学习和深度学习，通过对大量历史数据的学习和分析，建立起更为复杂的故障模型。这样的模型能够更准确地识别潜在的问题，并提供更精准的解决方案。

4. 提高零部件质量和制造工艺

加强对零部件质量和制造工艺的控制，确保每个零部件都符合高标准的制造要求。采用先进的制造技术，如 3D 打印和数字化制造，提高零部件的精度和耐久性。

5. 强化外部环境适应性

考虑到外部环境因素的影响，对车辆进行更为全面的环境适应性设计。采用防护性材料，提高车辆的抗恶劣天气和道路条件的能力。

6. 加强系统工程设计

在轨道交通车辆的设计阶段，强调系统工程设计的原则，确保各个子系统之间的协调和统一。采用模块化设计，便于更换和维护，缩小故障的影响范围。

（四）未来发展趋势

1. 智能化运维管理系统

未来，轨道交通车辆的运维管理系统将更加智能化。通过集成先进的传感器、大数据分析和人工智能技术，实现对车辆状态的实时监测、故障预测和维护计划优化。

2. 云端服务与远程维护

云端服务将为轨道交通车辆提供更强大的数据存储和处理能力。通过云端服务，运营方可以实现对车辆的远程维护、故障诊断和软件更新，提高维护效率。

3. 先进材料与制造技术应用

未来轨道交通车辆将采用更先进的材料，如复合材料和先进合金，提高零部件的耐久性和轻量化效果。先进的制造技术将促使生产更为精密和高效。

4. 网络化与物联网技术

轨道交通车辆将更加网络化，通过物联网技术实现车辆与设备之间的实时通信。这将有助于提高数据采集的准确性和实时性，进一步推动智能化运维。

轨道交通车辆复杂故障的多因素分析与解决是确保城市交通系统安全、高效运行的关键环节。通过系统的分类和分析，我们可以更深入地了解可能导致故障的原因。在解决策略方面，引入先进的故障诊断工具、进行定期维护、应用人工智能技术等都是有效的途径。未来，随着技术的不断发展，智能化运维管理系统、云端服务、先进材料与制造技术、物联网技术等将为轨道交通车辆的可靠性和安全性提供更为强大的支持。通过不断创新和应用先进技术，我们有望进一步提升轨道交通系统的整体水平，为城市居民提供更加安全、便捷的出行体验。

第二节　车辆故障排除的基本原则

一、轨道交通车辆故障排查的系统性与逻辑性

轨道交通车辆的故障排查是确保城市交通安全和顺畅运行的重要环节。故障排查的系统性与逻辑性对于迅速定位和解决问题至关重要。本书将深入探讨轨道交通车辆故障排查的系统性与逻辑性，包括故障排查的基本步骤、关键原则以及采用的先进技术，以提高排查效率、降低维修成本。

（一）轨道交通车辆故障排查的基本步骤

1. 故障现象记录与描述

故障排查的第一步是准确记录和描述故障现象。这需要从司机、乘务员和监控系统等多个渠道获取信息，包括故障发生的时间、地点、具体现象以及是否有相关警报信息。详细的记录有助于后续的逻辑分析和定位。

2. 故障初始分析

在获得故障描述后，进行初始分析，确定发生故障的原因和影响。这可以通过查阅车辆的技术手册、历史故障记录以及类似故障的解决方案进行参考。初始分析有助

于缩小排查范围，提高系统性。

3. 排查范围缩小

基于初始分析的结果，缩小可能的故障范围。可以采用排除法逐步确定导致故障的系统或部件。这可以通过检查相关传感器、执行器、电气线路等逐步淘汰不相关的系统，缩小排查的范围，提高排查效率。

4. 深入逻辑分析

一旦排查范围缩小到具体的系统或部件，就需要进行深入逻辑分析。这包括检查系统的逻辑电路图、控制流程图，了解信号的传递路径和相互关系。逻辑分析有助于找出隐藏的问题，解决复杂故障。

5. 仿真与实验验证

为了验证逻辑分析的结果，可以使用仿真工具或实验平台进行验证。通过模拟车辆系统的运行，观察实际的故障表现，验证排查的结论是否正确。这有助于提高排查的准确性。

6. 维修与替换

最后一步是根据排查的结果进行维修或替换故障部件。这需要确保维修过程符合相关标准和规范，以确保车辆修复后的安全性和可靠性。

（二）轨道交通车辆故障排查的系统性原则

1. 整车系统一体性

在进行故障排查时，要保持对整车系统的一体性认识。不同系统之间可能会相互影响，故障可能并非单一系统引起。系统性原则要求维修人员在排查时考虑整车系统的关联性，防止仅仅解决表面问题而忽略了深层次原因。

2. 先进技术支持

故障排查中应充分利用先进技术的支持，包括智能传感器、车载诊断系统、数据分析等。这些技术可以提供更为精准的故障信息和实时监测数据，有助于迅速定位和解决问题。

3. 数据驱动的决策

以数据为基础进行故障排查，通过分析历史数据、实时监测数据，制定合理的排查方案。数据驱动的决策可以帮助维修人员更准确地定位故障点，降低排查的盲目性。

4. 标准化排查流程

制定标准化的排查流程，确保每一步都有明确的操作规范。标准化排查流程有助于提高排查的效率，减少遗漏和错误。

（三）先进技术在轨道交通车辆故障排查中的应用

1. 智能传感器

智能传感器可以实时监测车辆各个系统的状态，提供实时的故障信息。通过对传感器数据的分析，可以迅速定位可能的故障点，提高排查效率。

2. 车载诊断系统

车载诊断系统集成了大量的故障诊断功能，可以对车辆进行全面自检。一旦发现问题，系统会发出警报并提供详细的故障信息，有助于迅速定位问题点。

3. 大数据分析

大数据分析可以对车辆运行数据进行深入挖掘，找出潜在的问题和规律。通过对大数据的分析，可以为故障排查提供更多的信息支持，帮助制定更为科学的排查策略。

4. 人工智能辅助决策

人工智能技术在故障排查中的应用日益成熟。通过机器学习和深度学习算法，人工智能可以分析大量的故障数据，从中找到规律，并做出更准确的故障诊断。人工智能还可以实现故障的预测，提前发现潜在问题，为维修提供更及时的支持。

5. 远程监控与维修

利用远程监控技术，维修人员可以通过网络实时监控车辆的运行状态，远程获取故障信息。在某些情况下，维修人员甚至可以通过远程操作解决一些简单的故障，减少了维修响应时间。

轨道交通车辆故障排查的系统性与逻辑性是确保城市交通系统安全和高效运行的重要环节。通过明确的排查步骤、系统性的原则以及先进技术的应用，能够更快速、准确地定位和解决车辆故障。然而，也需要面对复杂性、多样性、数据安全和隐私等挑战，未来的发展方向包括更深度的人工智能与大数据融合、物联网技术的应用、车辆自诊断与自修复等方面。通过不断创新和引入先进技术，可以提高轨道交通车辆故障排查的效率，确保城市交通的安全和可靠性。

二、轨道交通车辆实时数据监测在故障排除中的作用

随着科技的不断进步，轨道交通系统越来越依赖先进的监测技术来确保运行的安全性和高效性。实时数据监测作为一种关键的技术手段，在轨道交通车辆的故障排除中发挥着至关重要的作用。本书将深入探讨轨道交通车辆实时数据监测的意义、优势以及具体应用，以及它在故障排除中的关键作用。

（一）实时数据监测的基本原理与技术手段

1. 实时数据监测原理

实时数据监测基于传感器和采集设备的数据获取原理，通过对车辆各系统进行实

时监测，获取各种参数和状态信息。这些数据可以包括电气系统状态、机械系统状态、传感器输出、车速、制动系统压力等多方面的信息。监测系统将这些数据传输到中央处理单元，进行分析和处理。

2. 传感器技术

实时数据监测的核心是各类传感器，用于感知车辆各系统的状态。常用的传感器包括温度传感器、压力传感器、振动传感器、速度传感器等。这些传感器通过将物理量转换成电信号，实现对车辆状态的实时监测。

3. 通信技术

实时数据监测系统依赖于高效的通信技术，以将采集到的数据传输到中央服务器或监测中心。常用的通信技术包括无线通信、卫星通信和有线通信等。这些技术确保了数据的实时性和可靠性。

（二）实时数据监测在轨道交通车辆中的具体应用

1. 电气系统监测

实时数据监测系统可以对轨道交通车辆的电气系统进行持续监测。这包括电池状态、发电机输出、电动机运行状态等。通过实时监测电气系统，可以及时发现电池老化、发电机故障等问题，预防电气系统故障的发生。

2. 机械系统监测

对轨道交通车辆的机械系统进行实时监测，包括发动机状态、传动系统状态、轮轴状态等。通过监测机械系统，可以及时发现发动机异常振动、传动系统故障等问题，确保车辆正常运行。

3. 制动系统监测

制动系统是轨道交通车辆中至关重要的安全系统之一。实时数据监测系统可以监测制动系统的压力、温度、刹车盘磨损等参数。一旦发现制动系统异常，可以及时采取措施，提高车辆的安全性。

4. 车速与位置监测

通过车速传感器和卫星定位系统，实时监测车辆的运行速度和位置。这有助于维护人员对车辆的运行情况有清晰的了解，也有利于及时响应运行中的异常情况。

5. 车载诊断系统

实时数据监测系统通常与车载诊断系统结合使用。车载诊断系统能够自动检测车辆各个系统的状态，并在出现异常时生成故障报告。这为维修人员提供了关键的信息，有助于更迅速地进行故障排查和修复。

（三）实时数据监测在故障排除中的作用

1. 实时故障预警

实时数据监测系统通过不断收集和分析车辆运行数据，能够提前发现潜在故障迹象。一旦监测到异常，系统可以发出实时的故障预警，为维修人员提供及时响应的机会，减少故障发生的意外性。

2. 故障追溯与分析

实时数据监测系统记录了车辆运行时的各种数据，这些数据可以用于故障追溯与分析。在发生故障时，维修人员可以通过查阅历史数据，了解车辆在故障前的状态，帮助维修人员更准确地定位故障原因。

3. 准确的故障定位

实时监测系统提供的数据能够帮助维修人员更准确地定位故障。通过分析各系统的数据，维修人员可以迅速确定故障发生的系统，并快速采取相应的维修措施，缩短故障排除的时间。

4. 维修方案优化

实时监测数据还有助于优化维修方案。通过了解车辆的实际状态，维修人员可以制订更为科学、精准的维修计划。这包括根据实际故障数据调整维修优先级、合理安排维修时间、选择合适的维修方法等。通过优化维修方案，可以提高维修效率，降低维修成本。

5. 预防性维护

实时数据监测系统不仅能够及时响应当前的故障，还有助于实施预防性维护。通过对车辆运行数据的长期分析，可以发现一些潜在问题，并在问题出现之前采取措施，实现对车辆的预防性维护，延长设备寿命，提高可靠性。

6. 数据驱动决策

实时数据监测系统提供的大量数据成为数据驱动决策的基础。维修人员和运营管理者可以根据这些数据制定更科学、合理的决策。这包括制订更有效的维护计划、优化车辆调度、改进运营策略等，以提高整体运行效率。

7. 提高车辆可用性

实时数据监测的最终目标是提高轨道交通车辆的可用性。通过及时发现、定位和解决故障，可以减少车辆的停运时间，确保车辆更长时间内处于运营状态。这不仅提高了运营效率，也提升了乘客服务质量。

轨道交通车辆实时数据监测在故障排除中发挥着关键的作用。通过对电气系统、机械系统、制动系统等多个方面的实时监测，该技术有助于提前发现潜在问题、准确定位故障、优化维修方案、实现预防性维护，从而提高车辆的可用性和整体运行效率。

然而，随着技术的不断发展，实时数据监测面临一系列挑战，包括数据处理与存储、数据安全与隐私、复杂系统集成等。通过采用大数据分析技术、加密与权限控制、系统集成与模块化设计等解决方案，可以有效应对这些挑战。

三、轨道交通车辆故障修复与预防性维护的关联

轨道交通车辆的安全和可靠性对城市交通系统的正常运行至关重要。为了确保车辆在运行过程中能够及时发现、修复故障，并降低故障发生的可能性，故障修复与预防性维护成为轨道交通系统维护管理中的两个核心环节。本书将深入探讨轨道交通车辆故障修复与预防性维护的关联，探讨二者之间的相互影响，以提高整体维护效能。

（一）故障修复流程与关键步骤

1. 故障识别与报告

故障修复的第一步是故障识别与报告。在车辆运行过程中，各种传感器和监测系统不断采集数据，通过实时监测可以及时发现异常。一旦发现异常，车辆系统应能生成故障报告，指示维修人员有可能发生的问题。

2. 故障诊断与定位

故障诊断是确认故障原因的关键步骤。维修人员需要借助先进的诊断工具和设备，对故障进行深入分析，通过检查传感器输出、系统参数以及历史数据，准确地定位故障发生的位置和原因。

3. 维修计划制订

一旦故障定位完成，维修人员就可以制订详细的维修计划。这包括所需的零部件、维修工具、人员配备等。同时，要考虑维修对交通系统运行的影响，制定合理的维修时间表。

4. 故障修复与测试

在维修计划的基础上，维修人员进行实际的故障修复工作。这可能包括更换受损部件、调整系统参数、进行系统测试等。修复完成后，必须进行全面的测试以确保车辆可以安全、正常地投入运行。

（二）预防性维护的核心原则

1. 定期检修

预防性维护的核心之一是定期检修。车辆在运行一定里程或时间后，需要进行预定的检修工作，以检查和更换可能出现问题的部件。这有助于提前发现潜在问题，防止故障的发生。

2. 条件监测

条件监测是基于实时数据的预防性维护方法。通过对车辆运行过程中的各个系统

进行实时监测，可以及时发现异常，预测可能的故障，从而提前采取维护措施，防止事故的发生。

3. 预测性维护

预测性维护是基于数据分析和预测模型的维护方式。通过对历史数据的分析，建立车辆系统的健康模型，可以预测各个部件的寿命，提前制订维护计划，实现对车辆的预测性维护。

（三）故障修复与预防性维护的关联

1. 数据共享与分析

故障修复和预防性维护的关联在于数据的共享与分析。通过实时监测系统收集到的大量数据，不仅可以用于故障的快速定位与修复，还能为预防性维护提供有价值的信息。数据分析可发现潜在问题，为预防性维护提供科学依据。

2. 故障模式识别

通过对历史故障数据的分析，可以识别出特定的故障模式。这些故障模式成为预防性维护的依据，使维修团队能够更好地了解车辆可能出现的问题，并采取相应的预防性措施。

3. 部件健康监测

实时数据监测系统可以监测车辆各个部件的运行状况。在故障修复过程中，维修人员可以通过分析这些数据，了解部件的健康状况，为预防性维护提供线索。健康监测的信息反馈也有助于优化预防性维护计划。

4. 故障后维护总结

每次故障修复完成后，都应进行维护总结。这不仅有助于记录故障的原因和修复过程，还能为预防性维护提供经验教训。通过对维修历史的总结，可以不断改进预防性维护计划，提高其针对性和有效性。

（四）故障修复与预防性维护的协同作用

1. 故障修复支持预防性维护

故障修复提供了大量关于车辆运行状态的实时数据和经验。这些数据和经验是预防性维护的基础。通过故障修复中获得的实际问题和解决方案，维修团队可以更好地理解车辆系统的工作方式，为预防性维护提供具体、实用的信息。

2. 预防性维护提升故障修复效率

预防性维护通过定期检修、条件监测和预测性维护，可以减少突发性故障的发生。这降低了车辆在运行过程中出现严重问题的可能性，从而降低了紧急故障修复的需求。预防性维护的有效实施可以使故障修复更加激化有序，减少了紧急修复所需的时间和资源。

3. 数据驱动的维护策略

故障修复和预防性维护的协同作用基于数据驱动的维护策略。通过对实时监测数据和历史维护数据的综合分析，维修团队可以制订更为精准和有效的维护计划。这样的策略既包括对已发生故障的紧急修复，也包括对未发生故障但可能出现问题的部件进行预防性的维护工作。

4. 维护流程的优化

故障修复和预防性维护的协同作用也促进了维护流程的优化。通过在故障修复过程中获取的实时数据，维修人员可以迅速做出决策，提高了故障修复的效率。同时，通过对预防性维护计划的调整，可以更好地适应车辆运行状况的变化，使整个维护流程更加灵活和高效。

故障修复与预防性维护在轨道交通车辆的维护管理中相辅相成。故障修复通过快速响应和高效处理突发故障，确保了车辆运行的稳定性。预防性维护通过定期检修、条件监测和预测性维护，减少了突发性故障的发生，提高了维护的计划性和系统性。二者的协同作用在数据共享与分析、故障模式识别、部件健康监测、故障后维护总结等方面体现明显，共同推动了整个轨道交通系统的可维护性和运行效能。在面对挑战时，数据整合和分析、人员培训与技术更新、预算和资源分配等问题都需要通过科技手段和系统管理的不断优化来解决。

第三节　紧急情况的处理与应对措施

一、轨道交通车辆紧急制动与车辆停车程序

轨道交通系统作为城市交通的重要组成部分，对车辆的安全性和紧急情况的应对能力提出了更高要求。紧急制动与车辆停车程序是确保轨道交通车辆在紧急情况下安全停车的关键环节。本书将深入探讨轨道交通车辆紧急制动系统的原理、应对紧急情况的程序以及相关技术的发展趋势。

（一）紧急制动系统原理

1. 制动系统概述

轨道交通车辆的制动系统是保障列车运行安全的核心组成部分。一般包括机械制动、空气制动、电制动等多种制动方式。紧急制动系统作为其中的一种重要制动方式，其设计与实施旨在在紧急情况下能够迅速停车，确保乘客和车辆安全。

2.紧急制动装置

紧急制动系统通常包括以下几个基本部分。

（1）制动计算机

制动计算机是紧急制动系统的核心，负责监测车辆运行状态、处理紧急制动信号，并通过控制执行机构实施制动。计算机通过算法和传感器实时监测车辆的速度、加速度等参数，判断是否需要进行紧急制动。

（2）制动执行机构

制动执行机构是紧急制动系统的执行部分，根据制动计算机的指令实施制动。常见的制动执行机构包括气缸、制动盘、制动鞋等。在紧急制动情况下，制动执行机构需能够迅速而强力地施加制动力，确保车辆尽快停车。

（3）制动传感器

制动传感器用于感知车辆的制动状态和制动力大小，将这些信息反馈给制动计算机。传感器的准确性和灵敏度对于紧急制动系统的可靠性至关重要。

3.紧急制动原理

紧急制动系统的原理是在接收到紧急制动信号后，制动计算机迅速判断车辆制动状态，通过控制制动执行机构实施紧急制动。这一过程需要在极短的时间内完成，以确保车辆在紧急情况下能够迅速停车。

（二）车辆紧急停车程序

1.紧急停车信号

车辆紧急停车的程序通常由列车司机或车辆监控中心发出紧急停车信号。这个信号可以是手动发出的，也可以是通过自动监测系统检测到紧急情况后自动生成的。紧急停车信号的发出是紧急制动程序启动的前提。

2.制动力的实时调整

在紧急停车程序中，制动系统需要实时调整制动力，以确保车辆在最短的时间内停到安全位置。这就需要制动计算机通过制动执行机构对制动力进行动态控制，根据车辆速度、距离等参数进行实时调整。

3.紧急停车时的乘客保护

在紧急停车过程中，乘客保护是至关重要的考虑因素。车辆制动时的急刹车可能对乘客产生较大的惯性影响，因此需要考虑采取一些措施来减缓对乘客的冲击。这可能包括采用设计良好的座椅、安全带以及车辆内部的安全设施，以最大限度地减少乘客在急停时受到伤害。

4.制动力的分配

在紧急停车程序中，制动系统需要合理分配制动力，确保列车能够平稳停车，避免因过于急剧的制动而导致车辆脱轨或乘客受伤。制动力的分配需要考虑车辆的重心、速度、轨道条件等多个因素，通过智能化的制动计算机来实现合理的力量分配。

5. 紧急停车后的安全检查

一旦车辆完成紧急停车程序，就需要进行相关的安全检查，确保车辆和乘客没有受到不可逆的损害。这可能包括检查制动系统的状态、车辆结构的完整性、乘客是否需要医疗救援等。在保障安全的前提下，尽快排除导致紧急停车的原因，以恢复正常运营。

（三）相关技术的发展趋势

1. 自动化与智能化

随着自动化技术和人工智能的不断发展，未来的轨道交通车辆紧急制动系统将更加自动化和智能化。自动监测系统能够实时感知车辆状态，自主判断是否需要进行紧急制动，并在需要时迅速启动制动程序。智能化的制动计算机能够更准确地分析数据，实现更精细化的制动控制。

2. 制动材料与技术的创新

随着制动材料和技术的不断创新，制动系统的性能将得到提升。新型制动材料的应用能够提高制动效率、降低磨损，并在紧急制动时减少制动噪音。此外，新一代的制动技术如电磁制动、液压制动等也将在未来的轨道交通系统中得到更广泛的应用，提高制动系统的稳定性和可靠性。

3. 联网与通信技术的应用

未来的轨道交通系统将更加注重车辆之间和车辆与监控中心之间的信息交流。联网与通信技术的应用将使紧急制动系统能够更快速、准确地响应监控中心或其他列车发出的紧急停车信号，实现更高效的应急响应。

4. 人机交互界面的改进

在紧急制动过程中，司机与制动系统之间的沟通十分重要。未来的发展趋势将包括改进人机交互界面，使司机能够更清晰地了解紧急情况、制动系统的工作状态，并能够更迅速、准确地采取应对措施。

轨道交通车辆紧急制动与停车程序是确保城市交通系统安全运行的重要环节。紧急制动系统通过自动化、智能化的技术手段，能够在紧急情况下迅速响应，保障车辆安全停车。相关技术的不断创新将进一步提升紧急制动系统的性能，包括制动材料与技术的创新、联网与通信技术的应用、人机交互界面的改进等。通过不断改进紧急制动系统，可以提高轨道交通车辆在紧急情况下的安全性和可靠性，为城市轨道交通的可持续发展提供有力支持。

二、轨道交通车辆火灾与疏散预案的实施

轨道交通作为城市现代化交通系统的重要组成部分，对于火灾事件的防范和紧急疏散有着特殊的要求。车辆火灾是一种极端情况，一旦发生，可能对乘客和车辆造成严重威胁。因此，制订和实施火灾与疏散预案显得尤为重要。本书将深入探讨轨道交通车辆火灾预防、应对及疏散预案的制订与实施。

（一）轨道交通车辆火灾的原因与预防

1. 火灾原因

轨道交通车辆发生火灾的原因多种多样，可能包括电气故障、机械故障、乘客行为等。电气系统故障是其中较为常见的原因，可能导致电线、电缆等零部件过热引发火灾。机械故障如制动系统故障、车轮摩擦等也可能在运行中产生高温引发火灾。此外，外部原因如撞击、恶劣天气等也可能导致火灾。

2. 预防措施

（1）电气系统安全

加强电气系统的安全性是预防轨道交通车辆火灾的关键。包括但不限于定期检查、维护电气设备，采用防火材料和阻燃设计，设置温度传感器监测设备运行温度等。

（2）机械系统检查

定期对车辆机械系统进行检查，特别是制动系统和轮轨接触系统。通过定期维护、更换磨损部件，可以减少因机械故障引发火灾的概率。

（3）乘客行为管理

加强对乘客行为的管理，禁止乘客携带易燃、易爆物品上车，规范乘客在车内的行为，避免非法吸烟等可能引发火灾的行为。

（4）紧急设备和消防器材

确保车辆内配备有足够数量和种类的灭火器、灭火器材，以及紧急疏散设备。车辆内应设置手动报警装置，以便乘客在发现火灾时能够及时通知车组人员。

（二）火灾应急处理程序

1. 火灾报警与通知

一旦发生火灾，及时报警并通知车辆驾驶员和车站工作人员是至关重要的。通过火灾报警系统，乘客和工作人员可以迅速发现火灾迹象，启动应急程序。

2. 制订紧急停车和疏散方案

火灾发生时，紧急停车是第一时间需要采取的措施。驾驶员应根据列车位置和火灾程度，选择最安全的地方停车，并迅速通知车站工作人员。同时，制定清晰的疏散

方案，确保乘客能够快速、有序地疏散离开车辆。

3. 疏散指导与组织

车站工作人员和车辆驾驶员需要进行定期培训，以提高应对火灾的应急处理水平。在火灾发生时，他们应根据预先制订的疏散计划，引导乘客有序疏散，避免踩踏和混乱。

4. 灭火与救援

车辆内应配备灭火器等灭火工具，以便车组人员和乘客在紧急情况下进行初期灭火。车站工作人员也应迅速组织消防队伍，配备专业灭火设备，进行有力的灭火和救援工作。

5. 与相关部门协作

在火灾应急处理过程中，与相关部门的紧密协作至关重要。包括但不限于消防部门、医疗救援部门等。及时汇报火灾情况，协调资源，确保火灾应急工作的有力推进。

（三）疏散预案的制定与实施

1. 制定疏散预案

疏散预案是确保火灾发生时乘客能够快速有序疏散的关键。疏散预案应包括但不限于以下内容。

（1）定期演练

定期组织紧急疏散演练，让乘客熟悉车辆内部的疏散通道和安全出口位置。在演练中模拟火灾等紧急情况，检验疏散预案的实用性和乘客的疏散效果，同时对演练情况进行评估和改进。

（2）安全出口标识

明确标示车辆内部的安全出口和疏散通道，确保乘客在火灾发生时能够快速找到安全出口。标识应明确、清晰可见，方便乘客在紧急情况下迅速识别。

（3）指示灯和广播系统

车辆内部应设有紧急疏散指示灯和广播系统，以便车组人员在紧急情况下向乘客传达疏散指令。指示灯应设计成明显可见的颜色，并能够引导乘客顺利疏散至车辆外部。

（4）乘务人员培训

车辆乘务人员需要接受专业培训，了解疏散预案的具体内容和执行步骤。培训内容包括如何迅速判断火灾情况、启动疏散程序、组织乘客有序疏散等。

2. 实施疏散预案

（1）疏散通道畅通

确保车辆内部疏散通道畅通，消除可能阻碍疏散的障碍物。车站和车辆工作人员应定期检查疏散通道的状态，并及时清理和修复。

（2）乘客引导

车组人员在火灾发生时，应迅速启动疏散预案，采用清晰、有力的语言向乘客传达疏散指令，并引导乘客朝着安全出口方向有序疏散，避免产生踩踏和混乱。

（3）车站和车辆工作人员协作

车站和车辆工作人员之间需要紧密协作，确保车辆外部的疏散通道畅通、安全。车站工作人员应迅速组织乘客在车站平台上疏散，并向车辆内传递紧急情况。

（4）与消防救援部门协调

在疏散过程中，需要与消防救援部门保持紧密联系。及时向消防救援部门提供火灾情况和疏散进展情况，以便协调救援工作。

轨道交通车辆火灾与疏散预案的制定与实施是确保城市交通系统安全运行的重要保障。通过明确火灾的预防措施、火灾应急处理程序和疏散预案，可以有效应对突发火灾事件。未来，随着技术的不断发展，智能监测系统、紧急通信技术和仿真模拟培训等将为轨道交通车辆的火灾与疏散应急管理提供更为先进的支持。通过不断完善预案并结合最新技术手段，可以进一步提高城市轨道交通系统的整体安全性和应急管理水平。

三、轨道交通车辆紧急救援与应对团队的培训

轨道交通作为城市交通系统的重要组成部分，其安全性和应急救援能力直接关系到广大市民的生命安全和城市交通的正常运行。在轨道交通车辆发生紧急情况时，紧急救援与应对团队的培训显得尤为重要。本书将深入探讨轨道交通车辆紧急救援的原则、培训内容以及未来的发展趋势。

（一）轨道交通车辆紧急救援的原则

1. 安全第一原则

紧急救援的首要原则是确保所有救援行动都以安全为前提。救援人员需要在确保自身安全的情况下展开救援行动，确保救援过程中不会引发第二次事故或危害到自身及被救援人员。

2. 迅速响应与协调配合

在紧急情况下，时间是关键。救援团队需要迅速响应并协调配合，确保在最短的时间内到达事故现场，展开救援行动。协调一体化的救援团队能够更加高效地开展工作，提高救援的成功率。

3. 专业培训与持续学习

紧急救援团队的成员需要接受系统的专业培训，熟悉车辆结构、救援装备的使用，

掌握紧急救援的标准操作流程。此外，紧急救援是一个不断发展的领域，团队成员需要持续学习新的救援技术和知识，以适应复杂多变的紧急救援场景。

4. 多方合作与信息共享

紧急救援不仅是一个团队的事务，还需要与其他相关部门和机构进行紧密合作。信息的共享和协同工作可以更好地应对复杂多变的紧急救援情况，提高救援的整体效能。

（二）紧急救援团队的培训内容

1. 轨道交通车辆结构和系统知识

紧急救援团队的成员需要深入了解轨道交通车辆的结构和各个系统的工作原理，这包括电气系统、制动系统、通信系统等。只有对车辆结构和系统有深刻的理解，才能更好地应对紧急救援现场的各种情况。

2. 紧急救援装备的使用培训

紧急救援团队成员需要熟练掌握各种救援装备的使用方法，包括但不限于消防器材、救生设备、紧急通信工具等。这需要定期的模拟训练，以确保在真实的紧急救援场景中能够熟练、迅速地运用这些装备。

3. 火灾和烟雾应对培训

火灾和烟雾是轨道交通车辆紧急情况中常见的危险因素。紧急救援团队的成员需要接受火灾和烟雾应对的专业培训，包括灭火技术、疏散策略等，以提高在火灾场景中的应对能力。

4. 心理健康与团队协作培训

紧急救援工作通常面临极大的压力，团队成员需要具备稳定的心理素质。培训内容应包括心理健康知识、压力管理技能，以及团队协作和沟通等方面的培训，以提高团队成员在紧急救援中的整体素质。

5. 紧急救援演练

定期组织紧急救援演练，模拟真实的紧急情况，检验团队成员的应对能力。演练应包括不同类型的紧急情况，如火灾、车辆故障、乘客伤病等，以确保团队成员能够全面、灵活地应对各种情况。

（三）未来发展趋势

1. 智能化救援技术

随着科技的不断发展，智能化救援技术将逐渐应用于轨道交通车辆的紧急救援中。例如，利用人工智能和无人机技术，可以快速地对事故现场进行监测和勘察，为救援团队提供实时信息，提高救援效率。

2. 虚拟现实培训

虚拟现实技术的应用将使紧急救援培训更加真实和生动。通过虚拟现实模拟车辆紧急情况，培训团队成员在虚拟环境中进行应急处置，提高其在实际场景中的反应速度和决策水平。

3. 数据驱动的救援决策

大数据和数据分析技术的运用将使得救援决策更加科学和精准。通过分析历史事故数据、车辆运行数据等，可以为救援团队提供更多的信息支持，帮助其更好地应对不同类型的紧急情况。

4. 联合演练与跨部门协同

未来的紧急救援培训将更加注重跨部门的协同和联合演练。轨道交通运营方、消防部门、医疗救援部门等应共同参与培训，提高各方面的应急协同作战能力，确保在发生紧急情况时能够迅速、高效地展开救援行动。

轨道交通车辆紧急救援与应对团队的培训是确保城市交通系统安全运行的关键环节。培训内容涉及车辆结构与系统知识、紧急救援装备的使用、火灾和烟雾应对、心理健康与团队协作等多个方面，旨在提高团队成员的专业素养和应对能力。未来，随着智能技术和大数据的发展，救援决策将更加科学化，培训方式将更趋向虚拟现实和数据驱动，实现更高效、更安全的紧急救援。

紧急救援团队的培训不仅是一次性的活动，而且是一个持续不断的过程。团队成员需要不断更新知识、适应新技术，保持高度的专业素养。只有通过不懈的努力和不断提升，紧急救援团队才能在关键时刻迅速、有效地展开救援行动，确保乘客和车辆的安全。

第四节　紧急疏散与安全救援

一、轨道交通车辆乘客紧急疏散流程与指导

轨道交通作为城市现代交通的主要方式之一，乘客在列车上的安全是运营方关注的重点。面对突发情况，如火灾、设备故障等，确保乘客能够迅速、有序地疏散是至关重要的。本书将深入探讨轨道交通车辆乘客紧急疏散流程及指导原则，以确保乘客在紧急情况下能够安全、迅速地撤离列车。

（一）紧急疏散流程

1. 火灾报警

一旦乘客察觉到车辆内部有火灾迹象，应立即按下紧急报警装置或拨打紧急报警电话通知车站工作人员。车站工作人员将通过监控系统和报警装置获知火灾的具体位置和程度。

2. 车站通告

车站工作人员在确认火灾信息后，将通过车厢内的广播系统向乘客发出紧急通告，告知乘客发生火灾并启动紧急疏散程序。通告应使用明了、冷静的语言，避免引起乘客恐慌。

3. 疏散指引

车站工作人员通过广播系统向乘客传达疏散指引，包括但不限于安全出口的位置、疏散通道的使用方式、避免使用电梯等。同时，车站工作人员可在车厢内设置 LED 显示屏，显示疏散指引和安全出口位置。

4. 乘务人员引导

车厢内的乘务人员将带领乘客按照指引有序疏散。他们需要冷静、果断地引导乘客，确保疏散过程中不发生踩踏和混乱。在车站工作人员的协助下，乘务人员将负责确保车厢内每一名乘客都得到有效的疏导。

5. 紧急疏散通道使用

乘客应按照指引使用紧急疏散通道，避免使用正常乘降通道。紧急疏散通道通常设计为能够安全、迅速疏散的通道，确保乘客在紧急情况下能够快速撤离车厢。

6. 集合点和安全区域

一旦乘客疏散至安全区域，车站工作人员将引导乘客前往指定的集合点。集合点通常设在车站站台外，远离事故现场，以确保乘客的安全。

（二）紧急疏散指导原则

1. 保持冷静

在紧急情况下，乘客需要保持冷静。避免因恐慌而采取不理智的行动，听从车站工作人员和乘务人员的指引，有序疏散。

2. 不私自冒险

乘客在发现紧急情况时，切勿私自冒险去扑灭火源或进行其他危险行为。应立即向车站工作人员报警，等待专业人员进行处理。

3. 遵循指引

乘客应严格遵循车站工作人员和乘务人员的指引。不得擅自跳车或冲出车厢，以免造成更大的伤害。

4. 用湿毛巾捂口鼻

在疏散过程中,乘客可以用湿毛巾捂住口鼻,减少吸入烟尘的机会,这有助于保护呼吸道,降低患病风险。

5. 协助弱势群体

乘客在疏散时应互相协助,特别是对于老年人、儿童、行动不便的人群,需要给予更多关注,确保他们安全撤离。

(三)培训与演练

1. 定期培训

车站工作人员和乘务人员需要接受定期的紧急疏散培训,以提高其应急处置能力。培训内容包括紧急疏散流程、指导原则、危险品处理等,确保他们能够熟练应对各类紧急情况。

2. 紧急疏散演练

定期组织紧急疏散演练是确保乘客和工作人员熟悉应对程序的重要手段。通过模拟不同类型的紧急情况,包括火灾、设备故障等,检验疏散流程的有效性,并及时进行改进和调整。

3. 持续改进

根据紧急疏散演练的结果和实际发生的紧急情况,不断进行改进和优化紧急疏散流程。反馈乘客和工作人员的意见和建议,以进一步提高紧急疏散的效率和安全性。

轨道交通车辆乘客紧急疏散流程与指导是确保城市交通系统安全运行的关键环节。通过明确的疏散流程和合理的指导原则,可以有效提高乘客在紧急情况下的应对能力,降低事故对人身安全的影响。

定期培训和演练是保障车站工作人员和乘务人员能够熟练应对各类紧急情况的重要手段。随着科技的发展,智能监测技术、移动应用和导航系统等将为紧急疏散流程提供更多支持,使整个系统更加智能化和安全。不断改进和更新紧急疏散流程,结合最新的技术手段,将有助于提高城市轨道交通系统的整体安全性和应急管理水平。

二、轨道交通车辆安全设备的使用与有效性评估

随着城市轨道交通系统的不断发展和扩张,确保轨道交通车辆的安全性成为运营方和相关管理部门关注的重点。为了应对紧急情况和提高乘客的安全水平,各种安全设备被引入和应用于轨道交通车辆。本书将深入探讨轨道交通车辆安全设备的种类、使用方式以及对其有效性进行评估的方法。

（一）轨道交通车辆常见安全设备

1. 火灾报警系统

火灾报警系统是轨道交通车辆上的重要安全设备之一。该系统通过烟雾、温度传感器等监测设备，一旦检测到火灾迹象，即刻触发报警，启动紧急疏散程序，通知车站工作人员采取相应措施。

2. 紧急通信设备

紧急通信设备包括车辆内的紧急通话按钮、对讲系统等，使乘客和车站工作人员能够在紧急情况下进行有效沟通。这有助于传递紧急信息、指导疏散，提高事故应对的效率。

3. 紧急制动系统

紧急制动系统是确保列车在紧急情况下能够迅速停车的关键设备。通过紧急制动按钮或系统自动感知紧急情况，该系统将立即切断牵引力，实现紧急制动，降低列车速度，为疏散提供时间。

4. 防撞系统

防撞系统通过雷达、激光或摄像头等传感器，监测列车周围的情况，一旦检测到前方有障碍物，系统将采取紧急制动等措施，以避免碰撞事故的发生。

5. 防滑系统

防滑系统能够监测列车车轮与轨道之间的附着状态，当发现车轮即将发生打滑时，系统将采取措施，如减速或调整制动力，以确保列车行驶的稳定性。

6. 紧急疏散设备

紧急疏散设备包括车辆内部的安全锤、应急窗口和疏散通道。这些设备使乘客能够在紧急情况下快速撤离车厢，提高疏散的效率。

（二）轨道交通车辆安全设备的使用方式

1. 火灾报警系统的使用

火灾报警系统应自动监测车辆内部的烟雾和温度情况。一旦系统检测到火灾迹象，应立即触发报警，启动声光警报，并通过车内广播系统通知乘客和工作人员。车站工作人员应及时响应并启动相应的疏散程序。

2. 紧急通信设备的使用

车辆内的紧急通信设备通常包括紧急通话按钮和对讲系统。在紧急情况下，乘客可以通过按下紧急通话按钮与车站工作人员取得联系。对讲系统用于在列车内进行紧急广播，指导乘客采取相应行动。

3. 紧急制动系统的使用

紧急制动系统的使用可通过紧急制动按钮或系统自动感知紧急情况实现。紧急制动按钮通常位于车辆内的显眼位置，供乘务人员使用。系统自动感知紧急情况时，应立即切断牵引力，实现紧急制动。

4. 防撞系统的使用

防撞系统应自动监测列车前方的障碍物。当系统检测到潜在碰撞风险时，应通过自动控制系统采取相应的措施，如紧急制动，以避免碰撞。

5. 防滑系统的使用

防滑系统通过实时监测车轮与轨道的附着状态。在检测到车轮即将发生打滑时，系统应通过调整牵引力、减速或调整制动力等方式，确保列车行驶稳定。

6. 紧急疏散设备的使用

紧急疏散设备的使用方式主要包括安全锤的砸击应急窗口、使用疏散通道等。乘客在紧急情况下应按照指引，采取合理、安全的方式疏散。乘务人员应协助乘客使用紧急疏散设备，确保疏散过程有序进行。

（三）轨道交通车辆安全设备的有效性评估

1. 实际应急演练

实际应急演练是评估轨道交通车辆安全设备有效性的重要手段之一。通过定期组织紧急情况模拟演练，可以评估各种安全设备的响应速度、准确性以及在模拟情境下的效果。演练应涵盖火灾、紧急制动、防撞等多种情况，以全面检验车辆安全设备的性能。

2. 仿真技术评估

利用仿真技术进行安全设备的评估，可以在虚拟环境中模拟各种紧急情况，评估安全设备的应对能力。这种方法可以提供更为灵活和多样的测试情境，帮助评估设备在不同场景下的性能表现。

3. 数据分析与统计

通过对实际运营数据的分析，可以了解车辆安全设备在实际运营中的使用情况和效果。统计火灾报警次数、紧急通信使用情况、紧急制动触发次数等数据，有助于发现潜在问题并优化设备性能。

4. 用户反馈和调查

收集乘客和工作人员的使用体验和反馈，了解他们在紧急情况下对安全设备的感知和评价。这种定性的反馈信息可以为改进和优化安全设备提供有益的参考。

轨道交通车辆安全设备的使用与有效性评估是确保城市交通系统安全运行的关键环节。通过合理的使用方式和多方面的评估手段，可以更好地发挥这些安全设备的作用，提高车辆在紧急情况下的安全性。

未来，随着智能技术的发展，轨道交通车辆安全设备将更趋于智能、互联，为城市交通的安全提供更为先进、可靠的保障。同时，通过不断的技术创新和评估研究，将有助于不断提升轨道交通车辆安全设备的性能和效果，以适应日益复杂的城市交通环境。

三、轨道交通车辆联合救援与应急资源调配

轨道交通系统作为城市交通的重要组成部分，一旦发生紧急情况，如事故、火灾等，需要迅速而有效地进行救援和应急资源调配。本书将深入探讨轨道交通车辆联合救援的概念、应急资源的种类与调配方法，以及实现联合救援的关键因素。

（一）轨道交通车辆联合救援概述

1.联合救援的定义

轨道交通车辆联合救援是指在紧急情况下，多列车之间、车辆与车站、车辆与应急救援中心之间形成一体化的紧急救援网络。通过有效的组织和调动资源，实现联合救援，提高对紧急情况的响应速度和救援效率。

2.联合救援的目的

提高救援效率：联合救援能够整合各方资源，快速响应紧急情况，最大限度地减少事故损失。

降低救援成本：联合救援可以更有效地调配人力、物资和技术支持，降低救援的经济成本。

增强系统韧性：紧急情况下，通过联合救援，整个轨道交通系统能够更好地保持运行稳定性，提高系统的韧性和应对能力。

（二）轨道交通车辆应急资源的种类

1.人员资源

人员资源包括车站工作人员、车辆乘务人员、应急救援队伍等。他们在紧急情况下负责疏导乘客、组织紧急疏散、进行急救和灭火等救援工作。

2.物资资源

物资资源包括紧急医疗设备、防护装备、灭火器材、急救箱、安全锤等。这些物资用于应对不同类型的紧急情况，确保救援工作能够顺利进行。

3.技术支持资源

技术支持资源包括监控系统、通信设备、紧急制动系统等。这些技术支持设备在紧急情况下可以提供实时监测、远程指导和紧急控制，帮助救援工作更加科学、有效。

4.联合救援中的其他资源

车辆协同：不同列车之间可以实现信息协同，及时共享紧急情况下的状态和位置信息，为联合救援提供数据支持。

应急救援中心：设立应急救援中心，负责协调各方资源、组织救援行动，并提供专业指导。

（三）轨道交通车辆联合救援的关键因素

1. 指挥调度系统

建立有效的指挥调度系统是轨道交通车辆联合救援的关键。通过实时监控系统、通信系统，以及合理设置的指挥中心，能够迅速响应紧急情况，调动各类资源进行救援。

2. 信息共享机制

建立信息共享机制，确保在紧急情况下各车辆、车站、救援中心之间能够实时共享关键信息。信息共享可以包括事故现场情况、乘客疏散状态、物资储备等，以便更好地协同救援行动。

3. 人员培训和演练

对车站工作人员、车辆乘务人员和应急救援队伍进行定期培训和演练是确保联合救援有效性的重要环节。只有熟悉紧急情况处理流程，掌握紧急救援技能的人员才能在实际情况中完成救援任务。

4. 紧急救援预案

制订完善的紧急救援预案，明确各方责任、资源调配方式、通信流程等。预案需要综合考虑不同紧急情况下的特点，确保在各类紧急情况下都能够迅速、有序地展开救援行动。

（四）实现联合救援的流程

1. 联合救援流程

紧急情况发生：当轨道交通车辆出现紧急情况，如火灾、事故等，车载系统和监控系统能够实时检测到并触发紧急警报。

指挥中心响应：指挥中心接收到紧急警报后，应立即启动联合救援流程。指挥人员通过指挥调度系统获取实时信息，包括事发位置、人员状况、车辆状态等。

资源调度：根据紧急情况的性质，指挥中心调度合适的人员、物资和技术支持资源。可以通过通信系统实时与车站、车辆和救援队伍进行沟通，调配所需资源。

车辆协同：车辆协同系统实时共享车辆的状态和位置信息，确保联合救援中各车辆之间的协同行动。在某一车辆需要支援时，其他车辆能够迅速提供帮助。

人员疏散和救援：车站工作人员和车辆乘务人员按照事先制定的紧急疏散预案进行人员疏散工作。同时，应急救援队伍进入事故现场，进行救援和灭火工作。

信息实时更新：在整个联合救援过程中，各方通过信息共享机制不断更新实时信息，包括事故进展、疏散情况、救援进展等，以确保指挥中心和各方都能够获取最新状态。

2. 应急资源调配流程

资源需求评估：紧急情况发生后，指挥中心应首先评估资源需求，确定需要调配的人员、物资和技术支持。

资源调度：根据资源需求，指挥中心通过调度系统与各方通信，调配合适的人员、物资和技术支持。这可能涉及多个车辆、车站和救援队伍的协同合作。

实时协同：调度系统和通信系统实现各方的实时协同。指挥中心能够在调度过程中不断调整资源分配，以应对事态的变化。

资源到位：被调配的人员、物资和技术支持能够在最短时间内到达指定地点，为紧急救援提供支持。

资源使用：调配到位后，各方根据紧急情况的发展，灵活使用调配到的资源。这可能包括人员疏散、医疗救治、火灾扑救等多个方面。

轨道交通车辆联合救援与应急资源调配是确保城市交通系统安全运行的关键环节。通过建立完善的指挥调度系统、信息共享机制以及人员培训体系，能够在紧急情况下实现多方合作，提高救援效率，降低事故损失。

第五节　故障事故的记录与分析

一、轨道交通车辆事故数据的记录与报告流程

轨道交通作为城市重要的交通工具之一，其安全性直接关系到广大市民的出行安全。为了确保轨道交通系统的安全性，及时记录和报告事故数据是至关重要的。本书将深入探讨轨道交通车辆事故数据的记录与报告流程，包括数据收集、整理、分析和报告的各个环节。

（一）数据收集阶段

1. 事故发生时数据采集

轨道交通车辆事故发生时，需要进行快速而准确的数据采集。这包括但不限于以下几个方面：

车辆信息：记录事故车辆的型号、车号、所属线路等信息。

事故时间和地点：精确记录事故发生的时间和地点，以便后续分析。

乘客信息：统计伤亡乘客的数量、伤势程度等。

环境条件：记录事故发生时的天气、能见度、路面情况等环境因素。

车载监控数据：获取车载监控系统记录的视频、声音等数据。

2. 乘务人员和目击者口述信息

从事故现场的乘务人员和目击者处获取口述信息，了解事故发生的经过和各方的反应。这些信息有助于更全面地还原事故场景，为后续分析提供参考。

3. 调查员现场勘查

派遣专业的调查员前往事故现场进行详细勘查，包括测量轨道、车辆位置，采集碰撞痕迹等。调查员还需要收集相关证据，如事故现场照片、视频记录等。

（二）数据整理与分类

1. 事故数据录入

将采集到的各类数据录入电子数据库，建立完整的事故信息档案。这一过程需要确保数据的准确性和完整性，采用标准化的录入方式，方便后续数据的处理和分析。

2. 数据分类与归档

根据事故的性质、严重程度等因素，对事故数据进行分类和归档。常见的分类包括轻微事故、重大事故、人为因素引起的事故等。通过分类，有助于更有针对性地进行后续分析和预防措施的制定。

3. 数据验证和审查

对录入的数据进行验证和审查，确保录入的数据准确可靠。此阶段可以发现并纠正可能存在的错误，保障数据的质量。

（三）数据分析与报告

1. 统计分析

对录入和整理的数据进行统计分析，包括但不限于以下几个方面：

事故发生频率统计：分析一定时间内事故的发生频率，发现事故的季节、时间段等规律。

事故类型统计：统计不同类型事故的发生次数，了解事故的多样性。

伤亡统计：分析事故造成的人员伤亡情况，包括轻伤、重伤和死亡。

2. 事故原因分析

通过对事故数据的深度挖掘，分析事故发生的原因，包括技术因素、人为因素、环境因素等。借助树状事故原因分析图等工具，形成对事故原因的全面认识。

3. 事故报告撰写

根据分析结果，撰写事故报告。报告内容应包括但不限于以下几个方面：

事故概要：包括事故基本信息，如时间、地点、车辆类型等。

事故经过：对事故发生的过程进行详细描述。

事故原因：详细分析事故的根本原因和直接原因。

伤亡情况：统计伤亡人数和程度。

事故处理：对事故后的处理措施进行说明，包括紧急救援、事故车辆处理等。

4. 数据报告审核

由专业人员对事故报告进行审核，确保报告内容准确、客观，符合相关法规和标准。审核通过后，可以将事故报告向相关部门和公众发布。

（四）数据报告的发布与反馈

1. 内部报告

事故报告首先应向相关内部部门发布，以便内部及时了解事故的经过、原因和处理情况，为今后的安全管理提供经验。

2. 外部报告

将事故报告提交给相关监管机构、交通管理部门等外部机构，以便外部监管机构了解事故情况，对相关责任方进行调查和追责。

3. 公众发布

对于一些重大事故，需要向公众发布相关信息，以提升透明度、加强公众安全意识。公众发布可以通过多种途径，包括以下几方面：

新闻媒体：通过新闻发布会、新闻稿等方式向媒体发布事故报告，让社会大众及时了解事故情况。

官方网站和社交媒体：利用轨道交通系统的官方网站、社交媒体平台发布事故信息，直接传达给广大市民。

公告栏和车站通告：在轨道交通车站设置公告栏，发布事故信息，也可以通过车站广播系统通告。

4. 反馈机制

建立事故数据报告的反馈机制，接收公众、相关部门以及专业人士的意见和建议。反馈机制有助于及时纠正可能存在的问题，提高事故数据报告的质量，同时增强公众对轨道交通安全的信心。

轨道交通车辆事故数据的记录与报告流程是确保城市交通系统安全的关键环节。通过规范的数据采集、整理、分析与报告流程，能够及时发现事故的原因和规律，为提高轨道交通系统的安全提供有力支持。

二、轨道交通车辆事故分析的方法与工具

轨道交通车辆事故分析是确保城市交通系统安全的重要环节。通过对事故进行深入分析，可以揭示事故发生的原因、规律，为未来的安全管理和预防提供有力支持。

本书将探讨轨道交通车辆事故分析的方法与工具，包括统计分析、人为因素分析、技术因素分析等方面。

（一）统计分析方法

1. 事故发生频率分析

通过对一定时间内事故发生的频率进行统计分析，可以了解事故的季节性、时间段性等规律。这有助于制订有针对性的安全管理措施，提高交通系统的整体安全水平。

2. 事故类型分析

对不同类型的事故进行统计分析，了解各类型事故的发生频率和影响程度。这有助于确定针对性的预防策略，避免类似事故再次发生。

3. 伤亡统计分析

统计分析伤亡情况，包括轻伤、重伤和死亡人数。通过分析伤亡数据，可以识别事故造成的重大影响，从而采取有效的安全措施。

（二）人为因素分析方法

1. 人为失误分析

通过对事故中人为失误的情况进行深入分析，了解人员在事故中的行为和决策过程。这有助于设计培训计划，提高人员应对紧急情况的能力。

2. 人因工程学分析

人因工程学关注人与机器、环境的交互关系，通过分析人的生理、心理特性以及人机界面设计等方面，识别可能导致事故的人为因素。人因工程学分析有助于改善系统设计，降低人为失误的可能性。

3. 行为观察和访谈

通过实地行为观察和与事故相关人员的访谈，获取更深层次的人为因素信息。这有助于理解人员在事故中的行为、反应和决策，为制订有针对性的培训和改进措施提供参考。

（三）技术因素分析方法

1. 车辆技术状态分析

分析事故发生时车辆的技术状态，包括制动系统、悬挂系统、电气系统等方面。通过技术状态分析，可以识别可能导致事故的车辆故障或系统缺陷，为技术改进提供依据。

2. 车辆监控数据分析

利用车辆上监控系统记录的数据，分析事故前后车辆的运行状况。这种分析方法有助于还原事故发生前车辆的行驶轨迹、速度、制动情况等，为事故原因的查明提供关键信息。

3.技术故障模式分析

应用技术故障模式分析方法，识别可能导致事故的技术故障模式。通过分析车辆组件的可靠性和故障概率，可以提前发现潜在的技术问题。

（四）事件树和因果图分析方法

1.事件树分析

事件树分析是一种系统的事故分析方法，通过构建树状结构，逐级分析事故发生的可能路径。这有助于厘清事故发生的逻辑关系，找到事故的根本原因。

2.因果图分析

因果图分析通过绘制图形化的因果关系，揭示事故中各个因素之间的相互作用。通过因果图分析，可以深入了解事故的复杂性，有助于找到事故的根本原因。

（五）数据挖掘和机器学习方法

1.数据挖掘

通过对大量事故数据的挖掘，使用数据挖掘技术发现隐藏在数据中的规律和关联。数据挖掘方法可以帮助识别事故的潜在因素，为预防和管理提供更为精准的信息。

2.机器学习

机器学习方法可以应用于事故模型的建立和预测。通过训练模型，机器学习模型可以识别事故的模式和趋势，提前发现潜在的风险因素。以下是机器学习在轨道交通车辆事故分析中的常见应用。

分类模型：使用分类算法识别事故的类型，例如碰撞、脱轨等。这有助于对不同类型的事故采取差异化的管理和预防策略。

聚类分析：利用聚类算法将事故数据分组，找到相似的事故模式。这可以帮助识别特定条件下事故发生的共同特征，为系统改进提供指导。

异常检测：通过监测数据中的异常模式，及时发现车辆或系统的异常状态。异常检测模型可以帮助预测潜在故障，并采取相应的维护措施，减少事故发生的可能性。

时间序列分析：利用时间序列模型对事故发生的趋势进行分析，了解不同时间段事故的频率和严重程度。这有助于预测特定时间段可能发生事故的风险。

轨道交通车辆事故分析是确保城市交通系统安全的关键步骤。通过综合运用统计分析、人为因素分析、技术因素分析、事件树与因果图分析、数据挖掘、机器学习以及人工智能辅助决策等方法和工具，可以更全面、深入地了解事故的发生原因和机理。

随着科技的不断发展，人工智能和数据科学领域的创新将为轨道交通车辆事故分析提供更为先进的工具和方法。未来，可以期待更加智能、自动化的事故分析系统，帮助交通管理部门更好地预防事故、提高应急处理效率，保障城市轨道交通的安全运行。

三、事故对轨道交通车辆运营的影响评估

轨道交通作为城市重要的交通工具之一，其运营安全直接关系到广大市民的出行安全和城市交通系统的正常运行。然而，事故的发生可能会对轨道交通车辆的运营产生重大影响。本书将从多个角度探讨轨道交通车辆事故对运营的影响，并进行评估。

（一）人员安全与乘客信心

1. 伤亡和人员安全

轨道交通事故可能导致乘客和工作人员的伤亡，不仅对个体造成伤害，也影响了整个运营系统。伤亡人数的增加可能引发公众对轨道交通安全性的担忧，损害乘客的信心，影响其选择使用轨道交通工具的意愿。

2. 事故调查和停运

事故发生后，通常需要进行详细调查和处理。调查期间，可能需要暂时停运相关轨道线路或车辆，以确保安全和保障调查的顺利进行。这样的停运可能对城市交通系统的正常运行和乘客的出行产生显著影响。

（二）运营设施和车辆损坏

1. 轨道和设施损坏

事故可能导致轨道、信号设备、车站等运营设施的损坏，需要进行修复和维护。这不仅需要投入大量的资金和时间，还可能影响相关区域的交通运行。修复期间，可能需要调整运营计划或采取替代交通方案，以保障乘客的出行需求。

2. 车辆损坏和维修

事故会导致车辆的损坏，需要进行修复和维护。损坏的车辆无法正常投入运营，可能导致运力不足，需要增加其他车辆的运行频率，或者采取其他措施以满足乘客的出行需求。车辆维修周期的增加也会影响整个运营计划。

（三）运营计划和时刻表调整

1. 运营计划的调整

事故发生后，需要对原有的运营计划进行调整。这可能涉及线路的改变、车辆的替代、时刻表的调整等。这些调整可能会影响乘客的出行体验，特别是对于经常使用轨道交通的市民而言。

2. 运营风险管理

事故的发生可能会引发对运营风险的重新评估。管理层需要考虑采取什么样的措施来减轻未来事故可能带来的影响，包括改进培训、提高设备维护水平、加强监控系

统等。这些举措可能需要投入更多资源，但对于提高整个轨道交通系统的韧性和安全性至关重要。

（四）财务和法律责任

1. 财务影响

事故可能导致大量的经济损失，包括维修费用、停运期间的收入损失、设备更新等。运营公司需要对这些经济损失进行评估，并确定应对措施，以维护财务稳健。

2. 法律责任和赔偿

事故可能引发法律责任问题，包括对乘客的赔偿、设备制造商的索赔等。需要对法律责任进行清晰界定，并准备好应对可能的法律纠纷。这可能对运营公司的声誉和财务状况产生长期影响。

（五）应急响应和危机管理

1. 应急响应计划

轨道交通公司需要建立完善的应急响应计划，以在事故发生后迅速、有序地进行应对。应急响应计划涉及紧急救援、事故调查、公关等多个方面，需要确保各项措施的实施能够最大限度地减轻事故带来的负面影响。

2. 危机管理

危机管理是指在事故发生时，对危机进行有效管理和处理的能力。轨道交通公司需要建立危机管理团队，负责对事故的全面管理，包括信息发布、媒体沟通、公众安抚等方面。危机管理的成功与否直接影响着公司的声誉和乘客的信任。

（六）公众关系和社会影响

1. 媒体与公众沟通

事故发生后，对媒体和公众的及时、透明、准确的沟通是至关重要的。轨道交通公司需要制订有效的沟通策略，发布事故信息、应对质疑，以维护公众对公司的信心。

2. 社会影响

事故可能对城市社会产生深远的影响。除了对交通系统的影响，还可能涉及对城市形象、经济发展、旅游业等多个方面的影响。因此，轨道交通公司需要考虑事故对城市整体形象的影响，并采取积极措施进行修复。

（七）安全文化和持续改进

1. 安全文化的强化

事故发生后，轨道交通公司需要反思安全文化是否得到了充分强化。安全文化的强化包括加强员工的安全培训、建立良好的安全意识、鼓励员工报告潜在的安全隐患等。通过培养积极的安全文化，有助于预防事故的再次发生。

2. 持续改进

事故发生后，轨道交通公司需要进行事故的深入分析，找出事故的根本原因。基于事故分析的结果，公司需要制订并实施改进计划，以不断提升安全性和运营水平，持续改进的理念将有助于减少未来事故的发生概率。

轨道交通车辆事故对运营的影响是多方面的，包括人员安全、设施和车辆损坏、运营计划的调整、财务和法律责任、应急响应与危机管理、公众关系和社会影响等多个方面。评估这些影响有助于轨道交通公司更好地应对事故，采取有效的措施减轻负面影响，提高系统的安全性和可靠性。

在应对事故的过程中，强调安全文化的建设、持续改进的推动以及及时有效的应急响应是至关重要的。通过不断吸取事故的教训，轨道交通公司可以不断提升运营水平，为城市居民提供更加安全、便捷的交通服务。

第六节　预防性维护与故障预测技术

一、轨道交通车辆预防性维护计划的制订与实施

（一）轨道交通车辆预防性维护计划的重要性

1. 提高运营可靠性

预防性维护计划旨在提前发现和处理潜在的故障和问题，从而避免因突发故障引起的运营中断。通过定期检查和维护，使车辆的运行可靠性得到提高，保障了城市居民的出行需求。

2. 延长车辆寿命

定期的预防性维护有助于延长轨道交通车辆的使用寿命。通过及时更换磨损部件、润滑轴承、检修电气系统等，可以减缓车辆的老化过程，降低整体维修成本，提高资产的投资回报率。

3. 降低运营成本

预防性维护计划有助于降低维修成本和突发故障修复的费用。相比于因突发故障而进行紧急修理，定期计划的维护更加经济高效，有利于优化维护预算。

4. 提升安全水平

车辆的安全性直接关系到乘客和工作人员的安全。通过预防性维护，可以及时发现并排除潜在的安全隐患，提升车辆的整体安全水平，确保乘客出行安全。

（二）轨道交通车辆预防性维护计划的制定原则

1. 制订科学合理的周期

预防性维护计划的制订应基于科学的周期原则。不同的车辆部件和系统具有不同的寿命和使用频率，需要根据实际情况确定检修周期，确保在保障安全的前提下尽量延长维护间隔，降低维护成本。

2. 定期与条件监测相结合

预防性维护计划应结合定期检修与条件监测。定期检修是按照固定的时间表进行的计划性维护，而条件监测则是基于车辆实际运行状态的在线监测。两者相结合，可以更全面地了解车辆的健康状况，提高故障检测的准确性。

3. 数据驱动决策

制订预防性维护计划时，应充分利用车辆运行数据。通过对车辆各个部件的运行数据进行分析，可以更加准确地预测故障发生的可能性，为制订合理的维护计划提供数据支持。

4. 维护计划的灵活性

预防性维护计划应具有一定的灵活性，能够根据车辆的实际运行情况进行调整。在计划执行过程中，及时根据维护数据和运行情况对计划进行修订，以适应变化的运营环境和车辆状态。

（三）轨道交通车辆预防性维护计划的制定步骤

1. 收集车辆信息

在制定预防性维护计划之前，首先需要收集车辆的基本信息，包括车辆型号、生产厂家、使用年限、历史维护记录等。这些信息可以为后续的计划制订提供重要依据。

2. 分析历史维护记录

通过对车辆历史维护记录的分析，了解车辆各个部件的使用寿命、典型故障模式以及维护频率。这有助于制订更加符合实际情况的预防性维护计划。

3. 制定维护标准和指南

制定明确的维护标准和指南，包括维护内容、检修周期、维护流程等。标准和指南的制定应结合车辆的技术特点和厂家建议，确保维护工作的科学性和规范性。

4. 制定维护计划表

将维护标准和指南转化为具体的维护计划表，明确每个维护周期需要进行的具体维护项目。维护计划表应考虑不同部件和系统的特性，以及车辆的运行情况，确保维护计划的全面性和实施可行性。

5. 制订紧急维护预案

除了制订预防性维护计划，还需要制订紧急维护预案。这些预案应该包括针对突发故障和紧急情况的紧急维修措施，以最小化故障对运营的影响。

6. 制订培训计划

为维护人员制订培训计划，确保其具备执行维护计划所需的技能和知识。培训计划应包括车辆技术知识、安全操作规程、紧急维修流程等内容，提高维护人员的专业水平。

（四）轨道交通车辆预防性维护计划实施

1. 资源准备

在实施预防性维护计划之前，需要确保充足的维护资源，包括人力、物力、设备和工具。这需要对维护团队进行合理的组织和分配，确保每个维护步骤都能得到有效的支持。

2. 制订执行计划

将制订好的预防性维护计划转化为实际执行计划，包括具体的执行时间表、维护人员的任务分配等。执行计划需要合理安排，以确保维护工作的连贯性和高效性。

3. 实施定期检修

按照计划表和执行计划，对轨道交通车辆进行定期的预防性维护。这包括对各个系统的检查、润滑、更换磨损部件等工作。维护人员应根据维护标准和指南进行操作，确保维护的质量和可靠性。

4. 实施条件监测

利用现代技术手段，实施条件监测。通过传感器和监测设备对车辆各个关键部件进行在线监测，收集实时数据。这有助于及时发现异常情况，调整维护计划，提高维护的及时性和精准性。

5. 进行培训和演练

在实际维护工作开始之前，进行培训和演练。培训维护人员熟悉维护计划、操作流程，演练紧急维修预案，提高维护人员的应变能力和操作熟练度。

轨道交通车辆预防性维护计划的制订与实施是确保车辆长期安全、稳定运行的重要保障。通过科学的制定原则、合理地制定步骤以及有效的实施措施，可以提高车辆的运营可靠性、延长寿命、降低运营成本，从而保障城市交通系统的安全高效运行。同时，应对各种挑战采取相应的对策，不断完善维护计划，适应轨道交通车辆技术的不断发展和变化。

二、传感器与监测技术在轨道交通车辆故障预测中的应用

随着科技的不断进步，传感器与监测技术在轨道交通领域的应用逐渐成为提高车

辆安全性、降低运营成本以及优化维护管理的关键因素。本书将深入探讨传感器与监测技术在轨道交通车辆故障预测中的应用，包括其原理、具体应用领域以及对轨道交通系统的影响。

（一）传感器技术的原理与分类

1.传感器技术原理

传感器是一种能够将环境中的物理量或化学量转换为电信号的装置。其工作原理多种多样，包括压力传感器、温度传感器、振动传感器、加速度传感器等。这些传感器通过感知车辆运行状态、各种参数和环境条件，为故障预测提供了大量的实时数据。

2.传感器分类

根据测量的物理量不同，传感器可分为多种类型。常见的传感器包括以下几种：

压力传感器：用于监测液压系统、制动系统等部件的压力变化。

温度传感器：用于监测车辆发动机、电机、轴承等部件的温度，预防过热引发故障。

振动传感器：用于监测车辆运行中的振动情况，帮助诊断车轮、轨道等零部件的磨损和故障。

加速度传感器：用于监测车辆的加速度变化，帮助预测制动系统、悬挂系统等的性能状态。

光学传感器：用于检测轨道上的异物、车辆之间的间距，提高交通系统的安全性。

（二）传感器技术在轨道交通车辆中的应用

1.车辆状态监测

通过安装各类传感器，可以实时监测车辆的状态。例如，通过加速度传感器和振动传感器可以监测车轮与轨道之间的接触情况，及时发现异常振动，预测轮胎或轨道的磨损情况。这有助于提前采取维护措施，避免因磨损引起的故障。

2.制动系统监测

压力传感器、温度传感器和振动传感器等可以联合使用，实时监测制动系统的工作状态。通过监测制动片的温度、制动油液的压力和制动振动情况，可以判断制动系统是否正常工作，及时发现制动失效等问题，提高制动系统的可靠性。

3.电气系统监测

车辆的电气系统是其正常运行的关键。通过安装电流传感器、电压传感器等，可以实时监测电池、发动机、发电机等电气部件的工作状态。这有助于预测电气系统的故障，并及时更换电池或维修电气设备，避免因电气问题导致的停车事件。

4.运行环境监测

光学传感器、温度传感器等可用于监测车辆运行环境。例如，通过光学传感器检测轨道上的积水情况，防止因雨雪天气导致的制动不良。温度传感器可以监测轨道温度，预防因温度过高引发的事故。

5.乘客信息系统监测

轨道交通车辆的乘客信息系统是为乘客提供服务的重要组成部分。通过传感器监测乘客数量、座位利用率等信息，可以优化车辆的运营计划，提高服务水平。

（三）监测技术的原理与应用

1.监测技术原理

监测技术是指通过对车辆运行过程中的各种参数进行实时监测和分析，以获取车辆状态和性能信息的技术手段。监测技术主要包括数据采集、数据传输、数据处理和数据显示等环节。

2.监测技术应用领域

故障预测与诊断：通过监测车辆各个系统的状态参数，利用数据分析和模型识别技术，实现对潜在故障的预测和诊断。

性能监测与评估：监测车辆的运行性能，包括加速度、速度、制动性能等，评估车辆的整体运行状态，为性能优化提供依据。

维护管理：实现对车辆各个部件的实时监测，提高对车辆维护需求的感知和把握，有助于制订科学合理的维护计划，降低维护成本。

安全监测与预警：利用监测技术，对车辆运行中的安全隐患进行实时监测和识别，提前发现潜在的安全问题，实现安全预警和迅速响应。

能源利用优化：通过监测车辆的能源利用情况，包括电池状态、能耗情况等，实现对能源的优化管理，提高能源利用效率。

传感器与监测技术在轨道交通车辆故障预测中的应用是提高运营安全性、优化维护管理的重要手段。通过实时监测车辆的各项参数，可以及时发现潜在故障，并提前采取维护措施，从而降低维护成本、延长设备寿命，提高交通系统的整体效益。随着人工智能、大数据、无线通信等技术的不断发展，传感器与监测技术将迎来更加广阔的发展空间。然而，也需要解决一系列技术、安全、隐私等方面的挑战，促使传感器与监测技术更好地融入轨道交通系统，为未来交通领域的可持续发展提供更有力的支持。

三、先进技术在轨道交通车辆故障预测中的发展趋势

随着科技的不断发展，先进技术在轨道交通车辆故障预测领域发挥着日益重要的作用。这些技术包括人工智能、物联网、大数据分析等，通过实时监测、智能诊断和

数据分析，提升了轨道交通车辆的安全性、可靠性和运行效率。本书将深入探讨先进技术在轨道交通车辆故障预测中的发展趋势，涵盖技术原理、具体应用、优势挑战以及未来展望。

（一）先进技术在轨道交通车辆故障预测中的技术原理

1.人工智能（AI）

（1）机器学习

机器学习是人工智能的分支之一，通过训练模型使其能够从数据中学习并做出预测。在轨道交通领域，机器学习可以应用于车辆传感器数据的分析，从而识别出潜在的故障模式，实现对故障的自动预测。

（2）深度学习

深度学习是机器学习的一种，通过构建深度神经网络来模拟人脑的学习过程。在轨道交通车辆故障预测中，深度学习可用于处理复杂的传感器数据，提高对多变因素的准确感知，从而更精准地预测故障。

2.物联网（IOT）

物联网通过连接车辆上的各种传感器、控制单元以及云端服务器，实现对车辆状态的实时监测和数据采集。这种连接性有助于构建全面的车辆健康状态模型，为故障预测提供更加全面、准确的信息。

3.大数据分析

大数据分析涉及对庞大数据集的处理和挖掘，以发现数据中的模式和关联。在轨道交通车辆故障预测中，大数据分析可用于处理车辆传感器、维修记录等多源数据，并提供全面的信息支持。

（二）先进技术在轨道交通车辆故障预测中的具体应用

1.实时监测与诊断系统

通过结合物联网技术和传感器网络，建立实时监测系统，实现对轨道交通车辆各系统的实时监测。当传感器检测到异常时，实时监测系统可以通过先进的诊断算法迅速识别问题，并提供相应的预测和建议。

2.预测性维护

先进技术的应用使得轨道交通系统能够从纯粹的纠错维护转向预测性维护。通过大数据分析和机器学习，系统可以根据车辆历史数据和实时状态，预测出潜在故障的发生时间和可能原因，从而提前制订维护计划，减少维修时间和成本。

3.智能诊断与故障原因分析

借助人工智能的技术，轨道交通车辆可以实现智能诊断和故障原因分析。当车辆出现故障时，系统可以通过分析大量的传感器数据，快速定位故障根本原因，提高维修效率。

4. 车辆健康管理系统

通过建立车辆健康管理系统，整合各类传感器和监测设备的数据，实现对车辆整体健康状况的综合管理。系统可以通过可视化界面展示车辆的实时状态、预测维护需求，为运维人员提供直观、全面的信息。

（三）先进技术在轨道交通车辆故障预测中的优势与挑战

1. 优势

实时性和准确性：先进技术使得监测系统能够实时收集大量数据，并通过机器学习算法进行实时分析，提高了故障预测的实时性和准确性。

全面性：综合运用物联网、大数据和人工智能等技术，可以对车辆各个系统进行全面监测和分析，并提供更全面的故障预测信息。

降低维护成本：预测性维护的实施可以降低维护成本，通过提前发现潜在故障并采取措施，避免了紧急维修的高额费用。

提高安全性：先进技术的应用使得车辆的状态得以全面监控，有助于提前发现潜在的安全隐患，提高了轨道交通车辆的整体安全性，降低了事故发生的可能性。

提升运行效率：先进技术的应用可以帮助优化车辆的运行计划，合理安排维护时段，提高运营效率，减少因维护而导致的停车时间。

2. 挑战

数据隐私和安全：大量的车辆数据涉及用户隐私和车辆安全问题，需要建立安全可靠的数据保护机制，防范潜在的数据泄露风险。

系统集成复杂性：各种先进技术的集成可能面临技术兼容性和系统复杂性的问题，需要解决不同设备和系统之间的协同工作。

成本投入：引入先进技术需要一定的投资，包括设备采购、系统集成、人员培训等，因此可能会增加一定的初始成本。

技术研发和更新：先进技术的快速发展意味着持续不断的技术研发和更新，维护先进的系统需要不断跟进最新技术，可能会增加运维的难度。

（四）未来发展趋势

1. 强化人工智能应用

未来，人工智能技术在轨道交通车辆故障预测中的应用将更加深入。强化机器学习和深度学习的应用，使系统能够更好地理解和适应复杂多变的车辆运行环境，提高故障预测的准确性和智能化水平。

2.加强物联网技术支持

随着物联网技术的不断发展，未来的轨道交通系统将更加智能化和互联化。强化物联网技术的支持，实现对更多车辆和设备的实时监测和管理，提高整个系统的协同性和运行效率。

3.深化大数据分析能力

未来的发展趋势将更加侧重于大数据分析的深化应用。通过整合更多数据源，利用先进的数据分析算法，实现对庞大数据集的更深层次挖掘，提高故障预测的精准度和综合性。

4.推动自主驾驶技术与故障预测的融合

自主驾驶技术的不断进步将为故障预测提供更多机会。自主驾驶车辆搭载大量传感器，能够提供更多、更全面的实时数据。未来，自主驾驶技术与故障预测技术的融合将成为一个重要的发展方向。

5.强调维护团队的技术培训

随着技术的不断更新，维护团队的技术培训变得至关重要。未来的发展趋势将包括加强维护团队的技术培训，确保团队能够熟练运用新技术进行故障预测和维护工作。

先进技术在轨道交通车辆故障预测中的发展趋势表明，随着人工智能、物联网和大数据等技术的不断演进，轨道交通系统将迎来更智能、高效的时代。通过实时监测、智能诊断和数据分析，先进技术将为轨道交通车辆提供更全面、准确的故障预测信息，从而提高运营安全性、可靠性和效率。然而，引入先进技术也面临一系列挑战，包括数据隐私与安全、系统集成复杂性、成本投入等方面。未来的发展趋势将聚焦于强化人工智能应用、加强物联网技术支持、深化大数据分析能力、推动自主驾驶技术与故障预测的融合，以及强调维护团队的技术培训。这些趋势将推动轨道交通系统朝着更加智能、安全和可持续的方向发展。

第六章　城市轨道交通车辆的安全管理

第一节　车辆安全管理体系建设

一、轨道交通车辆安全管理体系的构建与认证

随着城市交通的不断发展，轨道交通系统作为一种高效、快捷、安全的交通方式，受到了广泛关注和应用。然而，为了确保轨道交通车辆运营的安全性，建立和实施一套完善的安全管理体系是至关重要的。本书将探讨轨道交通车辆安全管理体系的构建与认证，包括体系的组成要素、认证的重要性、标准遵循以及持续改进等方面。

（一）轨道交通车辆安全管理体系的定义

轨道交通车辆安全管理体系是指为确保轨道交通系统中车辆运营的安全性而制定的一系列组织、政策、程序和实践的集合。其目的是通过科学、系统的管理，最大限度地预防事故的发生，保障乘客、工作人员和公众的安全。

1. 安全管理体系的组成要素

轨道交通车辆安全管理体系包括以下关键要素。

（1）政策与目标

建立明确的安全政策与目标，确保所有工作都与安全一致，并为安全管理提供战略指导。

（2）组织结构与责任

明确定义组织结构，明确每个部门和个人在安全管理中的责任和角色，确保责任的层次清晰。

（3）安全风险评估与管理

通过系统的风险评估，识别潜在的安全风险，制定相应的管理措施，降低事故发生的可能性。

（4）培训与教育

为所有工作人员提供必要的安全培训和教育，确保他们具备安全操作的知识和技能。

（5）安全监测与报告

建立健全的监测和报告机制，实时监控车辆运营状态，及时发现潜在问题并进行报告。

（6）应急响应与演练

建立应急响应计划，定期进行演练，提高对突发事件的应对能力。

（7）审核与改进

定期对安全管理体系进行内部和外部审核，通过不断改进提升体系的有效性。

2.安全管理体系认证的定义

安全管理体系认证是指由独立认证机构对轨道交通车辆安全管理体系进行评估和认证的过程。认证的目的在于验证管理体系的有效性，确保其符合相关的国际或行业标准，为组织提供公认的安全管理体系证明。

（二）安全管理体系认证的重要性

1.提高管理水平

通过安全管理体系认证，组织需要按照国际或行业标准建立和实施一套科学的管理体系，从而提高整体管理水平。

2.提升信誉和形象

获得安全管理体系认证是对组织安全管理水平的认可，能够提升组织在市场上的信誉和形象，增强合作伙伴和客户的信任。

3.遵循法规和法律要求

安全管理体系认证要求组织遵循相关的法规和法律要求，确保轨道交通车辆运营的合法性和合规性。

4.降低风险

通过建立科学的安全管理体系，能够有效降低事故的风险，提高组织对突发事件的应对能力，保障人员和财产的安全。

5.拓展市场竞争力

在竞争激烈的市场中，获得安全管理体系认证可以使组织在招标、投标等环节更具竞争力，提升在行业内的地位。

（三）轨道交通车辆安全管理体系的认证标准

1.ISO 9001 质量管理体系

ISO 9001 是国际标准化组织（ISO）发布的质量管理体系标准，它要求组织建立和实施一套质量管理体系，包括了对安全管理的要求。

2.ISO 14001 环境管理体系

ISO 14001 是国际标准化组织发布的环境管理体系标准，虽然主要关注环境管理，但也对安全管理有一定的覆盖。

3.OHSAS 18001/ISO 45001 职业健康与安全管理体系

OHSAS 18001 是职业健康与安全管理体系的标准，而 ISO 45001 是其后继标准，强调组织对职业健康与安全的承诺和管理。

4.IRIS 国际铁路行业标准

国际铁路行业标准（IRIS）是一个专门针对铁路行业的管理体系标准，它包括一系列要求，涵盖了质量、环境、职业健康与安全等方面，适用于轨道交通车辆的生产和维护。

5. 中国国家标准

在中国，国家标准化管理委员会（SAC）发布了一系列与轨道交通车辆安全相关的国家标准，其中包括《轨道交通车辆安全管理规程》（GB/T 25806）等。

（四）轨道交通车辆安全管理体系的构建步骤

1. 制定安全政策和目标

组织应明确定义轨道交通车辆安全的政策和目标，确保其与组织整体战略一致，为安全管理体系的建立提供明确的指导。

2. 组织结构和责任

建立清晰的组织结构，明确安全管理体系中各个部门和个人的责任和角色，确保安全责任层次清晰。

3. 完善安全风险管理体系

进行系统的安全风险评估，识别潜在的安全风险，并采取适当的管理措施，以降低事故发生的可能性。

4. 进行培训与教育

为所有工作人员提供必要的安全培训和教育，确保他们具备安全操作的知识和技能，并能够应对紧急情况。

5. 建立安全监测与报告机制

建立健全的监测和报告机制，实时监控车辆运营状态，及时发现潜在问题并进行报告。

6. 制订应急响应计划与演练

建立应急响应计划，定期进行演练，提高对突发事件的应对能力，确保能够及时、有效地处理各类紧急情况。

7. 进行内部和外部审核

定期进行内部和外部审核，确保安全管理体系的符合性和有效性，并及时纠正和预防潜在的问题。

8.持续改进

通过不断的内部审查、管理评审和持续改进活动，提高轨道交通车辆安全管理体系的效果和适应性。

轨道交通车辆安全管理体系的构建与认证是确保轨道交通系统安全运营的重要保障。通过遵循国际标准和相关法规，组织能够建立一套科学、系统的管理体系，提高整体管理水平，降低事故风险，提升组织信誉和竞争力。在构建安全管理体系时，制定明确的政策和目标、建立清晰的组织结构和责任体系、完善安全风险管理、进行培训与教育、建立监测与报告机制、制订应急响应计划、进行内外部审核、持续改进等步骤是关键的。

未来，随着科技的不断发展和行业标准的更新，轨道交通车辆安全管理体系将面临新的挑战和机遇。组织应不断更新管理体系，采用先进技术、提升员工技能，以适应快速变化的运营环境，确保轨道交通系统的安全、可靠和高效运营。

二、轨道交通车辆安全文化与员工培训

轨道交通系统的安全文化和员工培训是确保车辆运营安全的重要因素。安全文化代表组织对安全的价值观和理念，而员工培训则是通过知识传递和技能培养来确保员工具备安全操作所需的能力。本书将探讨轨道交通车辆安全文化的建设和员工培训的重要性，以及如何有效实施这两个方面的工作。

（一）轨道交通车辆安全文化的定义

安全文化是指在组织中形成的对安全的共同理解、价值观和行为准则。在轨道交通系统中，安全文化涉及所有工作人员对安全的关注、对风险的认知以及对安全标准和程序的遵循。建设良好的安全文化有助于预防事故、降低风险，并提高员工对安全的自觉性。

安全文化的核心要素

（1）领导层的承诺

领导层对安全的承诺是构建安全文化的基石。领导者需要表达对安全的高度关切，并通过自身的行为树立榜样，激发员工对安全的共鸣。

（2）员工参与和沟通

员工参与安全管理和良好的沟通是安全文化的重要组成部分。组织应鼓励员工参与制定安全政策、提出改进建议，并保持与员工的开放沟通。

（3）安全教育和培训

安全文化的建设需要依赖员工对安全知识和操作规程的理解和掌握。因此，安全教育和培训是安全文化的重要支持。

（4）激励和奖励机制

建设安全文化还需要建立有效的激励和奖励机制，鼓励员工在日常工作中关注安全、提出安全改进建议，并对良好的安全行为进行认可和奖励。

（二）员工培训的重要性

轨道交通车辆的安全运营依赖于员工的操作技能和应对能力。员工培训不仅可以提升员工的专业水平，还能够使其更好地适应不同情况下的工作需求。以下是员工培训的重要性。

1. 提高操作技能

通过系统的培训，员工可以提高对轨道交通车辆操作的熟练程度，降低操作风险，保障车辆运营的安全性。

2. 强化应急响应能力

培训可以帮助员工更好地理解和应对突发情况，提高应急响应的能力，减少事故发生后的损失。

3. 熟悉安全规程和标准

员工培训是确保员工了解和遵守安全规程和标准的途径，从而形成统一的安全行为准则。

4. 提升团队协作

培训过程中可以强调团队合作的重要性，促进员工之间的沟通与协作，共同维护车辆运营的整体安全。

（三）构建轨道交通车辆安全文化的关键步骤

1. 制定安全政策和目标

安全政策和目标是构建安全文化的起点。组织需要明确定义轨道交通车辆运营的安全政策和目标，并确保其贴合整体战略和价值观。

2. 领导层的示范和承诺

领导层需要以身作则，通过实际行动表达对安全文化的承诺，并推动安全价值观贯穿整个组织。

3. 设立安全委员会

建立安全委员会，由不同层级和岗位的代表组成，定期开展安全问题的研讨和讨论，促进员工参与安全管理。

4. 安全培训计划的制订

制订全面的安全培训计划，包括新员工入职培训、定期的安全操作培训、紧急情况处理培训等，确保员工具备必要的安全知识和技能。

5.定期的安全演练

组织员工定期进行安全演练，模拟各类突发事件，让员工在模拟情境中学习应对方法，提高应急响应水平。

6.激励机制的建立

建立奖惩机制，通过奖励表彰出色的安全表现，同时对安全违规行为进行处罚，形成激励机制。

（四）员工培训的有效实施

1.制定明确的培训目标

在制订培训计划时，需要明确培训的具体目标。这包括提高操作技能、强化应急响应能力、熟悉安全规程等。明确的培训目标有助于培训的针对性和有效性。

2.采用多种培训形式

不同员工有不同的学习风格和偏好，因此培训计划应采用多种形式，包括课堂培训、模拟演练、在线学习等，以满足不同员工的学习需求。

3.集中培训与现场实操结合

培训计划应在集中培训和现场实操之间取得平衡。集中培训可以传递理论知识，而现场实操则能够让员工在实际操作中应用所学知识，加深理解。

4.建立培训反馈机制

建立培训反馈机制，收集员工对培训的反馈意见，了解培训效果，及时调整和改进培训计划，确保培训的连续性和持续性。

5.强调安全文化的融入

在培训中，要强调安全文化的重要性，培养员工对安全的敏感性和责任感。通过案例分析、讲解事故原因等方式，引导员工形成积极的安全态度。

三、轨道交通车辆安全目标与绩效评估

轨道交通系统作为城市公共交通的重要组成部分，其安全性对于乘客和城市运营非常重要。确立明确的安全目标，并通过科学有效的绩效评估机制对其进行监测和改进，是保障轨道交通车辆运营安全的关键环节。本书将深入探讨轨道交通车辆安全目标的制定、绩效评估的方法和意义，以及在实际运营中如何不断提升安全水平。

（一）轨道交通车辆安全目标的制定

1.安全目标的定义

轨道交通车辆的安全目标是为了确保在运营过程中，能够最大限度地预防事故、

降低风险，保障乘客和车辆的安全。安全目标通常包括事故率、伤亡率、车辆故障率、应急响应时间等方面的指标。

2. 制定原则

制定轨道交通车辆安全目标应遵循以下原则。

（1）具体性

安全目标应具体明确，避免抽象和模糊的表述，以便能够量化和衡量。

（2）可衡量性

安全目标需要能够通过具体的指标进行度量和评估，以便进行绩效评估和监测。

（3）可达性

目标应该在实际情况下是可达到的，考虑到技术、人员和资源等方面的限制。

（4）时限性

设定合理的时间框架，明确达成目标的时间期限，以保证目标的及时实现。

3. 与法规标准的关联

制定安全目标时需要与相关法规和标准相结合，确保目标的制定符合国家法规和行业标准，从而使其具有法律依据和行业共识。

（二）轨道交通车辆安全绩效评估的方法

1. 安全绩效评估体系建立

建立完整的轨道交通车辆安全绩效评估体系是确保评估全面、准确的关键。该体系包括安全目标的明确、安全数据的采集、评估指标的设定等。

（1）安全目标的明确

明确安全目标，确保安全绩效评估的方向明确，同时与车辆运营、维护、紧急处理等环节相协调。

（2）安全数据的采集

建立安全数据采集系统，对事故、故障、应急响应等关键数据进行及时、准确的采集和记录。

（3）评估指标的设定

制定科学合理的评估指标，如事故率、应急响应时间、车辆故障率等，确保评估体系全面覆盖车辆运营的方方面面。

2. 绩效评估方法

（1）指标量化分析

对安全绩效指标进行量化分析，通过具体数据进行比较和评估，确保评估结果具有客观性和可比性。

（2）统计分析

利用统计学方法，对安全数据进行分析，探寻其中的规律性和关联性，为制定改进措施提供科学依据。

（3）安全评估工具

利用现代技术手段，如数据挖掘、人工智能等，建立安全评估模型，更加准确地评估车辆运营的安全绩效。

（三）轨道交通车辆安全绩效评估的意义

1. 事故预防与减轻

通过安全绩效评估，可以发现潜在的风险和问题，及时制定预防措施，降低事故发生的概率，减轻事故带来的损失。

2. 运营效率提升

通过评估车辆运营中的各项指标，发现和解决运营中存在的问题，提高运营效率，降低故障率，确保车辆能够高效运行。

3. 提高乘客体验

安全绩效评估的改进将直接影响乘客的出行体验。安全运营能够提高乘客的信任感，使其更加放心地选择轨道交通出行。

4. 符合法规标准

通过绩效评估，确保车辆运营符合国家法规和行业标准，提高整体运营水平，避免违规行为和法规风险，从而保障轨道交通系统的合法合规运营。

5. 提升品牌形象

安全绩效评估的良好结果有助于提升轨道交通系统的品牌形象。作为公共交通的一部分，良好的安全记录将增加公众对系统的信任，对于长期的可持续发展具有积极影响。

6. 降低运营成本

通过减少事故、降低故障率，安全绩效评估有助于降低车辆运营的维修和维护成本。及时的预防和处理措施能够降低因事故或故障引起的维修费用，提高维护效率，从而降低整体运营成本。

（四）实际操作中的安全绩效评估策略

1. 阶段性评估

在车辆运营的不同阶段，采用阶段性的安全绩效评估。例如，可以在车辆投入运营初期、定期维护之后等时间点进行评估，并及时发现和解决问题。

2. 定期演练

定期进行紧急应急演练，检验应急响应时间和效果。通过模拟事故场景，验证安全预案和应急处理流程的实际效果，并及时进行调整和改进。

3. 数据监控与分析

建立实时的安全数据监控系统，对车辆运营中的各项指标进行实时监测。通过数据分析，及时发现异常情况，采取措施进行纠正。

4. 人员培训

定期进行安全培训，提高员工的安全意识和应急处理能力。通过培训，确保员工了解安全规程，能够正确、迅速地应对各类紧急情况。

5. 安全技术更新

随着科技的发展，采用先进的安全技术手段，如智能监测系统、预警系统等，提高对车辆运营过程中潜在风险的监测和预防能力。

轨道交通车辆安全目标与绩效评估是确保城市公共交通系统安全、高效运行的重要环节。通过明确具体的安全目标，建立科学合理的绩效评估体系，能够在车辆运营中及时发现问题、预防事故，提高整体运营水平。未来，随着科技的不断发展和社会需求的变化，安全绩效评估将更加智能化、数据化，注重跨行业合作和国际标准对齐，以构建更安全、可持续的城市交通体系。通过不断改进安全目标的设定和绩效评估方法，可以更好地适应城市交通系统的发展需求，为乘客提供更安全、便捷的出行体验。

第二节　车辆安全监测与检测技术

一、先进传感器在轨道交通车辆安全监测中的应用

随着城市轨道交通系统的不断发展和技术的进步，先进传感器的应用在车辆安全监测领域日益成为关键的技术支撑。先进传感器不仅能够提供实时、精准的数据，还能够在车辆运营过程中进行全方位监测，从而提高交通系统的安全性和可靠性。本书将深入探讨先进传感器在轨道交通车辆安全监测中的应用，包括传感器的类型、工作原理、数据采集与处理以及对安全性能的提升等方面。

（一）先进传感器的类型

1. 惯性传感器

惯性传感器主要包括加速度计和陀螺仪。加速度计用于测量车辆的加速度和减速度，而陀螺仪则用于测量车辆的角速度。通过组合使用这两种传感器，可以实现对车辆运动状态的全面监测，包括加速、刹车、转弯等。

2. 视觉传感器

视觉传感器利用摄像头等设备获取车辆周围的图像信息，通过计算机视觉技术对图像进行处理和分析。这种传感器可以用于障碍物检测、道路标线识别、车辆识别等任务，为车辆的安全驾驶提供关键信息。

3. 毫米波雷达

毫米波雷达是一种利用毫米波频段的电磁波进行探测的传感器。它具有较高的分辨率和穿透能力，可用于实现对车辆周围环境的远距离检测，包括障碍物、行人、其他车辆等。

4. 激光雷达

激光雷达通过发射激光束并测量其返回时间来实现对目标的距离测量。激光雷达具有高精度和高分辨率的优势，可用于车辆的三维环境建模和障碍物探测。

5. 超声波传感器

超声波传感器利用超声波的回波时间来测量距离，广泛用于近距离障碍物检测。这种传感器常用于车辆的泊车辅助系统和近距离碰撞预防。

（二）先进传感器的工作原理

1. 惯性传感器

加速度计工作原理：基于牛顿第二定律，通过测量单位质点上的加速度，从而得知车辆的加速度和减速度。

陀螺仪工作原理：利用陀螺效应，通过测量旋转物体的角速度，获取车辆的旋转状态。

2. 视觉传感器

摄像头工作原理：摄像头捕捉周围环境的图像，利用图像处理算法提取关键信息，如道路标线、交通标志、其他车辆等。

3. 毫米波雷达

毫米波雷达工作原理：发射毫米波并接收其回波，通过测量回波的时间、频率和相位来计算距离、速度和方向。毫米波雷达可以在不同天气条件下工作，并对目标进行高精度测距。

4. 激光雷达

激光雷达工作原理：通过发射激光束并测量其返回时间，计算目标与传感器的距离。激光雷达的高频率测量能够提供精确的距离和高分辨率的目标位置信息。

5. 超声波传感器

超声波传感器工作原理：发射超声波脉冲，测量其返回时间以计算目标距离。超声波传感器适用于近距离障碍物检测，但受到环境噪声的影响。

（三）数据采集与处理

1. 数据采集

先进传感器通过不断采集周围环境的数据，形成车辆周边的实时感知。数据采集的频率和精度对于安全监测至关重要，确保车辆能够快速、准确地感知周围的变化。

2. 数据处理

通过先进传感器采集的原始数据，利用计算机视觉、信号处理和机器学习等技术进行数据处理。这包括目标检测与识别、环境建模、轨迹预测等算法，从而获得更高层次、更有用的信息，为车辆的智能决策提供支持。

（四）先进传感器在安全监测中的应用

1. 全方位障碍物检测

先进传感器可以实现对车辆周围环境的全方位监测，包括前、后、左、右和上方。这使得车辆能够及时发现障碍物、行人或其他车辆，并及时采取相应的措施避免碰撞。

2. 轨道状态监测

惯性传感器和激光雷达等传感器可以实时监测车辆的运动状态，包括加速度、速度、角速度等。这有助于检测轨道异常、车辆运动不稳定等情况，提前预警并采取纠正措施。

3. 道路标线识别与保持

视觉传感器和激光雷达可以识别道路标线的位置和类型。车辆通过这些传感器获取的信息，能够实现车道保持功能，确保车辆在行驶过程中始终保持在正确车道上。

4. 紧急制动与碰撞预防

先进传感器能够感知前方的障碍物，通过数据处理判断是否存在碰撞的危险。在检测到紧急情况时，系统可实施紧急制动，有效预防碰撞事故的发生。

5. 环境建模与导航支持

通过激光雷达等传感器获取的数据，可以进行车辆周围环境的三维建模。这种环境建模有助于车辆的定位和导航，提高车辆在复杂道路条件下的安全性。

（五）安全性能的提升

1. 提高实时性和精度

先进传感器能够提供更高的数据采集频率和更精准的数据，这有助于实现对车辆周围环境的实时感知，提高对潜在危险的及时响应能力。

2. 智能决策支持

通过数据处理和算法分析，先进传感器可以为车辆提供智能决策支持。车辆可以根据传感器获取的信息，自主进行判断和决策，提升车辆的智能化水平。

3. 多传感器融合

将不同类型的传感器数据进行融合，能够提供更全面、更准确的信息。多传感器融合技术有助于弥补各种传感器的局限性，提高整体监测性能。

4. 异常检测与预警

通过先进传感器监测车辆和环境的状态，系统能够及时发现异常情况并提前发出警告。这有助于在事故发生前采取措施，防范潜在风险。

先进传感器在轨道交通车辆安全监测中的应用为城市交通系统的安全性能提升提供了强有力的支持。各类传感器的不同工作原理和特点使得车辆能够全方位、多维度地感知周围环境，从而实现智能决策和及时响应。

二、轨道交通车辆数据采集与实时监测系统

随着城市交通的不断发展，轨道交通系统成为解决城市交通拥堵和环境污染的重要组成部分。为了确保轨道交通车辆的安全、高效运行，数据采集与实时监测系统成为至关重要的一环。本书将深入探讨轨道交通车辆数据采集与实时监测系统的关键组成部分、工作原理、应用领域以及对交通运行的优化和安全性的影响。

（一）系统组成

1. 传感器设备

轨道交通车辆数据采集与实时监测系统的核心是各类传感器设备。这些传感器设备包括但不限于以下几种：

惯性传感器：用于测量车辆的加速度、速度和角速度，提供关键的运动状态信息。

视觉传感器：包括摄像头和图像处理设备，用于实时捕捉车辆周围环境的图像信息，进行目标检测、车道保持等功能。

雷达系统：毫米波雷达和激光雷达等用于远距离障碍物检测，提供环境感知的立体信息。

GPS 定位系统：提供车辆的精确位置信息，支持车辆的定位和导航。

2. 通信模块

数据采集与实时监测系统需要具备高效的数据传输能力。通信模块通过无线网络，如 4G、5G，将采集到的数据传输到监测中心。这种实时通信的能力是保障监测系统高效运行的关键。

3. 数据处理与存储单元

采集到的海量数据需要进行实时处理和存储。数据处理单元使用先进的算法对传感器采集的数据进行分析和挖掘，提取有用信息。数据存储单元负责将处理后的数据

进行存储，以备后续分析和查询。

4. 监测中心

监测中心是整个系统的核心，负责汇总、分析和展示所有车辆数据。监测中心通常配备有强大的计算能力，支持实时监测、预测分析和决策制定。

（二）工作原理

轨道交通车辆数据采集与实时监测系统的工作原理涉及传感器的数据采集、通信传输、数据处理和监测中心的整合。

1. 传感器数据采集

各类传感器不断采集车辆周围环境的数据，包括运动状态、周围车辆、障碍物、道路标识等信息。这些数据经过传感器的处理和转换，形成数字信号。

2. 通信传输

采集到的数字信号通过通信模块传输到监测中心。通信模块采用无线网络技术，确保数据能够快速、稳定地传送到监测中心。

3. 数据处理与分析

监测中心接收到传感器传来的数据后，通过数据处理与存储单元进行实时处理。利用先进的算法，对数据进行分析，提取关键信息，如车辆状态、交通流量、道路状况等。

4. 决策与应用

监测中心根据数据的分析结果，进行相应决策，并向相关部门或车辆发出指令。这可能包括调整交通信号、实施紧急制动、优化车辆行驶路线等，以确保交通系统的安全和高效运行。

（三）应用领域

轨道交通车辆数据采集与实时监测系统在多个领域发挥着重要作用。

1. 运行调度与管理

监测系统通过实时监测车辆位置、速度、运行状态等信息，为运营调度提供数据支持。车辆调度中心可以根据实际运行情况，合理调度车辆，优化运行计划。

2. 安全保障

监测系统通过随时监测车辆周围的道路状况和交通流量，实时预警潜在的安全隐患，确保车辆在运行过程中遵循交通规则，降低事故发生概率。

3. 故障检测与维护

通过监测车辆的运行数据，系统可以实时检测车辆的故障状况，提前发现潜在问题，及时进行维护，降低因故障引发的交通中断。

4. 交通优化

监测系统可以实时掌握交通流量状况，通过智能信号控制和路线优化，缓解交通拥堵，提高道路通行效率。

5. 数据分析与规划

采集到的大量数据为城市规划和交通政策制定提供了有力支持。通过对历史数据的分析，决策者可以更好地了解交通流量、高峰时段、热点区域等信息，从而进行更科学的城市规划和交通管理。

6. 环境监测

轨道交通车辆数据采集与实时监测系统还可以用于环境监测，包括监测空气质量、噪声水平等。这有助于城市管理者更好地了解城市环境状况，采取相应的环境改善措施。

（四）优化与安全性影响

1. 交通流量优化

通过实时监测车辆的运行状态和交通流量，系统可以实施智能的交通信号控制，调整绿灯时间和红灯时间，从而最大限度地优化交通流量，缓解拥堵。

2. 安全事故减少

监测系统能够及时发现车辆异常行为或道路状况，提前预警潜在的安全风险，采取紧急措施，有助于减少交通事故的发生。

3. 故障预测与维护

通过对车辆运行数据的实时监测和分析，系统能够预测车辆可能出现的故障，并提前进行维护。这有助于减少突发故障对交通运行的影响，提高车辆的可靠性。

4. 能源效益提升

监测系统可以通过分析车辆的运行数据，优化车辆的行驶路线和速度，减少不必要的能耗，提高能源利用效率，降低运营成本。

5. 环境友好

通过实时监测环境数据，系统可以及时发现空气质量下降、噪声污染等问题，促使城市管理者采取相应的环保措施，提高城市的环境友好性。

轨道交通车辆数据采集与实时监测系统在城市交通管理中发挥着至关重要的作用。通过多种传感器的协同工作，系统能够实时感知车辆和道路状况，从而优化交通流量、提高安全性、减少故障发生。尽管面临一些挑战，但通过不断的技术创新和系统优化，这一监测系统将在未来更好地支持城市交通的可持续发展。

三、轨道交通车辆安全检测设备的定期维护与校准

随着城市轨道交通系统的不断发展和扩展，对车辆安全性能的要求也越来越高。安全检测设备作为确保轨道交通运行安全的重要组成部分，需要经常进行定期维护与校准。本书将深入探讨轨道交通车辆安全检测设备的重要性、定期维护的必要性、校准的意义以及具体的维护与校准流程。

（一）安全检测设备的重要性

1.安全检测设备的种类

轨道交通车辆安全检测设备涵盖了多个方面，包括但不限于以下几点：

轨道电路与信号系统：用于监测轨道上的电气信号，确保信号系统的正常运行。

轮轨力检测器：用于监测列车通过轨道时的轮轨力情况，以确保列车与轨道之间适当接触。

车辆状态监测系统：包括传感器、监测仪器等，用于实时监测车辆的各项状态，如速度、加速度、振动等。

防火系统：用于监测车辆及轨道周围的火警情况，确保列车行驶过程中的安全。

2.安全检测设备的作用

安全检测设备在轨道交通系统中起着至关重要的作用。

事故预防：通过实时监测列车的状态和轨道情况，安全检测设备有助于预防事故的发生，提前发现潜在的安全隐患。

运行稳定性：通过监测轨道电路、信号系统等，安全检测设备能够确保轨道交通系统的运行稳定性，降低因系统故障引发的不稳定情况。

提高效率：车辆状态监测系统能够实时反馈车辆的运行状况，有助于及时调整运行计划，提高轨道交通系统的整体运行效率。

（二）定期维护的必要性

1.设备老化与磨损

随着时间的推移，安全检测设备会因为长时间的运行而逐渐老化和磨损。定期维护有助于及时更换老化的部件，确保设备的正常运行。

2.环境影响

轨道交通环境对设备的影响较大，如恶劣的天气条件、尘土、湿气等都可能导致设备性能下降。定期维护可以清理设备表面的污垢，提高设备的稳定性和准确性。

3.预防性维护

定期维护不仅是对设备已知问题的修复，更是一种预防性的维护手段。通过定期

检查和维护，可以提前发现潜在问题，避免设备在运行过程中出现故障。

4. 法规与标准要求

轨道交通系统的安全性受到法规和标准的严格监管。定期维护是确保设备符合相关法规和标准要求的重要手段，有助于保持系统的合规性。

（三）校准的意义

1. 确保测量准确性

安全检测设备的测量准确性直接影响到对车辆状态的准确监测。校准是一种确保设备测量结果准确可靠的手段，有助于提高监测系统的可信度。

2. 符合法规标准

校准是确保设备符合法规和标准要求的重要步骤。符合标准的设备能够更好地适应不同工况，提高系统的可靠性和稳定性。

3. 预防误差累积

随着时间的推移，设备可能出现误差的累积。通过定期校准，可以及时发现并纠正这些误差，防止其逐渐积累而影响设备的整体性能。

（四）定期维护与校准流程

1. 定期维护流程

设备检查：对安全检测设备进行外观检查，确保设备外壳完好，无损坏、漏水等现象。

清洁处理：清理设备表面的尘土、油污等污垢，保持传感器的灵敏度和准确性。

连接检查：检查设备的连接线路，确保连接牢固，避免因连接问题导致的数据传输错误。

传感器校准：对传感器进行简单校准，确保传感器的测量准确性。这可能包括调整传感器的灵敏度、校准零点等步骤，以确保其输出的数据符合预定的标准。

电源与电池检查：检查设备的电源供应和电池状态，确保设备能够正常运行并在需要时切换到备用电源。

记录维护日志：对维护过程中发现的问题和处理措施进行详细记录，建立设备维护的完整日志，以备后续查阅。

软件更新：如果设备采用了相关的软件系统，则需进行软件更新以确保设备始终运行在最新的版本上，提高系统的稳定性和功能性。

2. 校准流程

校准计划制定：制订校准计划，明确校准的频率和方法，根据设备类型和使用情况制定合理的校准策略。

标准设备准备：准备标准设备，这些设备的准确度已经得到认证，并且与国际或行业标准相符。

校准环境准备：确保校准环境符合标准要求，包括温度、湿度等环境因素，以保证准确性。

设备调整：根据校准计划，对设备进行调整，包括传感器灵敏度、零点等参数的调整，以使设备输出符合标准。

校准测试：使用标准设备对轨道交通车辆安全检测设备进行测试，记录测量值，并与标准值进行比较，以确定设备的准确度。

校准证书：根据校准结果颁发校准证书，详细记录校准过程和结果，作为设备合格的证明。

定期检查：在校准后，定期检查设备的性能，确保设备在使用过程中保持校准状态，如果有偏差应及时进行调整和再次校准。

轨道交通车辆安全检测设备的定期维护与校准是确保交通系统安全运行的重要保障措施。通过合理的维护计划和校准流程，可以有效应对设备老化、环境影响等因素，从而提高设备的可靠性和稳定性。同时，面对设备多样性和复杂的运行环境，需要科学合理制订维护策略和校准计划，以确保轨道交通系统始终处于安全可靠的状态。

第三节　人为因素与车辆安全

一、轨道交通车辆人员操作与管理的安全影响

轨道交通车辆的人员操作与管理对整个运输系统的安全性起着至关重要的作用。操作人员的素质、培训水平、管理制度的完善与否，直接关系到乘客的安全出行和交通系统的稳定运行。本书将探讨轨道交通车辆人员操作与管理在安全方面的影响，分析其对系统稳定性、应急响应、乘客安全等方面的影响，并提出相应的管理和培训建议。

（一）操作人员的素质与培训

1.操作人员的素质要求

轨道交通车辆的操作人员需要具备一定的专业素质，包括但不限于以下几点：

专业技能：熟练掌握车辆的驾驶技术，了解列车系统和设备的操作原理，具备紧急情况的处理能力。

安全意识：具备高度的安全责任感和紧急情况的应变能力，能够在紧急情况下迅

速、冷静地做出正确决策。

团队协作：能够与其他车辆操作人员、调度员、维修人员等协同工作，保障整个运输系统的协调运行。

2. 培训体系建设

为了提高操作人员的素质，必须建立完善的培训体系。

技术培训：提供系统的车辆操作技能培训，包括正常驾驶、制动系统使用、紧急情况处理等方面。

模拟训练：利用模拟器等设备进行实际情景模拟，让操作人员在虚拟环境中能够面对各种紧急状况，提高应对突发事件的能力。

安全培训：强调安全意识的培养，包括事故防范、乘客紧急疏散等方面的培训，确保操作人员对安全问题的高度警惕。

（二）人员管理对系统稳定性的影响

1. 严格的人员选拔

通过严格的选拔机制，确保只有经过专业培训和考核合格的人员才能成为轨道交通车辆的操作人员，降低因人员素质不足导致的事故风险。

2. 合理的工时管理

长时间的连续工作容易导致操作人员疲劳，从而影响其反应速度和判断能力。合理的工时管理有助于降低事故的概率，保障乘客的安全。

3. 定期的健康检查

对操作人员进行定期的身体健康检查，确保其身体状况符合从业资格要求，降低因身体引起的事故发生概率。

（三）紧急情况下的应急响应与培训

1. 紧急情况处理培训

操作人员需要接受紧急情况处理的培训，包括火灾、车辆故障、恶劣天气等各种紧急状况下的处置方法，以保障乘客安全。

2. 应急演练

定期进行应急演练，让操作人员在模拟场景中面对各种紧急状况，熟悉应对流程，提高在实际紧急情况下的应变能力。

3. 紧急通信系统

建立健全的紧急通信系统，确保在紧急情况下，操作人员能够及时、准确地与调度员和其他相关人员进行沟通，协调救援措施。

（四）乘客安全的保障与服务

1. 乘客服务意识

操作人员应具备良好的乘客服务意识，关注乘客需求，协助乘客解决问题，提高乘客满意度。

2. 乘客紧急疏散培训

为乘客提供紧急疏散的培训，使其了解车辆内部设备的使用方法，增强乘客自救能力，提高紧急情况下的疏散效率。

3. 定期的乘客安全宣传

定期组织乘客进行安全宣传活动，提高乘客对安全规定的认知，培养乘客良好的安全习惯，减少因乘客行为引起的事故。

（五）人员管理中的技术支持与创新

1. 技术支持系统

引入现代化的技术支持系统，如智能监控、实时数据分析等，提供实时的运行状态信息，帮助管理人员及时发现和解决问题。

2. 数据驱动的培训和评估

利用数据分析技术，对操作人员的培训过程和运行情况进行评估。通过分析数据，可以发现潜在问题，并提供个性化的培训方案，以不断提升人员的操作水平和安全意识。

3. 创新的管理方法

引入创新的管理方法，如人工智能在人员管理中的应用、虚拟现实培训等，以提高管理的效率和精准度，确保操作人员始终保持最佳状态。

轨道交通车辆人员操作与管理对整个交通系统的安全性和稳定性有着深远影响。通过加强操作人员的培训、建立科学的管理制度、引入创新技术手段等多方面的努力，可以有效提高操作人员的素质和管理水平，从而降低事故的发生概率，保障乘客的安全。同时，要时刻关注行业发展的新趋势，及时调整管理策略，不断提升人员管理的科学性和先进性。通过全方位努力，可以在轨道交通车辆的运营中取得更好的安全和服务效果。

二、轨道交通车辆人为因素在事故中的角色与责任

轨道交通作为现代城市交通体系的重要组成部分，为人们提供了便捷、高效的出行方式。然而，在轨道交通系统中，事故时有发生，而人为因素往往是其中的重要原因之一。本书将探讨轨道交通车辆事故中人为因素的角色与责任，分析导致事故的具体原因，并提出改进和预防措施，以确保轨道交通系统的安全运行。

（一）人为因素在轨道交通事故中的角色

1. 驾驶员错误

轨道交通系统中的驾驶员是整个运营过程中的关键角色。驾驶员的错误决策或操作失误可能导致列车的碰撞、脱轨等事故。例如，驾驶员未能按时刹车、误解信号灯指示或操作控制台的失误都可能成为事故的诱因。

2. 维护不善

不合格的维护和保养也是导致轨道交通事故的人为因素之一。如果车辆或轨道设施未得到及时维护，可能会导致机械故障、部件失灵，从而引发事故。维护人员的疏忽或不当操作可能对轨道交通系统的安全性产生负面影响。

3. 人为破坏

恶意破坏和破坏行为也是造成轨道交通事故的人为因素之一。例如，有人在轨道上投放障碍物、恶意损坏信号设备等行为可能导致列车运行异常，引发事故。

（二）人为因素在轨道交通事故中的责任

1. 运营单位责任

运营单位作为轨道交通系统的管理者，负有确保系统安全运行的责任。对驾驶员的培训、定期维护检查、设备更新等都是运营单位应尽的责任。当事故发生时，运营单位应承担相应的法律责任，并采取措施避免类似事件再次发生。

2. 驾驶员责任

驾驶员在轨道交通事故中的责任不可忽视。他们需要接受专业培训，严格遵守操作规程，确保列车安全行驶。驾驶员的过失或违规操作将直接影响事故的发生和后果。

3. 维护人员责任

维护人员应确保车辆和轨道设施的良好状态。定期检查、保养和紧急修复都是维护人员的职责范围。若事故发生与维护不善有关，维护人员也应对其承担法律责任。

（三）改进和预防措施

1. 技术升级和设备更新

引入先进的技术和设备，如自动驾驶系统、智能监控系统等，以降低人为操作失误的可能性。及时更新设备，使用更安全、可靠的技术，可以提高系统的整体安全性。

2. 强化培训体系

加强驾驶员和维护人员的培训，确保其熟练掌握操作规程，能够应对紧急情况。培训内容应包括安全意识、紧急情况处理、最新技术的使用等方面。

3. 加强安全监管

政府和监管机构应加强对轨道交通系统的安全监管。建立健全的法规制度，对违规行为进行惩罚，同时加强对运营单位的监督，确保其履行安全管理责任。

4.加强安全意识宣传

向乘客和相关人员宣传交通安全知识，提高他们的安全意识。建立紧急情况的应对机制，使乘客在遇到突发状况时能够冷静、迅速地做出正确的反应。在轨道交通事故中，人为因素起着至关重要的作用。通过加强技术升级、强化培训、加强监管和宣传安全意识等手段，可以有效降低人为因素引发事故的概率，确保轨道交通系统的安全运行。各方的共同努力将为城市交通安全和发展做出重要贡献。

三、轨道交通车辆人性工程学在车辆设计中的应用

随着城市化的不断发展和人们对出行需求的增加，轨道交通系统作为一种高效、快速的交通方式逐渐成为城市交通体系的重要组成部分。在轨道交通车辆设计中，人性工程学的应用变得愈发重要。人性工程学旨在通过考虑人的生理和心理特征，优化产品设计，提高产品的易用性和人机交互性。本书将探讨轨道交通车辆中人性工程学的应用，以提高车辆的舒适性、安全性和用户体验。

（一）座椅与乘客空间设计

1.座椅舒适性

人性工程学在座椅设计中发挥了关键作用。通过考虑人体工程学原理，设计座椅的高度、倾斜角度和支撑结构，以提供最好的支持。此外，座椅的材料选择和质地也需要符合人体工程学的标准，以防止乘客在长时间的行驶中出现不适。

2.乘客空间布局

考虑到不同乘客的身高、体型和行动能力，人性工程学要求合理设计乘客空间的布局。例如，设置易于折叠的座椅、提供足够的站立空间和通道宽度，以确保乘客在上下车和车内行走时感到方便和舒适。

（二）控制面板和用户界面设计

1.操作按钮的布局和标识

在轨道交通车辆的控制面板上，人性工程学要求设计师合理安排操作按钮的布局，使其符合人们的操作习惯和视觉习惯。按钮的大小、形状和颜色应当易于辨识和触摸，以减少误操作的可能性。

2.信息显示屏的设计

人性工程学在信息显示屏设计中也发挥了关键作用。设计师需要考虑到乘客可能的视线范围、光照条件和信息传递的清晰度。采用清晰简洁的图标和文字，确保乘客能够迅速理解显示屏上的信息。

（三）紧急情况处理与安全设计

1. 紧急通道和设备布置

考虑到可能发生的紧急情况，人性工程学要求车辆设计中要设置明确的紧急通道和设备。乘客需要能够快速找到逃生通道，并且紧急设备，如灭火器、急救箱等，也应该放置在乘客容易触及的位置。

2. 应急广播和提示系统

在车辆内部安装应急广播系统，并在紧急情况下触发自动提示和指导。人性工程学要求这些提示语言清晰、简洁，同时为乘客提供明确的行动建议，以帮助乘客迅速做出正确决策。

（四）无障碍设计

1. 无障碍设施设置

考虑到不同乘客的行动能力和特殊需求，人性工程学要求车辆设计中包含无障碍设施，如轮椅通道、无障碍厕所等，以确保残疾人士和有特殊需求的乘客能够方便地使用轨道交通服务。

2. 音频和视觉提示

在车辆内设置音频和视觉提示系统，以满足听力或视力障碍的乘客需求。例如，采用语音提示和触觉指引，使车辆服务更加友好。

（五）人性化的服务设计

1. 智能客户服务系统

引入人工智能技术，设计具有智能交互功能的客户服务系统。通过语音识别和自然语言处理技术，使乘客能够方便地获取信息、购票和提出建议。

2. 个性化座位预订系统

利用人性工程学的原理，设计车辆内的座位预订系统，让乘客能够根据个人偏好选择座位，提高乘坐体验。人性工程学在轨道交通车辆设计中的应用，不仅关乎车辆的外观和舒适性，更关系到乘客的安全感和出行体验。通过合理运用人性工程学的原理，设计师可以更好地满足不同乘客群体的需求，提高车辆的整体性能和社会效益。随着科技的不断发展，人性工程学将继续在轨道交通领域发挥重要作用，推动车辆设计向着更加智能、人性化的方向发展。

第四节　安全培训与应急演练

一、轨道交通车辆操作人员的培训计划

轨道交通车辆操作人员是保障城市交通系统安全、高效运行的关键角色。其专业素养和应急处理能力直接关系到乘客出行的安全与顺畅。为了确保轨道交通车辆操作人员具备必要的技能和知识，需要制订一套系统、科学的培训计划。本书将探讨轨道交通车辆操作人员培训计划的内容和步骤，以确保其在各种情况下都能胜任其工作任务。

（一）培训计划制订前的准备工作

1. 需求分析

在制订培训计划之前，首先需要进行对轨道交通车辆操作人员的需求分析。了解操作人员需要掌握的技能、知识和素质，以及市场对于合格操作人员的需求。

2. 法规和标准研究

详细研究国家和地区关于轨道交通的法规和标准，确保培训计划符合相应法规要求，以提高操作人员的合规性和法律意识。

（二）培训计划内容

1. 基础知识培训

轨道交通系统概况：介绍轨道交通系统的发展历史、结构、类型等。

列车构造与原理：深入了解列车的结构组成、动力系统和控制原理。

信号系统与安全规范：学习相关信号系统，熟悉安全规范和操作流程。

2. 驾驶技能培训

模拟驾驶培训：使用模拟器进行列车驾驶模拟，培养操作员的驾驶技能和应变能力。

实际驾驶培训：在实际轨道环境中进行驾驶培训，包括起动、停车、加速、减速等操作。

3. 紧急情况处理培训

火警和紧急疏散：培训操作员对列车火警的判断和处理，以及乘客紧急疏散的流程。

故障排除：操作员应具备基本的故障排除能力，能够应对常见设备故障。

4. 客户服务培训

礼仪与沟通技巧：培训操作员应具备良好的服务态度，学习与乘客沟通的技巧。

应对突发事件：培训操作员在紧急情况下的应对能力，包括冷静应对乘客、协调处理各方关系等。

（三）培训方法和手段

1. 理论授课

利用课堂教学，向操作人员传授轨道交通系统相关的理论知识，包括法规、技术标准、安全规范等。

2. 模拟器培训

使用轨道交通列车模拟器进行实际驾驶操作练习，模拟各种复杂情况，提高操作员的应变能力。

3. 实地操作培训

在实际轨道环境中进行操作培训，包括起动、停车、进站、出站等实地操作，使操作员熟悉列车的实际运行情况。

4. 案例分析和讨论

通过案例分析，让操作员学会从实际事例中总结经验教训，提高应对突发事件的能力。

（四）培训评估和考核

1. 培训考核

定期进行培训考核，包括理论知识测试、模拟驾驶考核和实地操作考核，确保操作人员掌握所需的技能和知识。

2. 实习阶段

安排实习阶段，让操作员在实际运行环境中应用所学知识，逐步积累工作经验和实际操作能力。

3. 定期培训更新

轨道交通系统技术不断更新，培训计划也应与时俱进。定期组织培训更新，使操作员了解最新技术和安全规范。

（五）培训师资和设施保障

1. 培训师资

选聘经验丰富、专业素质高的培训师资，他们应具备丰富的实践经验和教学经验，能够有效传授知识和技能。

2. 培训设施

提供先进的培训设施，包括模拟器、实地操作车辆、教室等，确保培训过程中有良好的教学环境。轨道交通车辆操作人员的培训计划是确保城市交通系统安全运行的基础。通过科学的培训计划，能够培养出高素质、应对能力强的操作人员，提高轨道交通系统的整体安全性和效率。培训计划应该定期更新，应能够适应科技发展和法规变化，确保操作人员始终具备最新的知识和技能。

二、轨道交通车辆应急团队的培训与演练

在城市轨道交通系统中，应急团队的培训与演练是确保系统安全运行和提高应对突发事件能力的关键环节。应急团队的成员需要具备高效的应急响应和处理能力，以保障乘客的生命安全和轨道交通系统的正常运行。本书将探讨轨道交通车辆应急团队的培训与演练的重要性、内容和方法，以提高应急团队的整体素质。

（一）培训与演练的背景与重要性

1. 背景

轨道交通系统是城市交通的重要组成部分，但在运营过程中可能面临各种突发事件，如列车故障、乘客健康问题、火警等。为了应对这些突发情况，轨道交通车辆需要有一支经过专业培训的应急团队，能够在第一时间进行有效应对和处理。

2. 重要性

保障乘客安全：应急团队的高效响应能力直接关系到乘客的生命安全，是保障轨道交通系统安全运行的重要保障。

缩短故障恢复时间：经过培训的应急团队能够迅速判断问题原因，采取有效措施，从而缩短列车故障的恢复时间，降低运营中断的可能性。

提高应变能力：通过定期演练，应急团队能够更好地协同合作，提高团队整体的应变能力，适应不同的紧急情况。

（二）培训内容设计

1. 基础知识培训

轨道交通系统概况：介绍轨道交通系统的基本构成、运行原理、重要设备等。

应急流程与标准：详细讲解各类应急情况下的处理流程和标准操作规程。

安全法规与责任：培训应急团队成员熟悉国家和地区轨道交通安全法规，明确各自的责任与义务。

2. 技能培训

灭火器械使用培训：了解灭火器的种类并学习使用方法和灭火技巧，以保障在火警等紧急情况下的迅速响应。

急救培训：提供基础的急救知识和技能，以应对乘客突发的身体不适或意外伤害。

通信与协作技巧：培训团队成员在应急情况下的良好沟通和协作能力，以确保信

息传递的准确和团队协同作战的顺利。

3.模拟演练

火警演练:通过模拟火警情景,训练团队成员火场处理的技能,包括扑救、疏散等。

故障应对演练:模拟列车故障和设备失灵情况,培训团队成员快速、有效地定位和解决问题。

乘客疏散演练:组织乘客疏散演练,确保团队成员能够迅速而有序地引导乘客疏散。

(三)培训与演练的方法

1.实地培训

安排团队成员在实际轨道交通环境中进行培训,包括列车、站台等各个部分,以更好地适应实际工作场景。

2.模拟器培训

利用列车模拟器进行实际操作的模拟培训,模拟各种应急情况,提高团队成员的应变能力。

3.案例学习

分析历史案例,通过研究成功和失败的经验,帮助团队成员更好地理解应急处理的要点和方法。

4.定期演练

设计定期的演练计划,包括不同类型的应急情况,确保团队成员具备全面的处理能力。

(四)培训与演练的周期和频率

1.周期性培训

定期进行轨道交通车辆应急团队培训,包括新团队成员的入职培训和老成员的定期复训,以确保团队整体素质的提高。

2.实时演练

定期进行实时演练,模拟真实场景,检验团队成员在紧急情况下的应对能力。可以通过组织突发演练、紧急模拟等方式进行。

(五)培训效果评估

1.考核与评价

设计科学合理的考核体系,包括理论知识考核、技能操作考核、团队协作能力考核等,对培训成果进行全面评估。

2.反馈与改进

在培训过程中收集团队成员的反馈意见,了解培训效果,同时也可以通过在模拟演练的过程中观察团队的表现。根据反馈和观察结果，及时调整培训计划，进行改进和优化。

3.经验总结与分享

定期组织培训经验总结与分享会议，让团队成员分享实际操作中的成功经验和教训。通过经验交流，促进团队共同学习，不断提升整体水平。

（六）培训与演练的师资和设施保障

1.培训师资

选聘经验丰富、具备相关专业知识和实践经验的培训师资。培训师资要能够理论与实践相结合，能够有效传授知识和技能。

2.培训设施

提供先进的培训设施，包括模拟演练场地、列车模拟器、急救设备等，确保培训过程中有良好的教学环境，真实模拟各种应急情况。

轨道交通车辆应急团队的培训与演练是确保城市轨道交通系统安全运行的基石。通过科学、系统、定期的培训计划和演练活动，应急团队成员能够不断提升应对紧急情况的能力，为系统安全提供可靠的保障。培训计划不仅需要注重技能培养，更要强调团队协作和跨部门合作的能力。持续改进和创新是培训计划的重要环节，确保培训内容和方法能够紧跟行业发展和技术变革。通过不断努力，轨道交通车辆应急团队将更加高效地应对各类紧急情况，确保城市轨道交通系统的平稳、安全运行。

三、轨道交通车辆乘客的安全意识培养与教育

随着城市轨道交通的快速发展，轨道交通车辆乘客的安全问题日益受到关注。培养和提高乘客的安全意识，使其能够正确应对紧急情况，是确保轨道交通系统安全运行的重要一环。本书将探讨轨道交通车辆乘客安全意识培养与教育的必要性、方法和策略。

（一）安全意识培养的必要性

1.提高突发事件应对能力

乘客在遇到突发事件发生时，如火警、紧急疏散等，需要迅速、冷静地做出正确的决策。培养安全意识可以增强乘客对紧急情况的应对能力，减少恐慌和混乱。

2.减少意外伤害和事故发生

通过安全意识培养，乘客能够更加警觉地避免不必要的风险，减少在轨道交通系统中发生意外伤害和事故的概率。

3.提升整体交通系统安全性

乘客安全意识的提高不仅关系个体的安全，也对整个交通系统的安全性产生积极

影响。乘客在危急时刻能够理智行动，有助于减小事故的影响范围和减缓事故发展。

（二）安全意识培养的方法

1. 定期宣传教育

广告宣传：利用车站、列车内的广告位，制作生动、形象的安全宣传海报、视频等，提醒乘客关注安全问题。

宣传册发放：在车站设置宣传点，发放安全手册、小册子等资料，介绍乘客在紧急情况下的应对方法和注意事项。

2. 安全培训课程

定期开展培训课程：在车站或者在线平台上开展针对乘客的安全培训课程，包括紧急疏散、火警处理、急救知识等，提高乘客的安全知识水平。

邀请专业人士进行讲座：邀请消防员、急救医生等专业人士，进行安全知识讲座，增加信息的权威性和可信度。

3. 紧急演练活动

定期组织紧急演练：在非运营时间或低峰期，组织紧急演练活动，模拟各种紧急情况，让乘客亲身体验应对紧急情况的流程。

参与应急演练竞赛：设计安全意识竞赛，激发乘客参与热情，通过参与竞赛形式的演练来增强学习效果。

4. 多媒体宣传手段

视频播放：在列车、车站等区域播放安全宣传视频，通过形象生动的方式传递安全知识。

社交媒体宣传：利用社交媒体平台发布安全宣传信息，通过传播渠道的多样性，提高覆盖面。

（三）安全意识培养的策略

1. 个性化定制宣传

针对不同群体的乘客，制定个性化的宣传策略。比如，针对老年人、儿童、外地游客等群体，分别强调他们可能面临的安全问题和应对方法。

2. 利用科技手段

移动应用程序：开发轨道交通安全应用程序，提供实时的安全信息、应急教育内容等，方便乘客随时获取相关信息。

虚拟现实（VR）体验：利用虚拟现实技术，设计轨道交通紧急情况的虚拟体验，增强乘客参与感，提高学习效果。

3. 建立安全信息反馈机制

建立乘客安全信息反馈渠道，鼓励乘客积极反馈安全隐患，同时及时回应乘客的疑虑和建议，建立安全信息互动平台。

4. 社区合作与共建

与社区组织、学校等合作，通过举办安全知识讲座、校园宣传活动等方式，将安全知识融入社区和学校教育体系，营造全社会共同关注交通安全的氛围。

（四）评估和监测机制

1. 定期评估安全培训效果

利用定期的问卷调查、模拟演练等方式，对乘客进行安全培训效果的定期评估。通过了解乘客对安全知识的理解程度、应对紧急情况的能力以及参与培训的满意度，不断优化培训方案。

2. 监测安全事件发生率

建立安全事件监测系统，定期统计轨道交通车辆发生的安全事件，包括火警、紧急疏散等。通过监测发生率，及时发现问题，进一步改进安全培训策略。

3. 收集乘客反馈和建议

设立专门的反馈渠道，鼓励乘客提供关于轨道交通安全的反馈和建议。通过乘客的实际体验和看法，及时调整和改进安全培训措施。

（五）建立长效机制与推广

1. 制订长期计划

制订长期的安全培训计划，确保安全教育不仅是短期活动，而且是长期、有计划、有系统地进行。这包括定期更新安全知识、改进培训方法等。

2. 利用媒体资源推广

利用电视、广播、报纸等大众媒体资源，进行安全知识的广泛宣传。通过不同媒体的多样化传播，提高乘客对安全知识的关注度。

3. 设立安全奖励机制

设立安全奖励机制，鼓励乘客参与安全培训和演练。通过抽奖、积分兑换等方式，提高乘客的主动参与度，形成安全知识的良好传播氛围。

4. 与学校合作推广

与学校合作，将安全知识融入学校教育课程，通过学生宣传大使、安全知识竞赛等形式，促使学生和家长更深入地了解和掌握交通安全知识。

（六）应对突发事件的指导手册

1. 制定突发事件指导手册

制定详细的突发事件指导手册，包括火警、车辆故障、疏散流程等方面的指导。通过手册的发放和宣传，提醒乘客了解应对突发事件的基本步骤。

2. 在列车和车站张贴手册

在列车和车站显著位置张贴突发事件指导手册，以方便乘客随时查阅。手册应采用简洁明了的语言，图文并茂，使乘客更容易理解。

（七）社会参与和行业合作

1. 组织安全主题活动

定期组织安全主题活动，吸引社会各界的关注。通过举办安全讲座、安全知识竞赛等活动，促进社会各界对轨道交通安全的关注和参与。

2. 与相关机构合作

与政府交通管理部门、消防部门、学术机构等建立合作关系，充分利用各方资源，共同推动轨道交通车辆乘客安全意识培养与教育工作。

（八）推动法规制定与执行

1. 参与法规制定

与政府相关部门合作，积极参与相关法规的制定，推动将轨道交通车辆乘客安全培养与教育纳入法规体系，提升其法律地位。

2. 加大执法力度

配合相关执法部门，加大对轨道交通车辆乘客安全培养与教育的执法力度，建立健全相应的执法机制。轨道交通车辆乘客的安全意识培养与教育是确保城市轨道交通系统安全运行的关键措施。通过多种手段、多层次的安全培训和教育，乘客能够更好地理解紧急情况的处理方法，提高突发事件应对的能力。建立长效机制、定期评估、社会参与和法规制定与执行是推动安全意识培养与教育工作的关键环节。通过全社会的共同努力，将形成一个安全知识广泛传播、乘客安全意识提高的良好氛围，确保轨道交通系统的平稳、高效运行。

第五节　先进技术在车辆安全管理中的应用

一、轨道交通车辆人工智能在安全管理中的潜在应用

随着科技的不断发展，人工智能（Artificial Intelligence，AI）在交通领域的应用逐渐成为现实。在轨道交通车辆领域，人工智能的引入不仅提高了系统的效率和性能，同时也为安全管理带来了新的可能性。本书将探讨轨道交通车辆中人工智能在安全管理中的潜在应用，涵盖预防性维护、事故预测、安全监控等方面。

（一）人工智能在预防性维护中的应用

1. 智能健康监测系统

引入人工智能技术，建立轨道交通车辆的智能健康监测系统，通过传感器、监测设备等实时监测车辆各部件的工作状态。利用机器学习算法分析监测数据，实现对车辆设备的早期故障预测和预警，提高维护的精准性和效率。

2. 数据驱动的维护决策

利用人工智能对大量的历史数据进行分析，建立数据模型，预测车辆设备的寿命和维护需求。基于数据的维护决策可以减少不必要的维护成本，提高设备的利用率，确保车辆在高效、安全的状态下运行。

3. 自适应维护计划

借助人工智能，建立自适应的维护计划，根据车辆运行状态、设备磨损情况、环境变化等实时因素，动态调整维护计划。这样的自适应性可以更好地应对突发状况，提高系统的灵活性和可靠性。

（二）人工智能在事故预测与处理中的应用

1. 智能事故预测系统

利用人工智能技术，开发轨道交通车辆智能事故预测系统。通过对历史事故数据和实时运行数据的深度学习分析，系统能够预测潜在事故风险，提前采取措施避免事故发生。

2. 实时安全监控

引入图像识别、视频分析等技术，实现对车辆运行过程的实时安全监控。人工智能系统可以自动检测异常情况，如行人闯入、障碍物出现等，监控系统可以及时发出警报并采取相应的措施，保障车辆和乘客的安全。

3. 事故后处理智能分析

在事故发生后，通过人工智能系统对事故过程进行智能分析，还原事故现场，帮助事故调查人员更准确地找出事故原因。这有助于制定更有效的安全措施，预防类似事故再次发生。

（三）人工智能在安全监管和应急管理中的应用

1. 智能安全监管系统

利用人工智能建立智能安全监管系统，实现对轨道交通车辆运行全过程的实时监控。通过监测设备、传感器等实时采集的数据，系统可以自动识别潜在的安全风险，并及时预警，为安全管理提供更为全面的信息支持。

2. 智能应急响应系统

基于人工智能的应急响应系统可以自动识别紧急情况，快速做出应对决策。例如，在火警、设备故障等突发事件中，系统可以自动启动应急程序，提供详细的疏散指导，协调应急资源的调度，以最大限度地消除事故影响。

3. 数据驱动的安全决策支持

通过人工智能对大量数据的分析，为安全决策提供数据支持。系统可以自动识别安全管理的"瓶颈"和问题，为决策者提供科学合理的建议，优化安全管理策略。

（四）人工智能在乘客安全意识培养中的应用

1. 智能安全教育系统

利用人工智能技术，开发智能安全教育系统，为轨道交通车辆乘客提供个性化的安全培训。系统可以根据乘客的年龄、行为习惯等特征，量身定制安全知识的传递方式，提高乘客对安全问题的认知。

2. 虚拟现实安全体验

利用虚拟现实技术，为乘客提供安全体验。乘客可以通过虚拟场景，体验紧急疏散、火警处理等情境，增强安全知识的亲身体验感，提高应对突发事件的能力。

3. 个性化安全提醒服务

基于人工智能的乘客安全提醒服务可以根据乘客的出行习惯和实时信息，提供个性化的安全提醒。例如，提醒乘客注意行李安全、站台安全等，使乘客更加关注和遵守安全规定。

人工智能在轨道交通车辆的安全管理中具有广阔的应用前景。从预防性维护、事故预测与处理、安全监管和应急管理到乘客安全意识培养，人工智能可以为轨道交通系统提供全方位的安全保障。然而，随着技术的不断发展，还需克服一系列技术、管理和社会问题。通过合理规划、严格监管以及持续创新，可以使人工智能在轨道交通车辆的安全管理中发挥更大的作用，为乘客提供更加安全可靠的出行环境。随着技术和应用经验的积累，人工智能将不断成为轨道交通系统安全管理的得力助手，为城市交通的可持续发展提供有力支持。

二、轨道交通车辆大数据与分析在安全预测中的作用

随着城市轨道交通系统的不断发展，车辆数量的增加、运行线路的扩展以及系统复杂性的提高，安全问题成为一个亟待解决的挑战。在这一背景下，大数据与分析技术的应用逐渐成为提高轨道交通车辆安全性的有效手段。本书将深入探讨轨道交通车辆大数据与分析在安全预测中的作用，包括数据采集、分析方法、实际应用等方面。

（一）数据采集与处理

1. 传感器数据

利用轨道交通车辆上搭载的各类传感器，包括加速度传感器、振动传感器、温度

传感器等，实时监测车辆运行过程中的各项参数。这些传感器能够提供大量的实时数据，为后续的安全分析奠定基础。

2. 车载监控摄像头数据

安装在列车内外的监控摄像头可提供车辆运行过程中的视觉数据，用于监测乘客和行车环境，同时也为事故发生后的调查提供关键的证据。

3. 维修与维护记录

收集轨道交通车辆的维修和维护记录，包括维修时间、维修内容、更换零部件的情况等。这些记录可以揭示车辆的健康状况，为预测潜在故障提供线索。

4. 乘客行为数据

利用乘客刷卡记录、车内监控数据等，分析乘客在列车内的行为，包括拥挤程度、乘客流动性等信息，为安全疏散和应急处理提供参考依据。

（二）数据分析方法

1. 机器学习算法

利用机器学习算法对大数据进行分析，通过对历史数据的学习，建立预测模型，例如，使用回归分析、决策树、神经网络等算法，预测车辆设备的寿命、故障概率等。

2. 异常检测

通过对实时数据进行异常检测，识别不正常的运行模式。异常检测可以帮助发现潜在的故障或安全隐患，及时采取措施进行修复或预防事故发生。

3. 时空分析

利用大数据的时空特性，进行轨道交通车辆运行过程的时空分析。通过了解车辆在不同时间和地点的运行情况，可以识别出潜在的安全风险区域，从而有针对性地进行安全管理。

4. 关联分析

通过关联分析挖掘不同数据之间的关联关系，识别出可能导致事故的潜在因素。这有助于制定综合性的安全管理策略，预防事故的发生。

（三）实际应用场景

1. 故障预测与维护优化

通过对车辆传感器数据的分析，可以提前发现潜在故障迹象，实现故障预测。这有助于制订合理的维护计划，减少因设备故障引发的安全问题。

2. 事故前期预警

利用大数据分析车辆运行过程中的异常行为，实现对事故的前期预警。通过实时监控数据，系统可以自动发出预警信号，通知相关人员采取应急措施，降低事故的严重程度。

3. 乘客行为分析与安全管理

通过对乘客行为数据的分析，可以识别出一些潜在的安全隐患，如行为异常、拥挤情况等。这有助于制订更科学的安全管理策略，提高列车运行的安全性。

4. 安全培训与模拟演练

基于大数据分析的结果，可以制订更加贴近实际情况的安全培训计划。通过模拟演练，培养乘务员和车辆管理人员的应急处理能力，提高系统的整体安全水平。

轨道交通车辆大数据与分析在安全预测中的作用不仅体现在预防性维护、事故前期预警等方面，而且为安全管理提供了全面的数据支持。随着技术的不断发展和应用的深入，将进一步提高轨道交通系统的安全性能，为城市轨道交通的可持续发展提供坚实的保障。在解决挑战和不断创新的过程中，大数据与分析技术将成为轨道交通车辆安全管理领域的重要推动力。

三、先进通信技术在轨道交通车辆事故应急中的应用

随着城市轨道交通系统的不断发展，安全事故的发生仍然是一项关键的挑战。在这种情况下，先进通信技术的应用成为提高轨道交通车辆事故应急响应效能的关键。本书将深入探讨先进通信技术在轨道交通车辆事故应急中的应用，包括实时监测、紧急通信、救援协调等方面。

（一）先进通信技术的介绍

1.5G 通信技术

5G 通信技术作为第五代移动通信标准，以其高速传输、低时延和大连接数等特点成为先进通信技术的代表。在轨道交通系统中，5G 通信技术为实现高效的信息传递和处理提供了强大支持。

2. 物联网技术

物联网技术通过连接车辆、设备和传感器，实现了实时数据的采集和交换。通过物联网技术，轨道交通车辆可以实现信息的全面共享，为事故应急提供更全面的数据支持。

3. 卫星通信技术

卫星通信技术能够覆盖广大区域，为轨道交通系统提供了无缝的通信支持。在地面通信受限或中断的情况下，卫星通信技术能够保障紧急通信和信息传递的连续性。

4. 人工智能与大数据

人工智能和大数据技术在通信系统中的应用，可以提高数据的分析和处理效率，为轨道交通系统提供更智能的应急响应和决策支持。

（二）先进通信技术在事故监测与预警中的应用

1. 实时监测车辆状态

利用 5G 通信技术，可以实现对轨道交通车辆实时状态的监测。通过连接传感器和监控设备，系统能够收集车辆的运行数据、温度、振动等信息，实时监测车辆的健康状况。

2. 事故前期预警

利用物联网技术，将轨道交通车辆与智能感知设备相连接，实时监测交通环境和车辆运行情况。一旦发现事故前期异常，系统可以立即发出预警信号，提醒运营人员和乘客采取相应措施。

3. 卫星通信支持

卫星通信技术在偏远区域或通信网络中断时能够发挥关键作用。通过卫星通信，轨道交通车辆可以与中心控制系统保持通信，确保在任何地点都能及时传递关键信息。

（三）先进通信技术在紧急通信中的应用

1. 高速数据传输

5G 通信技术提供了更快的数据传输速度，可在事故发生后迅速传递大量数据，包括事故现场图片、视频、传感器数据等，为紧急响应提供详尽的信息。

2. 多模态通信

利用物联网技术，可以实现车辆与乘客之间的多模态通信，包括文字、语音和图像等。在事故应急时，乘客可以通过多种方式与车辆工作人员或救援队伍保持联系。

3. 卫星通信的覆盖性

卫星通信技术具有覆盖面广、信号稳定的特点，可以在地面通信受限或中断的情况下，保障车辆和乘客的紧急通信需求。

（四）先进通信技术在救援协调中的应用

1. 位置信息共享

利用卫星定位和物联网技术，轨道交通车辆可以实时共享位置信息。在事故发生后，这些信息对救援人员准确定位事故现场、展开救援行动至关重要。

2. 智能调度系统

通过物联网技术将车辆、救援车辆和救援人员连接在一起，实现智能调度。系统可以根据事故严重程度、救援人员位置等因素，快速而准确地调度救援资源。

3. 实时视频监控

5G 通信技术提供足够的带宽支持，可实现对事故现场的实时视频监控。救援人员可以通过视频了解事故情况，有针对性地进行救援操作，提高救援效率。

（五）先进通信技术在事故后处理中的应用

1. 数据记录与分析

通过先进通信技术，轨道交通车辆可以实时记录事故现场的数据，包括车辆状态、乘客行为、环境参数等。这些数据可以作为事故调查的关键参考，帮助调查人员还原事故现场，分析事故原因。

2. 远程诊断与维修

利用 5G 通信技术，轨道交通车辆可以实现远程诊断和维修。事故发生后，技术人员可以通过远程连接诊断车辆的状态，甚至进行远程维修，加快车辆的恢复和修复过程。

3. 事故信息共享

利用物联网技术和卫星通信技术，事故现场的信息可以实时共享给相关部门、救援队伍以及其他运营方。这有助于形成紧密的合作网络，提高事故后处理的效率和准确性。

先进通信技术在轨道交通车辆事故应急中发挥着日益重要的作用，为提高事故应急响应效能和保障乘客安全提供了关键支持。通过整合 5G 通信技术、物联网技术、卫星通信技术等，可以实现实时监测、紧急通信、救援协调等多方面的功能，为轨道交通系统的安全性和可靠性提供坚实保障。在不断解决挑战和不断创新的过程中，先进通信技术将成为轨道交通车辆事故应急管理的得力助手，为城市轨道交通的可持续发展提供有力支持。

参考文献

[1] 杜彩霞. 城市轨道交通车辆构造与检修 [M]. 重庆：重庆大学出版社，2015.

[2] 杜彩霞，谢鹏程. 职业教育城市轨道交通专业工作手册式系列教材 城市轨道交通车辆构造与检修 [M]. 北京：机械工业出版社，2023.

[3] 刘柱军，吕娜，单晓涛. 城市轨道交通车辆机械构造与检修 [M]. 北京：中国建材工业出版社，2019.

[4] 康琼，张国荣. 城市轨道交通车辆运用与检修专业课程标准 [M]. 重庆：重庆大学出版社，2017.

[5] 李伟. 城市轨道交通车辆构造 [M]. 北京：机械工业出版社，2017.

[6] 曹双胜. 城市轨道交通车辆检修工艺设备及工程车辆 [M]. 重庆：重庆大学出版社，2013.

[7] 张桥平，彭建武，周志刚. 城市轨道交通车辆机械 [M]. 成都：西南交通大学出版社，2012.

[8] 王新铭，张庆玲. 城市轨道交通车辆电气系统 [M]. 北京：北京理工大学出版社，2017.

[9] 史富强，曹双胜. 城市轨道交通车辆制动技术 [M]. 重庆：重庆大学出版社，2014.

[10] 马国志. 轨道交通运载工具与列车牵引计算 [M]. 成都：西南交通大学出版社，2011.

[11] 刘峻峰. 铁道线路维护 [M]. 重庆：重庆大学出版社，2020.

[12] 李海军，张玉召，杨菊花. 铁路运输设备 [M]. 成都：西南交通大学出版社，2012.04.